LE CROQUE-MOUTON

DU MÊME AUTEUR

Adèle d'Aiguebrune, Robert Laffont, 1999.
L'Heure d'Elise, Robert Laffont, 2000.

www.editions-jclattes.fr

Pascale Rey

LE CROQUE-MOUTON

Roman

JC Lattès

En souvenir de Jean-François

1587. *L'Espagne catholique de Philippe II est en guerre contre l'Angleterre. Les Espagnols veulent jeter leur « invincible armada » sur l'île protestante et ont besoin des ports français. Ils arment et soutiennent financièrement la Ligue qui tient presque toutes les villes de France. Les huguenots français, quant à eux, reçoivent l'aide de l'Angleterre et le soutien militaire de mercenaires allemands.*

Après trente ans de guerre civile, Henri III sait son pays exsangue et malgré la pression de la Ligue, il cherche la voie de la paix. Il essaie de traiter avec Henri de Navarre, le chef des huguenots, mais la confiance est rompue depuis le massacre de la Saint-Barthélemy. Les ligueurs, de leur côté, tentent de déstabiliser le roi en le traitant de tyran incompétent et pervers, en le peignant comme le jouet de son archimignon, le duc d'Epernon. Ils vont jusqu'à envisager de le renverser pour placer sur le trône de France le champion de la lutte contre l'hérésie, le duc de Guise.

Sachant sa position plus fragile que jamais, acculé à la guerre, Henri III lance son armée contre Henri de Navarre et charge le duc de Guise de s'opposer à l'armée étrangère venue d'Allemagne. Il lui reste un dernier espoir. Si Guise est vaincu, la Ligue le sera également. Si l'armée royale l'emporte sur les huguenots, le roi aura brisé les deux factions. Il pourra à nouveau faire entendre sa voix, celle de la paix.

1.

Il pleut sur le drap noyé d'ombre. Yrvoix écoute le bruit léger de l'eau sur la toile, berçant son incertitude à sa douceur régulière. Il n'a pu dormir et reste immobile, les yeux grands ouverts, quand une impatience le prend qui le force à bouger, à entendre gémir le papier au fond de son pourpoint. Il ne supporte plus ce grincement, cette plainte sournoise qui naît à chaque mouvement. Pourquoi faut-il que cette lettre lui soit parvenue ? Comment l'ont-ils rejoint, dans ce pays ravagé par la guerre ? Chaque question le blesse, chaque nuit tourne et retourne le doute qui l'a pris, qui ne le lâche plus. Tant de pensées sont revenues qu'il croyait mortes. Son père lui a écrit. Les mots sont simples et apaisés comme s'il était parti la veille, comme si de rien n'était. Ils le hantent depuis trois jours et tournent dans son crâne sans qu'il puisse les repousser.

Mon fils, je ne vous ennuierais sans la nécessité qui nous presse. Mais je ne puis respecter plus avant votre silence. Il me faut vous voir. Revenez, Henri, dès que vous le pourrez.

Il s'exaspère de ce papier et d'en connaître le moindre mot. Il cherche à s'accrocher au triste souvenir du regard impérieux, presque ennuyé, qui fut le dernier. Mais une autre image lui vient, plus forte, tirée du néant par les jambages droits, les pleins fermes et patients de cette écriture qui l'appelle. Il revoit une table de chêne, une grande plume, un encrier, l'éclair d'une chandelle sur une manche noire et une main pesante, appliquée, posée sur une autre, petite, malhabile.

Cette nuit n'en finira jamais. Il voudrait être en colère, retrouver la flamme rouge qui l'a jeté dans le premier camp où l'on a bien voulu d'un gamin à pied, sans armes. Il tente de réchauffer une fois encore la haine recuite qui a brûlé sa jeunesse mais il ne trouve plus qu'une lassitude étonnée. Quinze ans de combat lui ont apporté l'oubli, une paix fragile qu'est venu détruire un morceau de papier.

Il se tourne sur sa couche étroite, étouffe dans le froissement de la paille le râle du parchemin. Il ne reviendra pas, les bras ballants, l'œil fuyant et le rire à la face. Comment s'en retourner vers ceux qu'il a reniés ? Il est vrai que sans un motif grave, son père n'aurait pas écrit. En écrivant, il a rompu le combat, cédé le premier. De quelle nécessité prétend-il parler sans en dire davantage ? Yrvoix a beau savoir que l'on ne confie rien à une lettre, l'inquiétude le ronge autant que l'agacement.

S'il n'a pu fermer l'œil, cette nuit, il n'est pas le seul. Sur l'autre couche, Espeville feint de s'être assoupi, mais l'absence de son éternel ronflement dénonce la bravade. Il attend l'aube, comme tous les hommes. Des raclements de fer, des craquements de feu montent de l'ombre où s'est tapie l'angoisse épaisse qui suit les exaltations guerrières.

— Il pleut encore.

Espeville pense à la poudre, arrêtant sa pensée à son arquebuse. La veille, ils ont crié et bu, et ce jour, ils l'emporteront sans nul doute. On ne bat pas l'armée d'un roi de France quand elle est levée. Mais quel sera le prix de la victoire ? Le vieux cavalier se soulève, entrevoit l'ombre d'Yrvoix, grise et longue, qui s'assoit et cherche ses bottes. Ils se regardent sans se voir, sans se parler. A quoi bon dire ce que chacun sait, ce que chacun tait. Les renforts de Matignon sont annoncés, des lansquenets rompus au combat, une forte troupe qui arrive à marche forcée et qu'ils n'attendront pas. Henri de Navarre est à portée de main, son armée campe devant Coutras, un petit village aquitain, à deux carreaux d'arbalète. Le Navarrais peut se dérober, fatiguer la cavalcade royale, l'entraîner dans l'hiver, et le duc de Joyeuse doit vaincre au plus vite. Vaincre seul pour en porter toute la gloire. Il le doit pour garder la faveur du roi, pour le détourner du duc d'Epernon. Car c'est cela, la guerre civile, la sainte guerre qui leur met une croix blanche sur l'épaule, l'ambition d'un mignon qui se couvre du voile de Dieu.

La pluie ruisselle en routes légères, dessinant sur le drap des chemins passagers. L'ombre s'éclaircit doucement, une grisaille sombre annonce la fin du premier combat. Celui de la nuit, de l'attente, de la peur. Yrvoix se lève et sent grincer le papier qu'il n'a pu jeter au feu, ayant gardé ce trait depuis la prime enfance que ce que l'on écrit est à jamais précieux. Il pourrait glisser la lettre dans sa botte, hésite. Un mélange de rancœur et de peine s'attarde en lui, entraînant son esprit loin de la route étroite de sa vie de soldat. Ses pensées roulent et s'entremêlent comme les gouttes de pluie qui fondent sur la toile. Elles l'ennuient, il ne peut en avoir raison. Sans un mot pour son compagnon, excédé de faiblesse, il sort de cette tente où il étouffe, et se sent vide, inutile, au bord du jour levant. L'air de l'automne est doux, vaguement plaintif. Il enjambe des corps endormis, recrus de vinasse, allongés dans l'herbe, parfois dans la boue. Ce sont là ses croque-moutons, cavaliers sans armure qui tailleront bientôt dans un pauvre troupeau. Ils nettoieront la plaine de la piétaille humaine, se lanceront les premiers sous le feu du canon, pour une solde incertaine, un sort qui l'est moins. Le capitaine ne veut pas réveiller cette jeunesse vaincue par le vin, pas plus qu'une pitié aussi importune que tout le reste.

Il pleut, l'air frais coule sur lui. Yrvoix contourne le feu enserré d'hommes accroupis, des ombres ourlées de sang qui s'agitent et se dressent. Ceux-là ne dorment pas, ils n'ont pas assez bu. Ils le saluent, les yeux vite baissés sur les flammes claires qui gémissent sous la pluie. Yrvoix leur dit deux mots, coutumiers et simples, sans s'attarder davantage. Ils sont jeunes et redoutent qu'il ne devine leur peur. Comme ils le voient passer, leur angoisse se rassure à la fermeté de son pas. Le capitaine va voir les chevaux, comme chaque matin. On dit dans les rangs qu'il les aime plus que les gens mais il n'est personne qu'Yrvoix juge comptable de ses attachements. Il boucle son baudrier en marchant, s'assure de son épée. Il voudrait ne penser à rien et cette pensée bourdonne sur l'écume des autres. N'aimer personne et avoir, dans la guerre, le cœur en paix.

S'il devait mourir maintenant, la guerre viderait son tourment. Il a soudain envie de rire des chemins lâches et contournés que cherche son indécision. Au fond, il ne sait que faire, s'en irrite et s'en veut de penser sans cesse aux mots de son père, à sa propre vie, tellement dérisoire devant la partie qui se joue. La bataille décidera, pour lui et le royaume. Elle peut arrêter le bras du fléau, apporter la paix qu'attend le roi, la paix qui l'a poussé dans cette guerre hasardeuse. Le pays de France est déchiré, une fois de plus. D'un côté, ceux qui veulent exterminer les huguenots, rétablir la foi par le massacre, le duc de Guise, la Ligue, l'Espagne. De l'autre, les réformés, leur intransigeance impitoyable, Henri de Navarre, l'Angleterre, l'Allemagne. Et au milieu du bal, perdu dans cette pantomime de masques, se tournant d'un côté puis d'un autre, le roi, comme agité au vent, qui s'appuie tantôt de droite, sur le duc de Joyeuse, tantôt de gauche, sur le duc d'Epernon. Henri III, qui préserve son peuple et sa couronne dans ce triste balancement.

Un roi bougre, un roi femelle. Tant le décrient, le haïssent. Henri d'Yrvoix est à lui depuis quinze ans. Aux murs de La Rochelle, quand il avait dix-sept ans, quand il n'était rien d'autre qu'une rage vivante, le duc d'Anjou l'a vu se battre. Il lui a fait donner une épée, un cheval. Il est de plus hautes grâces que distribuent des princes, du moins, le dit-on. Charles IX est mort, le duc d'Anjou est devenu roi. Et Yrvoix s'accroche à sa fidélité pour éviter de se demander ce qu'il est devenu lui-même au fil de tant de jours, dans la pesante médiocrité des camps. Fatigué de la question et plus encore de la réponse, il avale la prairie à longues enjambées moroses. Les chevaux sont attachés auprès de la rivière qui glisse en contrebas. L'Isle est belle, verte, paisible et fausse comme un sourire de femme. Yrvoix longe un instant la berge mouillée, glissante et cachée de brume. De hautes herbes se collent à ses bottes, les enlacent et les abandonnent dans un frisson verdâtre. Le Roux l'attend, tournant le col vers lui et hochant la tête de reproche. En quelques pas, le capitaine a rejoint sa monture. Henri pose sa main à l'encolure de la bête et la laisse descendre le long de sa crinière de paille ancienne. Il reprend plusieurs fois la caresse, grattant le cheval entre les oreilles tranchées au couteau. Une mutilation de guerre des plus coutumières, mais il en est d'autres, pour les bêtes comme pour les gens. Yrvoix ne laisse à personne le soin de son roussin. Il n'a que ce cheval, regarde l'éclat si doux des grands yeux qui le fixent. Lequel est à l'autre, en cet instant si simple où la nuit s'enfuit ?

Un brouillard de chanvre s'étire, montant de la rivière immobile, noyant les vignes et les coteaux. Le jour approche en rampant, timide, comme attendant son tour. Le vent pousse les derniers nuages, la pluie ne durera pas. Etendue sur l'horizon, une forêt bleue bouge à peine, attentive, frémissante comme une plume de cimier, silencieuse. Yrvoix le sait sans s'étonner de sa certitude, l'ennemi est devant cette forêt, sous ce même ciel un peu bas. Le soldat ne sent pas de crainte. Il panse son cheval et les gestes familiers calment l'ennui qui le tient. La vie de la guerre est si simple. Elle est sans choix.

Mais il est l'heure, celle des autres, de leur énervement. Les yeux gris du cavalier se perdent à nouveau dans ceux du cheval, si beaux et si confiants. Henri harnache le grand Roux, tranquillement, pour qu'il aille sans peur, tout à l'heure, quand il trahira sa confiance en le poussant dans la tuerie. Il pense à nouveau à ses jeunes soldats, saisi d'une honte lourde de savoir tout ce qu'ils ignorent. Au-dessus de lui, le camp s'ébroue et s'agite comme un chien fou. Les trompettes ont craché leurs notes aigres. L'ordre de marche a été donné. Piétinements, hurlements, roulage de marmite et grincement de fer. Quelques retardataires s'accrochent aux carrioles qui déjà brinquebalent. Encore un bol de soupe, une pinte de vin ! Des corbins hurlent qu'il n'est plus temps, qu'il faut monter les couleuvrines, que Monseigneur lui-même en a donné l'ordre. On court après la poudre, on cherche son mousquet, sa fourquine, partie Dieu sait où. On pousse au cul les derniers ivrognes, on démâte les tentes, allant ou venant, s'injuriant fort, pestant et criant de même. Des cris, pour se donner du cœur, pour en montrer, pour en avoir. Comme il rejoint ses hommes, Henri reconnaît cette impatience avide, cette nécessité de bruit, de mouvement, cette déraison de courage qui n'est que le pauvre mensonge du besoin d'en finir.

Près du feu, le cabasset au front, les jeunets piaffent et parlent haut, étant fort pâles. Vingt cavaliers dont l'écharpe rouge cache un méchant corselet. Des argoulets de vingt ans. Henri s'approche sans hâte et laisse glisser ses yeux sur leurs baudriers. Ils ont tous la rapière au côté, l'arquebuse à la main, l'éperon au talon et ils attendent, l'âme accrochée à ses lèvres.

— Tout ira bien. La pluie va céder.

Ils le savent, étant nés aux champs. Yrvoix les regarde l'un après l'autre mais leurs yeux le fuient, cachant leur désarroi. Ils ne se sont jamais battus. Lambert, un petit blond à trois poils de chat, en est presque vert et les autres ne valent guère mieux.

— Vous restez près de moi. A la main.

Ils se redressent, jouent les gaillards. Leur capitaine est taillé dans le fer, cela fait si longtemps qu'il se bat. Il les fixe de ses yeux droits. La pluie s'est calmée mais les ordres pleuvent d'une voix lente, presque lasse, tellement rassurante.

— Changez vos cartouches et laissez-les à la cendre. Allez vérifier les harnais de vos bêtes, et leurs sabots. Que rien ne les blesse.

Ils rompent et s'empressent, heureux de pouvoir tromper le temps à crier contre plus miséreux, plus jeune encore. Les chevaliers du peuple n'ont pas d'écuyers, mais, en guise de palefreniers, quelques estradiots, gamins des routes ramassés çà et là pour une croûte de mauvais pain. Des mioches en haillons, une enfance de misère. Henri d'Yrvoix s'attarde à contempler la marche arquée de ses arquebusiers. Ils vont à leurs montures. Un cheval de charge peut trahir au plus faible incommodement, un homme aussi. Une lettre le sait, pliée en quatre à sa ceinture.

2.

Dans leurs plastrons de fer, les argoulets sont semblables aux étranges insectes que font tourner, l'été, les petits enfants. Ils les faisaient voler eux-mêmes il n'est pas si longtemps. Yrvoix repousse à nouveau la pitié qui le prend. Tous ces gamins ont voulu se battre. Ils le feront, du mieux qu'ils le pourront, pour Dieu, pour le roi, pour tout ce dont leur jeune tête est pleine. Il a connu cette exaltation d'être un homme, cette ardeur imbécile si propre à l'ignorance. Combien en reviendront ? Las de lui-même et de ses pensées, il se détourne et relève la porte de drap mouillé qui ferme la tente. Espeville, en chemise, enfile pesamment ses bottes. Il se redresse et sourit de toutes ses dents de rosse d'abattoir. Leurs yeux se croisent, les mots sont inutiles. Les deux capitaines s'arment lentement, attachent leurs plastrons et se couvrent à leur tour d'une carapace. Espeville pose enfin sur son chef l'armet à cimier bleu et blanc qui fait sa fierté. Ce sont ses couleurs, car s'il est sans fortune, il est de bon sang. Yrvoix n'a pas ce souci. Il prend son chapeau de fer, cabossé, n'ayant que faire d'en changer, et met ses gants, l'esprit ailleurs, sans voir le regard aigu de son compagnon. Yrvoix est très grand, brun comme un Maure, chaque jour plus sombre, avec un sourire plus contraint. Deux longs plis marquent ses traits d'amertume, creusant son visage aux ailes du nez. Il fronce à tout propos des sourcils de barrière qui cachent mal des yeux d'un ciel fort nuageux. Il est seul, muré de silence, presque étranger. Au milieu du déluge d'atours qui les environne, il s'indiffère effrontément de son apparence, étant vêtu au plus simple d'un pourpoint de buffle et de chausses grises. Comme il attache son lourd manteau brun, Espeville tente une raillerie d'habitude.

— N'oublie pas ta ceinture, ce sera plus prudent.

Car il ressemble à un ministre de la Réforme égaré dans leurs rangs. Yrvoix serre la longue écharpe écarlate qui dit son camp et jette aux plumes de son compagnon un coup d'œil ironique.

— Selon l'oiseau, le plumage.

Un bruit de pas, une ombre sur le drap les poussent au silence. Un page s'incline, qui porte à la manche les damiers or et sang de l'enseigne d'Angoumois.

— Le coronel vous prie, messieurs.

Etonnés, ils le suivent sans mot dire à travers le désordre du camp. La tente de Montalembert est vaste, mais, quand le petiot s'efface pour leur faire place, elle semble dévorée de gens. Tous capitaines et lieutenants, tous cavaliers qui se connaissent et se saluent raidement. En armure, l'armet au poing, couverts de brocarts rutilants où dansent d'étranges animaux. La noblesse de France et sa folle ménagerie. Jean de Montalembert est assis avec quelques sires de grand nom auxquels le duc de Joyeuse a fait l'honneur d'ouvrir son esprit. En face d'eux, les officiers du roi restent debout, la tente étant petite. Le coronel caresse avec complaisance le pinceau d'une barbe bien taillée puis il s'écorche la gorge à daigner leur parler.

— Nous marchons sur l'heure. Le duc de Joyeuse ne veut point faire au Navarrais l'affront d'attendre trop longtemps.

Sourires de cour, civilités d'obligation. Henri d'Yrvoix considère ces hommes qu'il connaît trop bien. Brossac, en cuirasse polonaise, doré comme peut l'être la châsse d'une sainte relique, la tête posée sur sa fraise comme au milieu d'un plat. A sa droite, le sire de Méré, frisotté, en chausses blanches pour aller dans la boue, un muguet qui s'est trompé de saison. A gauche, nouvellement nommé sénéchal du Périgord, et tenant fort à ce qu'on le sache, le vicomte d'Aubeterre et son baron de frère. Deux fils de huguenot convertis par la nécessité et le cachant d'un zèle farouche, ligueurs et fanatiques, fort ressemblants, le nez d'un pied de long, l'œil plein de morgue et le front de hauteur. Une flambée brutale envahit le cœur d'Yrvoix à la pensée de leur père, François Bouchard d'Aubeterre. Il revoit Angoulême sous son talon, des gens qui courent, traqués par des chevaux, des épées rouges et nues. Mais il repousse ce souvenir, l'écrase, une fois de plus. Le fils ne porte pas la faute du père et il le sait mieux que personne.

Pour aller à la guerre, chacun fait assaut de parure et à voir tant de piaffe, il se sent peu d'admiration. Servir le roi, pour ces hommes, c'est se servir soi-même, obtenir un crédit, une charge, pouvoir tenir un rang. Ils sont aux ordres, mais Montalembert les regarde à peine.

— Nous serons donc à l'heure, messieurs !

Est-ce tout ? Pourquoi les convier à entendre l'évidence ? Les têtes s'inclinent. Yrvoix, plus grand que ses compagnons, croise un regard dédaigneux qui détaille sa mise de rustre. Il n'est pas le seul à se demander ce qu'il fait ici, parmi vicomtes et marquis. Devant lui, habitués au franc-parler des camps, quelques vieux lieutenants osent bronchailler dans leurs barbes. Le Navarrais ne va pas s'envoler, tout de même. Ce serait mal le connaître. On pourrait attendre Matignon. Leurs voix grommellent sans s'élever et Montalembert a cessé de caresser sa barbe.

— Est-il quelqu'un qui ait à ajouter ?

Le silence se fait. Le colonel sourit vaguement, a un geste ennuyé, celui que l'on a pour chasser quelque mouche gêneuse et entêtée car il entend expédier la chose. Il se lève, s'étire avec cette nonchalance bénigne des chats, puis fait un second geste comme s'il avait oublié quelque futilité importune à son souvenir. Il a été décidé que la chevalerie se battrait armée de lances, pour défaire La Trémoille au premier assaut. Les capitaines se regardent, surpris. La cavalerie sera lourde, pesante devant le canon, mais un ordre donné au nom du roi ne se discute pas. Montalambert explique le dessein comme s'il s'adressait à des enfants un peu simples. Seuls les chevau-légers resteront dépourvus de piques. Ils seront aux ailes et bousculeront l'ennemi au revers.

— L'Angoumois se bat à main droite, pour le roi et pour l'honneur de Dieu !

Tous se signent, saluent et s'inclinent. Ils sortent, comme pressés d'en découdre. Espeville et Yrvoix ne s'attardent pas. Les chevaux sont sellés et les hommes attendent. Ils traversent à grands pas l'enchevêtrement fantasque de cette armée de cour fardée pour danser à bal. Il n'est de pertuisane qui ne semble sortie de la forge. Les pères sont morts que les fils remplacent, portant la fraise sur l'armure et la bague sous le gant. Yrvoix se dit qu'en toute autre occasion ce serait un beau spectacle, fait pour donner au peuple bien de la joie.

Sous leur tente, les deux capitaines prennent leurs armes, puis Espeville rompt le silence, comme toujours. Sa main s'attarde sur son coffre, effleure les clous.

— Si je ne reviens pas, Henri, tu iras à Blois.

Espeville regarde son compagnon avec des yeux qui disent tout. Emu, surpris, Henri hoche la tête, incapable de mieux. Il considère son ami de route, son large sourire et les rudes sillons qui labourent son visage. Il a oublié que l'âge vient plus vite dans le froid des feux maigres et la boue des mauvais chemins. Cela fait tant d'années qu'ils piétinent ensemble devant les places qu'il a fallu prendre, celles qu'il a fallu défendre. Pour avancer si peu. Le combat toujours se ranime, la haine toujours revient. *Je ne vous ennuierais sans la nécessité qui nous presse.* Et ceux qu'il n'a pu oublier, où en sont-ils ? Son père doit être un vieil homme, à présent. Il n'ose penser à l'âge de sa grand-mère. Laure a vingt et neuf ans.

Un lourd bruit de sabots et de métal froissé l'arrache à ce décompte importun. Des trompettes bêlent, des chevaux leur répondent. Les deux capitaines sortent, armés, pesants, les enseignes se regroupent, la cavalerie se forme. Les chevaux, nerveux, encensent et piaffent. Sur leurs dos, de grands seigneurs de cour font de même, bombant le poitrail sous la cuirasse. Armes niellées, ciselées, damassées, dont les incrustations dorées sont un ruissellement de rivière. Un soleil d'automne brille à présent sur les épaules sans trouver la force de réchauffer les hommes. Henri se sent soudain en dehors de tout cela, sans crainte mais sans illusion. Peut-on croire que l'ultime victoire se jouera sur cette plaine herbeuse, entre ces deux rivières ? Se battre pour la foi quand on est plein de doute est une dérision. Il fera pourtant ce qu'on attend de lui. C'est la vie qu'il a choisie, qu'il croyait plus courte.

Il saute sur le Roux qu'un gamin débraillé lui mène, fait un signe à ses hommes. En un clin d'œil, les chevau-légers s'envolent sur leurs montures. Ils rejoignent l'aile droite. Les trompettes sonnent encore. La pluie a cessé. Le soleil glisse sur les armures, écailles de l'immense monstre qui se forme peu à peu et couvre le coteau, le hérissant de lances et de drapeaux. Brocarts au vent, étendards de soie pourpre, guidons et bannières derrière lesquels viennent les gens, en ligne épaisse, encore confuse, hérissée de lances comme un champ l'est d'épis. Au centre, la bannière du roi agite ses rayures d'or, de cendre et de sinople. A l'avant, un grand étendard bleu tord ses fleurs de lys.

Les tambours, les trompettes, l'ordre d'aller droit devant. Un coteau à monter, l'autre à descendre, vers la deuxième rivière, second serpent endormi. La brume s'élève peu à peu, la plaine s'ouvre devant eux, bourbeuse, fermée à l'horizon par le trait sombre d'une forêt. On voit s'approcher lentement une grosse pincée de tuiles, un village. Devant les masures s'étend une ligne fine et précise, grise, résolue comme une barrière. A un quart de lieue. On s'arrête. Chacun prend place derrière son drapeau. Les couleuvrines dévalent la pente, placées en face de l'horizon mouvant qui grossit d'instant en instant. L'ennemi est immobile, à quatre cents pas. Le silence fond sur la plaine, appesanti par un hennissement perdu, un frôlement de fer. Dix mille hommes, face à face.

Leurs cœurs cognent à n'entendre qu'eux. Le vent d'automne joue dans les bannières, le frissonnement du tissu ressemble à un tremblement. Derrière Henri, les jeunes arquebusiers ont fermé les yeux. Ils ont abaissé la visière de leur armet presque au même moment, dans un instinct tout semblable à celui des soldats ennemis. L'air résonne d'un froissement de fer. La matinée promet d'être belle, ce vingt octobre de l'an 1587. Un vol de passereaux criaille au ciel, incongru comme un ricanement. La peur monte, vague violente qu'il faut rompre. Escorté d'une troupe brillante, le duc de Joyeuse se détache de la ligne éclatante qui se bat au nom d'Henri III. Il porte des armes étincelantes. Un long manteau de pourpre couvre les flancs de son coursier. Il caracole gaiement, passe devant les hommes, comme sans peur. Il s'arrête devant les argoulets pour parler un instant à Montalembert dont le cheval ne peut contenir sa joie. Une énorme perle pend à la fraise du général en chef. C'est assurément fort beau que d'aller ainsi au combat. Il ne faut pas craindre d'être mis à mal. Un jeune homme en armure dorée suit le duc pas à pas. C'est son jeune frère. Les deux cavaliers s'élancent le long de la ligne, saluant les hommes qui répondent en hurlant. Un soupir passe sur la plaine quand s'élève un chant, chanté à mille lèvres, venant de ceux d'en face.

La voici l'heureuse journée
Que Dieu a faite à plein désir
Par nous soit joie démenée
Et prenons en elle plaisir.

Les huguenots sont à genoux. Une sorte d'effroi parcourt l'armée du roi de France, qui se change en colère, en une vague lourde, exaspérée. Les bougres ne sont pas les seuls à croire en Dieu. Le Seigneur n'appartient pas à ces lâches qui s'agenouillent à l'ennemi. Il faut que cela cesse, qu'on en finisse, enfin ! Un hurlement, dernier son d'une voix humaine, et la vague des cavaliers s'abat sur la terre lourde. Ils chargent, derrière Montalembert, sous l'étendard d'Angoumois dont les losanges de feu et de sang couvrent un instant leur vue. L'espace vibre, le sol tremble et les hommes, presque couchés sur les bêtes, voient maintenant les armures grises et les chevaux fatigués de ceux d'en face. Ils hurlent Dieu sait quoi dans un long déferlement de fureur. Ils percutent les premiers escadrons. La lame en l'air, debout sur les arçons, Henri ne sait pas ce qu'il hurle. Il voit le morion de l'autre, le contourne, se penche en arrière, décharge son arquebuse. Il n'a pas le temps de voir si l'homme tombe. Son roussin l'emporte devant. Des pistolets tirent, un nuage de poudre monte du sol. Il s'arrête un instant, pour se calmer et comprendre. Ses hommes le suivent toujours, petite troupe compacte et serrée. Il leur fait signe. Des arquebusiers sont cachés aux fossés, avant le village. Il faut les passer. Ils s'élancent au grand galop, s'envolent par-dessus les hommes. Ils ont percé la ligne de l'ennemi. Le village est atteint, une sorte d'auberge, à l'enseigne d'un cheval blanc. Ses argoulets suivent toujours. Ils tournent bride avec lui d'un même mouvement. Ils vont l'emporter, la victoire est là, à portée d'épée. Les estradiots éventrent déjà les bagages des réformés, envahissent les premières maisons quand la terre tremble d'un long grondement. Des cavaliers arrivent par la droite, plus de cent, venant de l'arrière du bois. La mêlée, l'odeur du sang qui monte, le bras qui s'abat, encore et encore, les moulinets d'épée qu'on fait sans y penser, cet homme qui râle, le visage emporté par une balle.

La bataille fait rage. On recule, on tient, on revient. Henri sent qu'un rien peut les faire faiblir. Ils se battent au corps à corps, sans espérance. Ils vont l'emporter, pourtant, ils vont l'emporter ! Il le faut ! Ils vaincront !

Debout dans ses étriers, il se tourne, évite la balle et voit tomber, à son côté, un de ses gamins, la gorge broyée. Une odeur l'alerte. Un autre a relevé sa visière. Blême et immobile, le petit blond pisse dans ses bottes. Il le rejoint à grands tours d'épée, l'atteint, le tire en hurlant des ordres quand un grand tournoiement les emporte de côté. D'autres cavaliers arrivent, descendant une butte, la ligne va se rompre. Où est la bannière ? Et Espeville ? Une crainte le prend, irraisonnée, brutale, qui lui rend la force de sa colère. Il cherche, pousse du corps et du bras, tire à l'aveugle devant lui.

— A moi, Angoulême ! A moi !

Il éperonne, arrive, se bat, donne un coup de lame à la fente d'un bras, en haut d'une écharpe blanche qui s'empourpre. Il désarçonne le cavalier et cherche à voir, dans la presse aveuglante. Un canon tonne qui les atteint ! C'est un feu d'enfer roulant. Sur le cœur de la plaine, les piqueurs tombent, comme fauchés en gerbe. Yrvoix cherche Espeville dans la fumée confuse. Un cimier, des plumes blanches et bleues ! Et il ne voit rien. On le pousse, un flot de cavaliers l'entraîne. Il ne peut retenir le roussin, le laisse aller au flanc, l'arrête à grand mal, se retourne. A deux pas, Montalembert s'écroule, la tête percée d'une épée. Henri ne voit plus les gens d'enseigne, noyés de fumée et de feu, et cherche désespérément à retenir sa monture que le flot emporte. Des plumes, blanches et bleues, qu'il ne voit nulle part. On crie des mots qu'il entend enfin.

— Il est mort ! Il est mort !

— Le duc est mort ! Et son frère ! Dieu nous aide !

Mille voix reprennent ce bruit. Il ne sert à rien de se battre. Le duc est mort. Dieu ne les a pas choisis. Ils fuient, pressés par la mitraille comme grappes foulées, entraînant dans la boue le grand étendard bleu. Yrvoix hurle, fait obliquer ses hommes au bord d'un torrent de chevaux. Les piqueurs se débandent. La plaine est couverte de corps encagés dans du fer. La cavalerie de France est à terre. Des plumes, que le vent ne fait plus trembler, des plumes blanches et bleues. Un dernier sursaut, un reste de fureur. Il faut arrêter ce feu ! Qu'on le suive ! Ils vont sur les couleuvrines, droit devant sur la petite colline. Ils vont passer et les abattre. Ils vont passer, il s'en faut de vingt pas. Un choc sourd, à sa gauche, fauche deux cavaliers. Puis un tonnerre de feu éclatant, roulant dans sa tête. Un cri. Jeté par qui ? Le ciel est tombé sur lui, et la nuit.

3.

Des ombres bougent au-dessus de ses yeux. Il entend un bruit ténu, insistant, qui se glisse en lui comme une goutte devenant fontaine. Et tout lui revient. Il est allongé par terre, il sent courir le long de son dos une caresse d'herbe fraîche. Ce sont les feuilles du figuier qui bougent devant ses paupières. Il est couché en dessous d'elles, le visage levé. Il pleut et il sent se mêler la caresse râpeuse des feuilles renversées et celle d'une eau chaude et douce. L'ombre est devenue bleue, il ne faut pas bouger. Laure est tout contre lui. Il sent à son épaule sa tête blonde ensevelie de cheveux doux. Cela lui pique un peu la joue mais il ne faut pas bouger. C'est leur jeu. Ils sont sous leur arbre, dans le paradis familier qui les accueille, le soir venu. Leur grand-mère les cherche et ils se cachent sous les feuilles ouvertes comme des mains. Un pas s'approche et s'éloigne, ils se serrent l'un contre l'autre, ils font la mort, comme elle le dit. La mort est douce, ainsi faite. Il a sept ans, elle en a cinq, mais si elle le regarde en baissant les cils, il fait tout ce que veut la petite fille.

Une tendresse lourde l'étreint, si triste qu'il ne la comprend pas. Elle n'est pas à sa place. Il est si bien dans cet instant d'enfance. Des pas s'en viennent, s'écartent à nouveau. Laure s'agite, s'ennuyant à rester immobile mais il veut la garder dans leur nid à moineaux. Des pas, des bruits étranges comme si des charrettes roulaient dans leur jardin. Henri ne sait plus ce qui se passe, une angoisse l'étreint. Quelqu'un a mal, une nécessité le presse et Laure est partie. Il l'appelle mais la voix qu'il entend emplit sa tête d'une douleur aiguë, répétée, lointaine. Il sait tout ensemble qu'il l'appelle et qu'il rêve. C'est une brume de souvenirs, un écheveau incertain qui se dévide lentement puis tourne au rouet d'une course folle. Elle a sept ans, il faut être patient avec elle et l'aimer plus encore. Elle vient de perdre sa mère. Il revoit l'image pâlie de Paul Merceron qui pleure, la tête dans ses mains. Il se sent plein d'étonnement, c'est un homme qui pleure. La pensée de sa propre mère lui vient, il ne sait pourquoi car il ne l'a pas connue. Elle est morte en le mettant au monde. Il a, dit-on, ses yeux. Ils sont les enfants de grand-mère Louise, désormais.

Il voit sa grand-mère, tenant d'une main sa coiffe sur des cheveux très noirs, son fin profil d'oiseau, ses yeux sombres et pleins de lumière. Un autre visage lui vient, un visage d'homme aux traits fatigués. Henri ne veut pas penser plus avant. Son esprit se bat contre lui-même, tourne, crie, et il ouvre les yeux. Les feuilles, au-dessus de lui, sont devenues lointaines. Ce sont celles d'un chêne, s'il y voit bien. Le temps des figuiers n'est plus. Il semblait si proche. Il veut retrouver ce moment d'innocence. Il ferme les yeux, cherche son rêve, se sent glisser dans une eau fangeuse et froide. Est-il en train de mourir ? Une clarté d'été l'emporte. Ils sont petits, elle surtout, qu'il fait tourner sous une pluie de pétales bleus. La fillette crie de peur et de ravissement. L'oncle Paul et grand-mère les regardent en riant. Son père traverse la cour de son pas si grand. Il se penche, un sourire dans les yeux, et arrête la ronde en ébouriffant ses cheveux. Yrvoix sent le poids léger de cette main, il est heureux, insouciant. La ronde enfantine reprend qui lui rend tant de choses perdues. La mort est douce si c'est elle qui danse.

Quelqu'un le tire, quelqu'un le tient. Il ne veut pas quitter son rêve. Il se débat mais on le soulève.

— Gran Diou ! Il est vivant, celui-là !

— C'est pourquoi son cheval lui léchait la lippe.

— Mets-le avec les autres !

Henri cherche à revenir, il parvient à ouvrir un œil. Des gens le portent, qui ont une écharpe blanche. On le hisse sur un plancher râpeux, au bord d'une carriole. Il sent des corps rouler contre le sien, plein de mal et de gémissements. Il voit des arbres trembler dans la lumière d'une aube lasse. Ce sont des châtaigniers. Il veut dormir, rêver encore, mais tout est parti. Il ne reste plus que son âme en lambeaux qui brinquebale de souvenir en souvenir. Il voudrait retenir les plus anciens, les plus doux, la voix de sa grand-mère, grondeuse ou gaie, qui lit une histoire, dans la salle haute. Elle s'enfuit, la carriole grince, les hommes allongés contre lui gémissent ou prient. Une pensée le tient, le torture d'une certitude aiguë. *Revenez, dès que vous le pourrez.* Il a peur de donner une raison à cette hâte et que se soit tue la voix presque oubliée qui lisait un conte devant un feu d'hiver.

Les roues tournent, les planches crient cependant qu'il berce ce glas de paroles, cette triste chanson. Est-elle morte ? De cahot en sursaut, la peur d'avoir compris ne le quitte plus. Un blessé gémit à côté d'Henri. Ils vont, couchés au fond du tombereau branlant, entassés comme des malades de peste. Une pluie lourde s'abat sur eux, qui ajoute le froid à leur souffrance. Le ciel est sans pitié mais qui peut l'en blâmer ? De qui ont-ils eu pitié ? Henri ne sent plus son front, c'est une brûlure saignante qui le contraint à fermer les paupières. Au travers des montants de bois, il aperçoit les cavaliers qui les mènent, l'écharpe qui les ceint, que l'aube rend grise. Ils sont prisonniers, il s'étonne qu'on ne l'ait achevé, avec sa mise de manant. Mais on lui a laissé jusqu'à ses bottes.

Veut-on lui demander rançon ? Cette idée bourdonne en lui comme un second tourment. Si telle est leur intention, son père paiera. Et lui, il en crèvera. Une sorte de rage le prend, impuissante, amère. Pourquoi n'est-il pas mort, tout à l'heure ? Quelle bouffonnerie que d'espérer mourir et d'être encore là, au lendemain d'un carnage ! Il revoit les piqueurs, fauchés par la mitraille, il entend monter les cris des blessés. Son esprit s'agite comme un fauve derrière des barreaux. Il ne veut pas payer rançon. Il ne veut pas que l'on demande quoi que ce soit pour lui. Mais on saura son nom, sa ville. Tout est écrit sur la maudite lettre qu'il porte. Si les réformés veulent tirer de l'argent des Yrvoix, ils en auront. Tout Angoulême les connaît, de riches bouchers, les maîtres mazeliers de la rue de l'Ecorcherie. Il ne sent plus son crâne et voit, quand il ouvre l'œil, une frondaison proche se découper sur un ciel bas. Puis le chemin s'élargit, tourne un peu. La charrette roule au pas, s'arrête. Des soldats viennent, le soulèvent. On le prend, le descend. C'est à peine s'il entrevoit deux hommes en pourpoints déchirés, dont il ne lit pas les couleurs. Il veut les aider, marcher. Un drap noir l'engloutit.

L'étoffe s'agite, des ombres passent devant ses yeux. Comme il voudrait qu'on le laisse dormir, rester dans l'ombre de conscience où plus rien ne vit, ni le présent, ni le passé.

— Yrvoix...

Une voix d'homme tremble près de son front et il la connaît. Son cœur s'apaise lentement. Espeville n'est pas mort. Henri voit une main, un visage, il veut revenir, un courant l'emporte. Quelqu'un mouille son front, ou ce qu'il en reste, une odeur de paille lui pique le nez. Il veut retrouver son passé si doux, pense à un clair visage, fait un effort immense pour ouvrir les yeux. Des ombres dansent, des trous de lumière grise et blanche. Espeville est devant lui qui sourit d'un air à pleurer. Il entend une voix très jeune, enrouée d'espérance.

— Le capitaine revient...

Des gens accourent qui s'accroupissent devant la mauvaise couche où il gît. Il sent de la paille et de la poussière, retrouve, sous la main, le drap épais de son manteau. Il veut leur faire un signe mais ils sont trop nombreux pour qu'il les reconnaisse. Son esprit vogue sur un brouillard chanvreux tandis que la douleur, à sa tempe, s'élance comme un feu.

— Yrvoix ! Tu m'entends ?

Il fait un autre signe et l'on saisit sa main. Il faut qu'il se remette. Un voile se déchire. Ses yeux palpitent puis se ferment, blessés par la lumière trop vive. Il les ouvre à nouveau sur des visages pleins d'angoisse dont l'amitié l'étonne.

— Tu vas dormir encore longtemps, vieille mule ?

Il sourit à grand mal. Quelque chose le tire en haut de la barbe. Il sent une toile sous sa main.

— Laisse ton pansement, tu veux ! Nous avons pris assez de peine à t'enturbanner !

Il ouvre enfin les yeux, voit des regards anxieux trouer la poussière qui cache leurs traits. Henri retrouve son compagnon d'armes, la lueur chaude de ses yeux, reconnaît le petit Lambert, et Baunac, derrière lui, gris à faire peur.

— Où sont les autres ?

Ils ne répondent pas mais leur silence parle. Yrvoix s'accoude d'un geste, malgré le mal et le tournoiement qui s'ensuit. L'éblouissement passe. Ils sont dans une grange assez vaste dont les portes déversent une lumière pluvieuse. Une centaine d'hommes, en groupes irréguliers, couchés ou accroupis. Il se tait, le souvenir de la bataille est revenu en même temps que la question. Il voit un visage transpercé et d'autres, pleins de sang. Les fantassins jonchent la plaine, les canons crachent sur les chevaliers engourdis de lances. Ils sont morts par milliers. Les yeux des vivants lui disent ce qu'il pressent. Ils n'ont pas seulement perdu. Ils sont défaits, anéantis.

Un bruit de sabots, dans la cour, précède un bruit de roues. Ce sont d'autres blessés, à pleine charretée. On les ramasse donc ? Pourquoi ? L'angoisse qui l'étreint lui donne une voix qu'il ne connaît pas.

— Demandent-ils rançon ?

— Par le diable, nous ne savons pas !

Espeville sourit, mordille sa moustache, fait un geste apaisant. Ils en ont vu d'autres ! Le brave homme cherche à cacher son accablement et s'en acquitte mal, hachant les mots, les emmêlant. Ils sont tous là depuis la veille. Les huguenots ramassent les blessés et les fuyards sur trois lieues. Il n'en sait pas plus et se tait comme leur parvient un bruit de voix hautes, flambantes, un bruit de cuirasse, de fer et d'éperons. Des gens d'armes viennent d'entrer, pleins de cette arrogance que donne la victoire, des huguenots en corselet noir, le rire à la lippe et la gueule fendue d'un accent pierreux. Ils déposent les hommes qu'ils traînent sur la balle, sans nul molestement. D'autres les suivent, la tête basse. Henri, surpris, reconnaît les deux frères Aubeterre. Ils sont pourtant méconnaissables, couverts de la boue collante et nauséeuse d'une mare, mais la noblesse qui ne partage pas la paille où elle s'assied s'empresse de les accueillir. Comme s'il n'était de dénuement capable de détruire la prévention du sang.

Quelqu'un d'étrange est entré à la suite des hommes d'armes, petit, bossu, vêtu d'une robe noire et plus barbichu que Calvin. Il se penche sur les uns, les autres, vient vers eux, s'agenouille.

— Le bonjour, messieurs. Voyons un peu...

Henri se dit que le diable doit ressembler à cet homme-là qui lui enlève vivement l'écharpe qui retient son front d'éclater. Il se sent partir, se mord les joues, se retient, serre les dents pour s'empêcher de hurler tandis que des doigts courent sur sa chair et avivent son mal. Le médecin sort un flacon de sa manche et une brûlure violente emporte le blessé loin de la grange.

— Si le sang ne s'en mêle, celui-là pourra encore en découdre.

Le feu s'irradie, lui mettant les larmes aux yeux. Une main habile, impitoyable, entoure son crâne d'un nouveau pansement.

— Frottez-le de cette eau-de-vie sans pour autant la boire. Et baillez-lui cela en cas de grand mal.

Le physicien sort de sa robe une seconde fiole, sourit une grimace, va passer à un autre. Espeville arrête du bras l'étrange petit homme. Sa voix s'étrangle malgré lui.

— Que veut-on de nous, à la fin ?

Il est assez de granges où l'on a entassé des gens avant d'y mettre le feu. Henri sent la peur posée sur la paille aussi sûrement que son épuisement. Le médecin soupire, il a un sourire sans joie mais sans haine, si simple, au fond.

— Je ne sais ! Pas grand mal, à ce qu'il me semble, sinon, serais-je ici ?

La présence de ce médecin, pour rassurante qu'elle se veuille, tourmente Henri, le confirmant dans son idée. On va leur demander rançon. Chacun vaut bien la solde d'un lansquenet. La guerre dévore les pécunes plus encore que les gens. Le blessé ferme les yeux bien moins de lassitude que d'humiliation. Il n'a plus d'argent. Il a épuisé sa solde en achetant le roussin, ou peut s'en faut. Il doit lui rester quelques écus, au fond d'une botte. Il bouge un peu, pour les sentir à son talon, fait crisser la paille qui le retient et le papier de sa lettre.

4.

Le jour passe, étrange, confus. A boire la fiole du petit vieux, il dort d'un sommeil de plomb. Le mal le quitte et revient en martelant ses tempes. *Dès que vous le pourrez*. La petite phrase travaille son front, se mêle à sa souffrance, la dilue, la précise et fait de sa blessure une punition. A la nuit, il se sent un peu mieux. On leur a donné du pain, de l'eau, et ils attendent sans savoir, nourrissant leur incertitude de chuchotements aigres. Les portes sont fermées. Au dehors, les réformés chantent et crient. Eux se taisent, enfermés et vaincus. La nuit passe, lourde d'épuisement, de ronflements, de veille misérable. Henri sent son esprit s'engourdir peu à peu. La bataille perdue, le sort du royaume de France, le sien, tout cela devient, au fil des heures, assez indifférent. Il ne pense plus qu'à sa lettre, en vagues bouffées d'inquiétude et de tendresse. Sa main, dans l'ombre, s'attarde à toucher l'épais papier herbeux. Il en a honte, se sent pourtant des larmes au bord des yeux. Il n'en peut plus, s'abandonne à quelques glissements confus dans une obscurité plus grande, revoit le visage de Laure, son sourire enfantin. Il cherche le souvenir des figues au miel, sent monter du fond de lui un parfum sucré, un peu écœurant.

Ce sont de petites choses, humbles, quotidiennes, il croyait que ce n'était rien, il pensait s'en être défait. Mais cela lui colle à l'âme comme un linge mouillé s'attache à la peau. Il s'abîme enfin dans quelques brassées d'un sommeil coupable et s'éveille en sursaut. L'aube pointe son nez à travers les tuiles disjointes. Une odeur d'homme, de sang et de sueur froide se mêle au parfum gris du foin. Les prisonniers dorment encore, ou font semblant. Puis les portes s'ouvrent au vent d'automne qui vient tout balayer et répand sur eux le bruit familier d'un camp mis au branle. Des chevaux piaffent, des sabots cognent la terre bourbée, ils entendent les hurlements gascons, les jurons du Béarn, l'éclat des armes froissées, le grondement des carrioles que l'on roule et celui d'une escadre qui part. Les hommes qui le peuvent sont debout, ombres noires devant les portes. Ils s'écartent soudain devant quelques cavaliers à pied qui entrent à lourd cliquetis d'éperons. Ce sont cinq capitaines, vêtus en guerre, portant l'écharpe blanche. Un silence de plomb entoure les réformés. Ils sont secs et gris, pétris de pierre et de poussière. Le plus âgé considère gravement les prisonniers et se décide enfin.

— Vous pouvez aller. Vous êtes libres.

Il regarde les papistes hébétés d'étonnement avec un mépris fatigué et tourne déjà les talons. Il ne peut comprendre le geste de son roi ni s'empêcher de leur jeter cette grâce à la face comme on jette un vieil os aux chiens qu'ils sont. Le jeune Baunac rompt le premier le silence, d'une voix d'enfant.

— Libres, comment cela ?

— Comme je le dis. Vous pouvez aller où il vous chante, au Diable, à mon avis !

La chose est difficile à croire. Malgré la douleur, elle a mis Yrvoix debout. Les prisonniers s'approchent, presque menaçants, cherchant la cause de cette tromperie. On les laisse quittes, sans demander rançon ? Les vainqueurs haussent des épaules, considèrent un instant leurs adversaires, pitoyable troupeau, et les plantent là, incrédules, outrés de doute et de colère. Les soldats du roi de France se regardent, silencieux, abattus, cependant que décroît le pas lourd des chevaux de guerre. Les prisonniers sortent dans cet air gris, dans cette cour misérable, où plus rien ne reste du passage des huguenots si ce n'est la boue sillonnée du sol et la cendre des feux. Ils les laissent aller. Peut-on le croire ? Leurs chevaux sont là, paisiblement rangés à la longe. Il faut que le Béarnais soit devenu fou ! Ou fort de sa victoire au point qu'il ne redoute plus rien. Les huguenots ont-ils défait les renforts de Matignon ? Qu'en est-il de l'armée levée par le duc de Guise, en Champagne, en Artois ? On cherche en vain. On veut comprendre.

— Les Allemands ont dû défaire le Balafré !

Henri de Guise, duc de Lorraine, le Balafré, le seul rempart dressé contre l'hérésie protestante. C'est cela, certainement. Un poids les courbe aux épaules. Tout est perdu. Ils encerclent sans y songer un feu mal éteint, le repoussent au talon. Ils sont pour une fois ensemble, nobles et pauvres gens. A être ainsi graciés, il semble à tous qu'ils ne sont rien. Méré s'insurge soudain de sa voix de châtré.

— Le roi aura demandé la paix au Navarrais !

— Le gueux lèche la botte qui l'écrase.

— Il aura dépêché Epernon, une fois de plus !

Yrvoix regarde le vicomte d'Aubeterre d'un œil

froid. Ce n'est pas le roi qui a été battu, c'est eux. Pour la piaffe d'un favori de cour ! Parce que la fine fleur de la chevalerie de France ne voulait pas attendre quelques lansquenets. Mais à quoi bon le dire et qui, pour l'entendre ? Il se tait pendant que la haine se déchaîne autour du feu.

— Il va envoyer son bougret en ambassade. Le Navarrais l'attend, en bon compagnon de gasconnade. Les hérétiques auront un nouvel édit et d'autres villes !

Les insultes pleuvent. En libérant ses ennemis, Navarre les déshonore, il ne fait aucun cas de ce qu'ils sont. Leur colère s'avive de la honte cachée de leur soulagement. Combien pouvaient payer leur liberté, et combien non ? Henri se sent las de ces cris toujours répétés. Il est faible, il est libre, il ne sait plus où il en est. Il abandonne ses compagnons à leur dépit de meute et regagne péniblement l'étable où gisent les blessés. Il s'en retourne à sa bottée de paille en chancelant. Les voix folles qui s'élèvent autour de lui n'ont ni sens ni raison. Se battre encore, pourquoi, pour qui, après trente ans de meurtres, de pillages, de reniement ? Il ferme les yeux et reste un long moment ainsi, plein d'une solitude étrange. Il y a peu, il aurait partagé les cris qu'il entend.

Espeville, qui a voulu en savoir davantage, revient des nouvelles glanées au dehors. Il s'assied près de son compagnon, va parler, se reprend, surpris de le voir si pâle.

— Tu n'aurais pas dû te lever.

Un geste d'humeur suffit à rassurer Jean d'Espeville qui s'accroupit et étale ses grandes dents.

— La chose est assurée. Ils n'ont rien pris, pas même nos arquebuses. Nous pourrons partir avant deux jours. C'est une grande folie de présomption ! Le Béarnais croit-il nous désarmer en nous laissant nos armes ? Comment entends-tu cela, Yrvoix ?

Henri ne répond pas. Le geste s'adresse au roi, lui laisse une armée, si affaiblie soit-elle, quelques hommes que le duc de Guise ne commande pas. Qu'il soit de clémence ou de politique, c'est un geste noble pour le vaincu qui est à terre. Les paroles doivent se taire quand les actes sont grands. Mais Espeville ignore cela et bavarde, commente, échafaude. La Sainte Union tient les villes, soutient Guise, méprise Henri III. De l'autre côté, le Béarnais et les siens sont accrochés à leur foi comme Moïse aux tables de la Loi. Personne ne cédera. Le roi a perdu, son armée est morte. Au milieu du conflit, il est sans poids. Passé l'hiver, la lutte reprendra qui promet d'être chaude. Voyant son compagnon distrait, le pensant fatigué de son bavardage, il lui tape l'épaule.

— Allons, repose-toi...

Il est parti dauber avec les autres. Leurs voix sont pleines sans qu'ils en aient conscience, ils parlent tous à ton clair, avec des gestes de main et de grands mouvements d'épaule. Les hommes libres parlent ainsi. Henri s'affaisse un peu, ferme à nouveau les yeux. Il pense aux siens.

A la nuit, les prisonniers parlent encore. Peu de blessés sont restés dans la grange. Tous sont assis, ou presque, autour d'immenses feux. Henri les a rejoints. On se passe la pinte, le pain qu'on leur a laissés. On mord à belles dents, boit l'eau à plein gosier. Plus rien n'est semblable quand s'ouvre le droit de vivre ses lendemains. Comme la bataille semble lointaine aux survivants ! L'hiver leur donne une trêve. Devant trois mois de vie, ils ont l'éternité. Les plus acharnés remonteront au Nord pour rejoindre le duc de Guise. Mais la plupart rentreront chez eux. L'hiver veut la paix, qu'elle soit ou non signée... Espeville est revenu près d'Henri. Il a une maison, à Blois, une femme et quatre enfants. Par indifférence ou par amitié, Henri s'est installé dans cette ville. Il loge à l'auberge des Trois-Fours dans une chambre de soupente, avec deux malles, des livres, une fenêtre d'où il voit couler le fleuve.

— Nous allons sur Blois ! Au vrai, il me tarde de retrouver mon toit. Je me fais vieux, j'en serai bientôt aux pantoufles.

Les yeux d'Henri glissent un instant sur le visage de son ami. Le sourire est franc, mais l'œil menteur comme celui du diable. Espeville considère celui qui ne dit mot, les jambes allongées devant le feu, les yeux posés sur la danse des flammes.

— Nous prendrons un peu de repos avant de remonter. Quatre à cinq jours, je pense. Le temps de nous remettre en selle.

Un regard de lame lui répond, gris, décisif. La règle de la guerre est de ne rien demander de ce que chacun tait et Espeville n'y manque pas. Le feu crépite dans le silence lorsque Yrvoix s'entend répondre à la question qu'on ne lui pose pas.

— Je vais à Angoulême, Jean. Je rentre chez moi.

5.

Des soldats s'en vont, d'autres s'en viennent. Les survivants des régiments du roi se regroupent, cherchant à couvrir leur déroute d'un reste de dignité. Cinq jours ont passé depuis que la bataille a ruiné leur fortune. Les hommes s'en remettent, peu à peu. Ils partiront demain, à la pique du jour. Sur l'insistance de Espeville, Henri chevauchera avec lui jusqu'à Chalais où leurs routes se sépareront. Le vieux capitaine mordille un instant la brousse paillée de sa moustache et tend à son ami une écuelle de soupe épaisse où nage un bout de lard, jeté là par un miracle chapardier.

— Tu prendras garde à toi.

Les bois d'Angoumois, à ce que l'on dit, sont couverts de brigands et de loups. Yrvoix n'a pas peur, n'ayant de quoi engraisser les uns ou les autres. Espeville tourne autour de lui sans oser s'attarder. Il sait le nom du logis d'Henri et tout ce que son ami a bien voulu lui dire. Yrvoix va voir son père, marchand boucher de la place d'Angoulême. Ce qui semble fort simple. Mais nul ne vient s'engager dans les armées du roi sans de bonnes raisons, de celles que l'on garde pour soi. Le vieux capitaine ne l'ignore pas, il grogne un vague bonsoir et laisse son compagnon à la garde qu'il monte, nuit après nuit, devant le feu. Henri répond à peine, sans s'arrêter à ce que son silence peut avoir de blessant. Chaque mot lui pèse étrangement. Il ne peut dire à personne ce qu'il ressent, c'est à peine s'il le sait lui-même. C'est ainsi depuis que sa décision est prise. Il abandonne le présent pour veiller le passé, comme on veille un malade toute une nuit pour qu'au matin il soit guéri.

Il jette un peu de bois sur le brasier, s'assied, attend de voir brûler dans les flammes qui dansent les derniers restes de sa colère. L'ombre s'appesantit comme monte dans sa mémoire la lueur claire d'un autre feu.

Il pouvait être quatre heures, la nuit de novembre venant. La cheminée lui faisait face, ronflante et chaude, et il écoutait le père Nicolas lui parler d'Euripide. Les mots grecs coulaient entre eux, simples et beaux, légers, présents. Tout était clos, paisible. La cité était endormie dans la quiétude satisfaite de sa victoire. Depuis la fin d'août, effrayés du grand massacre de Paris, de celui de Bordeaux, de toutes les menaces dont ils étaient la cible, les derniers huguenots avaient quitté la ville. Ils étaient tous partis pour La Rochelle et depuis ce départ il semblait qu'il ne soit plus de haine dans Angoulême. Quelques cloches frappaient parfois l'air bleu puis le rendaient au silence. Le collège s'endormait dans l'étude un peu lourde des fins d'après-midi. Derrière le régent, le feu ronronnait, tranquille, et tout semblait devoir poursuivre ainsi, de toute éternité.

Mais quelqu'un frappe à la grande porte, au-dessous d'eux, des bruits de voix surgissent, des pas craquent dans l'escalier. L'écolier est presque heureux de l'interruption quand il voit Bertrand, le premier mazelier de son père, qui pleure devant lui, le bonnet à la main.

— Monsieur Henri, il faut que vous veniez !

Le garçon se sent saisi, emporté. Il est debout, tremblant, il ne comprend rien.

— C'est votre oncle, mon pauvre monsieur...

L'oncle Paul est à la ferme, avec toute la famille, comme toujours avant la Noël, pour décider des bêtes à acheter. Son père et son oncle s'en vont aux foires du pays, choisissent le bétail sur pied, à la vue, et l'installent aux étables de Naigremûre par commodité d'approvisionnement. C'est la coutume, tous les ans. On rit, dans la grosse ferme, en se chauffant comme on peut et en grillant des châtaignes. Toute la maisonnée est partie depuis trois jours. Henri est resté étudier à Saint-Louis, son examen de présentation étant proche. Il n'entend pas ce qu'on lui dit, regarde le Bertrand, rouge et bouffi de larmes. Il est arrivé un malheur, on le pousse, on lui tend un manteau. Il fait grand froid, au dehors. Deux chevaux attendent à la porte du collège. Ils partent, contournent la cathédrale, battent les bêtes du talon. Ils doivent passer la porte avant qu'elle ne soit close. Elle est déjà fermée. Bertrand va parler aux gardes qui ne veulent rien savoir. Il fait mander l'officier, les voix montent, les volets s'ouvrent, l'histoire s'ébruite et vole de lèvre en lèvre, de rue en rue, de place en place. Henri l'entend comme une histoire inconnue, lointaine. Maître Paul Merceron a été attaqué en revenant de la foire de La Rochefoucault. Les réformés l'ont dérobé et poignardé parce qu'il était bon catholique et qu'ils vouent aux bouchers une haine mortelle. Ils ont dit, en le navrant, qu'il payait pour les bouchers de Paris, ceux qui ont commencé les tueries de la Saint-Barthélemy. Les hérétiques l'ont laissé pour mort mais le pauvre homme a pu se traîner à sa carriole et rentrer à sa ferme. Il veut voir son petit cousin, Yrvoix le jeune, avant de retrouver Dieu. Toute la rue grouille de gens, de bonnets aux fenêtres, de tristesse entendue. Un flambeau détaille le garçon que tout le monde reconnaît. Sur un signe de l'officier, les gardes ont ouvert la porte.

Les remparts tombent à l'aplomb du rocher, la pente raide est avalée par l'ombre. Les deux cavaliers jettent leurs chevaux au grand galop. La ville n'est déjà plus qu'une masse de pierre dressée dans leur dos. Les deux abbayes, les portes fortes, passées avec peine, et le pont, sur la Charente. Les sabots cognent le bois comme des coups perdus dans la nuit. Les cavaliers s'en vont dans le vent froid, des larmes plein les yeux, à la lueur balancée de leurs lanternes. La ferme est à deux lieues, à une heure de course. Tout cela n'est pas vrai, l'oncle Paul sourit, Henri voit devant lui sa tignasse blonde, son sourire indulgent, sa bonté lumineuse. Il donne toujours aux pauvres qui attendent, le soir, dans l'ombre des bancs de halle. Comment croire qu'on ait pu s'en prendre à cet homme, bon entre tous ? Que Dieu ne l'ait sauvé ? La pensée de Laure crucifie le cœur du garçon, le pousse à brides avalées quand s'ouvre enfin le chemin creux, perdu sous les arbres à demi morts. Henri aperçoit le petit bois des coudriers, les feuilles rousses cognées par sa lanterne et qui tachent le sol en jonchée de sang. Le mur de l'enclos sent encore le dernier soleil. Bertrand sonne et des gens courent, au dedans, qui demandent qui est là, qui poussent les barres. Henri les voit à peine, se jette au bas de son cheval, se rue dans le logis des maîtres et trouve sur le seuil les bras ronds de la Narde, ses gros sanglots sans retenue. La servante l'accompagne dans la salle basse. A la lueur d'une chandelle, il voit le dos de son père, qui est debout, la tête appuyée au manteau de la cheminée, le front posé contre la pierre. Grand-mère Louise vient vers lui, lui prend les mains. Elle est décoiffée et plus pâle qu'il ne l'a jamais vue.

— Il veut te voir, Henri.

On l'a mené jusqu'à la chambre, à l'étage. L'oncle Paul est si blanc qu'on le croirait déjà parti. Il ouvre les yeux, pourtant, agite une main de papier qu'Henri doit prendre.

— Mon garçon, tu feras pardon. Pardonne-moi, Henri...

Le jeune homme dit oui, de la tête, des yeux, n'ayant plus de voix. Il ne sait pas ce qu'il doit pardonner, au juste, ni à qui. Un prêtre arrive du village. Il faut lui laisser le mourant qui ne parle presque plus. On pousse le garçon dehors. A travers la cloison de planches, il entend pleurer Laurie. Le cœur déchiré, il veut aller la voir, la serrer contre lui. Sa grand-mère le retient.

— Elle ne veut voir personne, Henri.

Laure est restée enfermée trois jours. Elle n'est sortie que pour prendre avec eux le chemin roux qui va du domaine à l'église. Et de l'église à la tombe. Perdue dans sa peine, tremblant sans cesse, le visage couvert d'un voile, une main pendue à son propre cou. En la voyant dans la cour, si pâle et noyée de larmes, il a eu un élan vers elle, pour la réconforter. Il s'est penché, les mains tendues, et elle s'est jetée en arrière. Ce recul l'a blessé si cruellement qu'il ne peut penser à rien d'autre en suivant l'homme qu'il aimait tant et qui s'en va. Il voudrait qu'elle le regarde, au moins une fois, mais ses yeux le fuient. Il a perdu Laurie à la mort de son oncle et su, ce triste jour, que leur enfance était morte.

Comment parler de tout cela ? Et que dire ? Il a vu, depuis, de si terribles choses que sa peine semble une goutte d'eau perdue dans un océan de douleur. Dieu seul connaît la suite lamentable qui l'a jeté sous les murs de La Rochelle, cet hiver de soixante et treize, grelottant de misère et si brûlant de colère qu'il craint encore, en revenant à Angoulême, de réveiller ce feu. *Venez, mon fils, dès que vous le pourrez.* Est-il bien assuré de le pouvoir ? Il se souvient d'un gamin partant se battre, et se voit tel un autre en une autre vie, tant la chose lui semble lointaine, tant il est différent. Il partait pour combattre, au corps à corps, dans la boue et le sang. Rien ne l'y préparait, pourtant. Un chemin droit, tout tracé, s'ouvrait devant lui qui obéissait si bien, en bon fils d'un bon père.

Passés les trois jours de grand deuil, toute la famille était rentrée se réfugier à Angoulême. La maison de l'Ecorcherie était triste et celle d'à côté restait obstinément fermée. Laure était venue vivre chez eux, près de grand-mère. Elle était malade de chagrin, ne quittait plus la chambre et Henri était content de la savoir protégée, sous son toit, bien qu'elle ne veuille pas le voir. Elle ne voulait voir personne, au demeurant. Louise lui avait confié doucement ce qu'elle croyait savoir.

— Un jour viendra où elle rira de nouveau. Il n'est que d'attendre qu'il vienne.

Comme il voulait la croire ! Il croyait tout le monde, d'ailleurs, il se contentait de si peu. Il partait à la pointe du jour étudier au collège où il partageait le repas de ses maîtres. Il ne rentrait qu'à la nuitée. Un bol de soupe l'attendait, il acceptait cela et s'enfermait le cœur confiant dans sa petite chambre sous le toit. Ses maîtres le disaient assez savant pour passer ses licences et son père entendait ne pas regarder à la dépense. Il partirait pour Bordeaux au début du printemps et si l'on voulait bien l'accepter, il étudierait à la faculté de droit. Il serait le premier Yrvoix à porter la robe, serait pour le moins avocat. C'était une voie toute faite, celle du désir paternel. Il ignorait que son père pût en avoir d'autres.

Il s'en ouvrit à lui un soir de février où il revenait du collège un peu faraud, bien décidé à voir Laurie, à la sortir de sa peine qu'il jugeait assez longue, sachant lui-même si peu de chose du malheur. Il était heureux pour cette bonne raison que le carême lui donnait cinq grands jours de vacances. Il entra dans la salle basse qui sentait bon le pain frais boulangé et la cannelle. La Narde poussait tout ensemble une chanson et son balai, le tablier un peu troussé à la cotte, le bonnet mal enfoncé sur son visage rond. Tout était calme. Au dehors, les clochettes des Jacobins sonnaient bravement l'heure dans l'air glacé. Du vieux couvent détruit par Coligny, il ne restait plus guère que la chapelle. Le jeune homme monta deux à deux l'escalier qui menait à la salle du haut, où était sa grand-mère, plein de l'espoir que Laurie soit avec elle. Ce fut le premier des espoirs déçus. Mais la salle haute était chaude, un feu claquant l'illuminait, jetant sa lumière sur les meubles sombres, les pots d'étain rebondis et luisants. La maussaderie de l'hiver fuyait l'endroit paisible, le froid reculait loin des deux hautes fenêtres de la pièce calme et simple, tendue d'une toile bleue devenue un peu grise. Grand-mère était seule, assise près d'une fenêtre, poussant vivement l'aiguille dans un cercle de linge et cherchant pour cela un reste de jour. Henri se pencha pour l'embrasser, prit un tabouret, s'assit au coin du feu, et lui parla de ce qu'il avait ouï dire ce jour-là. Elle pourrait le redire à son amie, lui donner un peu de sourire.

— Savez-vous, grand-mère, qu'une fraise d'un demi-pied a roulé du cou de la reine à celui de ses filles, de celui des filles à celui de ses pages. Des pages aux gentilshommes de la cour, d'iceux à ceux de la province et jusqu'au cou du sieur François Redon, notre receveur du taillon.

— Maître Redon suit la mode ? A son âge ?

— Geoffroy Noguère m'a dit que tout l'échevinage s'en chauffe le gosier. On dit qu'il veut se remarier et guigne une jeunesse. Il va tel un paon qui porterait sa roue autour de son cou et marche sans voir le bout de ses pieds.

Grand-mère Louise avait faiblement souri. Elle baissait les yeux sur la toile et il ne voyait pas, à ses paupières, un fin plissé d'éventail. Le garçon allait reprendre la moquerie quand la porte d'en bas s'ouvrit. Il était un peu tôt pour le pas de son père, qu'il reconnut pourtant, montant gravement l'escalier. La porte grinça doucement et maître Yrvoix se tint un instant sur le seuil, considérant sa mère et son fils, telle une ombre dans la lumière venue de l'âtre. Il était grand, un peu moins qu'Henri, mais de même allure un peu sèche et de maintien nerveux. Il n'avait pas de fraise, était vêtu de noir de façon coutumière, ne portait qu'un col blanc pour tout ornement. Ses cheveux courts et bruns encadraient un visage sombre, allongé par une barbe fine. Ses épais sourcils se retrouvaient en son fils. Un air de ressemblance vague s'arrêtait à leur front, se dissipant quand on croisait leurs yeux, ceux du garçon étant si bleus. Maître François d'Yrvoix entra, tendit un instant ses mains au feu puis se tourna vers le jeune homme que le respect avait mis debout.

— Mon fils, j'ai à vous parler.

Le ton était grave, ennuyé, étrange pour tout dire. Grand-mère Louise s'était levée, abandonnant son ouvrage et s'en excusant presque.

— Je n'ai plus assez de jour. Cela me mange les yeux.

Henri prit pour de la lassitude l'expression de pitié qui voilait son visage. Elle sortait, quand le garçon surprit l'éclair d'un regard jeté à son père, un regard de triste connivence qui le dérouta plus que tout. Quelque chose s'était dit dont il n'était pas. Il se raidit dans le silence pendu au grincement d'une porte qui se refermait.

— Henri, je veux que vous soyez le premier à le savoir en cette maison. A la fin de ce mois, j'épouse Laure.

Il ne sut pas le temps qu'il fallut à son cœur pour entendre ces mots. Une sorte de bouillonnement le prit aux oreilles, l'enfer creusait son âme. Ce n'était pas possible, il n'avait pas bien entendu.

— Laure ?

Mais elle était à lui, à lui depuis longtemps. Il la sentait, pressée contre lui, sous les feuilles de leur arbre, si confiante et si abandonnée qu'il savait bien que c'était pour toujours. Son père poursuivait d'une voix tranquille, unie, qui lui déchirait le cœur.

— Elle ne peut pas rester ainsi sous mon toit. Je suis veuf, Henri. Et par le sang, elle ne m'est presque rien.

Le coup le fit reculer d'un pas. Un veuf se jetait sur ce corps de jeune fille, si beau et si doux. Sa déception était si grande, si violente, que le jeune homme eut envie de rire de cette absurdité. Son père allait épouser Laurie, mêler son corps au sien. Cette idée, remplaçant sa stupeur, le cloua de douleur et de honte. Incapable de regarder son père, de dire un mot, il fixa le plancher, rouge de feu devant ses pieds. Un doute éperdu le saisit, puis une colère blanche. Laure n'avait pas quinze ans. Si son père était veuf, s'il lui fallait une femme, qu'il en prenne une autre ! Il fallait qu'il parle, qu'il le dise. Mais il ne pouvait pas.

— Je pense agir pour le mieux, mon garçon.

Le ton était grave. Henri se sentit perdu. Il ne pouvait plus regarder cet homme, croiser seulement ses yeux.

— Pour elle, comme pour nous.

Que venait-on lui dire, de cette voix trop sage, pesante, insupportable ? Un sursaut de courage lui fit relever les yeux, les poser sur celui qui venait de tuer sa plus douce espérance.

— Vous ne pouvez pas...

Le regard de son père ne se détourna pas. Il était sans honte, sombre et fermé, définitif aussi, comme l'est le fléau de la mort.

— Je ne peux faire autrement. Laure est seule, mineure, sous ma tutelle. Elle ne peut prétendre à rien de ce que lui laisse son père. Je dois protéger son bien.

Etait-ce pour cela, pour l'héritage de l'oncle Paul, que son père s'en prenait à elle, à une jeune fille en grand deuil, malade de peine ? Une fureur le prit, soudaine et brûlante, détruisant d'un seul coup son amour pour celui qui l'avait élevé et nourri. Tout venait de s'effondrer et il entendait des mots, encore des mots, qu'il ne croyait plus.

— La raison me pousse à cela et son intérêt propre. Etant femme, elle ne peut garder le privilège de vendre de la viande octroyé à son père. Il restera ainsi en notre maison.

Son intérêt, vraiment ! Il pensa soudain à Laure, dans sa petite chambre blanche, avec Louise qui savait tout, il en était sûr à présent. Il revit le regard de la vieille femme, cet air de fuite pitoyable quand elle l'avait laissé avec son père. Elle l'avait trahi, abandonné. Et Laurie, dans tout ça ? Sa petite Laurie ! Il redressa la tête d'un mouvement amer.

— Laure y consent ?

Un regard noir lui répondit, agacé de son insistance.

— Assurément.

Des yeux sombres le toisaient, attendant qu'il baissât les siens. Immobile, tremblant de rage, il soutint ce regard. De toute la force neuve que lui donnait sa blessure, il fixa son père à son tour et vit lentement son regard se voiler d'une gêne lourde. Et il comprit sur l'instant la cause de tant de discours. Son père aimait Laurie, il la voulait pour lui. L'oncle Paul n'aurait jamais permis cela mais il était mort. Tout le reste n'était que mensonge. Henri le savait, c'était cela, la vérité. Soudain, comme elle était venue, sa colère se brisa. Il sentit un sanglot monter du fond de son être, qu'il ne put retenir et qui mourut sur ses lèvres dans un cri enfantin.

— Et moi ?

Il aimait Laure, depuis toujours ! Il n'avait plus de vie, devant lui, plus d'espérance, s'il perdait Laurie. C'était ce que voulait dire son pauvre cri. Mais François d'Yrvoix ne le comprit pas. Il eut un air ému, fit un pas vers lui, la main presque tendue.

— Cela ne change rien pour vous, mon fils. Vous irez à Bordeaux faire vos études et vous vous élèverez bien au-dessus de nous. Le souci de votre avenir m'est cher, Henri, croyez-moi !

Le croire ? Il ne croirait plus rien, désormais, ni personne. Il n'avait plus de désir d'études, de robe ou de leçons. Il ne pourrait jamais attendre son départ au milieu des préparatifs de cette noce ! Il ne pouvait pas la voir au bras de son père et il ne pouvait pas le dire. Comment jeter sa colère sur l'homme qui était là, debout devant lui, un peu voûté, et qui le regardait, une tristesse morne au fond des yeux. Un respect ancien le retenait, une chaîne chevillée à son enfance qu'il ne parvenait pas à rompre. Enfin, quelque chose céda, une souffrance amère le prit qu'il ne sut comment cacher. Il allait pleurer, il fallait qu'il parte. Que son père prenne Laurie, puisqu'il la voulait tant, mais lui, Henri, il ne serait plus qu'à lui-même ! D'un bond, il fut à la porte, l'ouvrit et s'engouffra dans l'escalier étroit qui menait à sa chambre.

Il poussa le verrou en luttant contre les larmes. Il ne pleurerait pas. Des cloches montaient au ciel, non loin de lui, venant des restes du couvent détruit. Tout s'emmêlait dans sa tête qui bourdonnait d'injustice et de peine. Où était le bon Dieu quand on avait incendié cette chapelle, quand on avait poignardé Paul Merceron ? Où était-il, en cet instant où s'écroulait sa vie ? Pourquoi ? Quel mal avait fait ce lieu pour qu'on s'acharne à le détruire ainsi, quelle innocence ancienne avait-on voulu blesser ? Il vit soudain le bon sourire d'oncle Paul, mort, vidé de son sang. Et lui, Henri, quel crime avait-il commis pour mériter cette douleur ? Il avait toujours fait ce qu'on voulait qu'il fît, été ce que l'on souhaitait qu'il fût. Qu'allait-il faire, désormais ? Qu'allait-il devenir ? Tout se bousculait dans son cœur brûlé d'une seule évidence. Il ne resterait pas rue de l'Ecorcherie, pas même un jour, pas même une nuit. Son père allait épouser Laurie, la tenir dans ses bras, dénouer ses cheveux.

Une colère sans nom s'empara de lui, remplaçant soudain le vide affreux de sa peine. C'était une flamme emprisonnée, brûlante. Il ne savait qu'en faire et se sentait comme un insecte de nuit, avide de s'y consumer tout entier. Une condamnation sans appel cognait dans son cœur, effrayante, absolue. Elle repoussait celui dont il entendait résonner la voix grave et sans passion, explicative, menteuse, qui lui avait jeté en pâture ces méchants prétextes, cette histoire de privilège du roi. On le prenait, en plus, pour un imbécile. Comme si maître Yrvoix n'avait pas amassé assez de biens pour racheter cette charge sans mettre la jeune fille dans son lit ! Il voulait la prendre, la posséder, la faire sienne à jamais. Un torrent de feu emporta le garçon, une rage de jalousie si ardente qu'elle monta de ses reins et le courba en deux. Puis elle disparut comme une épée se retire d'un ventre transpercé. Une force l'avait remplacée, profonde, inexorable, si violente qu'il sentait une chaleur fermer ses mains. Une vague de haine et de fureur se fracassait sur son âme. Il ne savait sur qui l'abattre mais il trouverait bien.

D'un geste, il ouvrit la fenêtre et considéra, à côté de son lit, le coffre béant où l'on préparait déjà le linge de son départ. Il fouilla un instant dans un flot de tissu, en retira l'unique objet qu'il voulait emporter, le livre de messe de sa mère. Non qu'il y tînt autant qu'il voulait le faire croire. Mais c'était une manière de vengeance enfantine, une façon de signifier à tous les autres qu'ils ne lui étaient plus rien. Il glissa le missel dans sa besace d'escolier et se faufila par le meneau. Il ne voulait pas les revoir, les croiser dans l'escalier. Il lui semblait qu'un regard, un seul, mettrait pour toujours son âme à nu. Le tronc de la glycine était rêche et froid sous ses mains. Il n'eut pas un regard pour le balcon de bois, se dit qu'il oublierait les fleurs mauves, fanées depuis longtemps. Il descendit sans hâte, le cœur glacé, passa la petite cour sans un regret, sans un pardon. Son départ serait leur punition. Il longea vivement le mur, retrouva le trou du jardin abandonné, écarta les branches du figuier qui s'accrochèrent un instant à ses mains. Il les repoussa sans un adieu, escalada les pierres roulantes du mur effondré, se glissa sur les dalles brisées, franchit en quelques pas l'enclos du couvent. A travers les rues noires, il gagna les remparts de la ville et s'accroupit à l'abri d'un trou de guet, au renflement de la porte du Secours, celle qui s'ouvre la première.

6.

Le ciel est devenu rose, l'aube étend les bras comme une femme retient un amant pressé d'aller sa route. Yrvoix se sent baigné d'une tendresse imprécise, hésitante. Il regarde le Roux, dans l'enclos. Le livre de sa mère est dans sa fonte, il l'a suivi partout. Les mots simples de celle qu'il n'a pas connue l'ont aidé, jour après jour. Il est bien plus ému qu'il ne le voudrait, sent la lettre, posée sur son cœur comme un pansement. Il imagine son père lui écrivant, cherchant les mots de leur commun ménagement. Il revoit des instants d'enfance, des sourires retenus, une affection posée sur lui.

Le camp s'anime autour de lui, tout bourdonnant de la fièvre du départ. Les hommes vont et viennent, tirant leurs chevaux, jetant leurs selles sur le dos des montures. L'un tourne la dernière soupe, l'autre cherche s'il reste de la poudre. Des cris, des piétinements de feu, des sabots impatients. Yrvoix observe cette effervescence dont il sait tout, songeant qu'il n'a connu depuis bientôt quinze ans que cette vie de campagne, la pesanteur d'une camaraderie d'hommes et la lourdeur de se battre ou de s'ennuyer. Les amis que l'on perd, les femmes que l'on prend pour les abandonner, une vie sans liens, une liberté de doute et d'inconséquence qui lui semble, ce matin, vide et nue comme la main d'un mort.

La brume s'élève, le jour sera beau. En face de lui, les collines quittent nonchalamment leurs voiles et découvrent leurs courbes douces. Un désir monte en lui, bien peu raisonnable, une impatience neuve et frémissante. Il a envie de voir le matin se lever sur sa ville, envie de retrouver la nichée des pierres blanches posée sur le rocher tel un aigle à son aire. Il se lève, retrouve les hommes et la soupe fumante, éprouve une faim de loup.

Ils s'en vont, ils chevauchent sans hâte et leur galop tranquille emplit leur route d'une musique cliquetante et régulière. Ils ont pris un chemin forestier, le seul qui s'écarte de la rivière et remonte vers l'ouest. Les soldats savent leur route par une sorte d'instinct de coutume, tant ils ont roulé de chemin en camine. En ce matin si jeune, l'été veut vivre encore. Le premier soleil écarte le toit mouvant des feuilles qui bruissent à leurs épaules. La forêt sent bon, la vie monte du sol, plus forte que tout. Nul ne dit mot, chaque cavalier songeant à ce qui n'est qu'à lui. Ils vont unis mais seuls sur cette route imprécise qui délaisse bientôt les arbres. Ils passent de lieue en lieue, de colline en coteau, sans voir les ronces des fossés, les ornières du chemin, la lande triste qui se déroule devant eux et qui a remplacé le clair damier des champs. Plus de labour ni de moisson, rien que la malédiction sauvage que la folie des hommes a jetée sur la terre.

Les soldats ne s'en avisent pas tant ils sont accoutumés à ces pays désolés où la ronce et la bruyère remplacent l'orge et le blé. Ils n'entendent pas monter vers eux le lourd reproche que foulent les chevaux. L'air est doux, les capes repliées à l'arçon, le soleil s'entête à briller, les oiseaux à pépier aux fourrés et ils poussent leurs bêtes sans voir qu'il n'est plus de terre labourée à perte d'horizon. Ils ont enfin rejoint une route plus large, sorte de ruban gris et blanchâtre, mal lavé d'eau de pluie et tout giclant de flaques, la route de Saint-Jean-d'Angély, remontant vers Paris. Ils traversent de gros bourgs mutilés d'église, déserts, sans s'étonner de n'y voir personne. Les gens s'enfuient à la lieue dès qu'ils entendent galoper des chevaux. Pas de pastoures, dans les prés, de laboureurs, au fond des champs, pas de villageois au village.

Sur la midy, sueux de la course, ils s'arrêtent près d'une rivière brillante qui désaltère les chevaux et les hommes. La repue sera brève, le temps du repos des bêtes. Ils ne sont plus assurés du pays. Les limes de l'Angoumois sont huguenotes, les compagnies du Navarrais doivent s'y attarder, savourer leur victoire. Une peur vague, hargneuse, rôde autour des cavaliers et leur fait avaler à la saute le pain et le peu de lard qui restent. Ils sont en nombre, mais la force du nombre est un abri incertain. Ils remontent en selle, poursuivent sur deux lieues une route de champs piétinés de genêts, un tapis de dorure qu'ils ne voient pas plus que les grasses corneilles que dérangent leurs pas. Ils vont au trot, puis reprenant la route qu'ils jugent mieux assurée, arrivent à la croisée de leurs chemins.

— Garde-toi sain, animal, et bon chemin !

Quelques paroles d'homme, maladroites. Ils pourraient se dire des mots plus vrais mais ils n'osent pas. Ils ont convenu de se retrouver à Blois, à l'an neuf. C'est convenu mais incertain, ils le savent tous deux bien que feignant de n'en point douter. Se quitter les surprend et les ennuie après tant d'années. La vie n'est qu'une sorte d'accoutumance. Ils se regardent, le cœur lourd. Le Roux attend, les autres poursuivent sans se retourner, laissant sur le bord de la route quelques signes de main.

Yrvoix pousse le Roux sur son chemin, étonné de la confusion qui le saisit. Sa solitude neuve lui pèse aux épaules, l'enserrant d'un regret vague et imprévu. L'autre route était si simple à prendre, est-il assuré de ce qu'il fait sur ce chemin crayeux ? Il ne veut pas y penser et pique des deux, emporté d'un coup par une incertitude qu'il fuit sans parvenir à la repousser. Que va-t-il retrouver là-bas ? Il revient, il obéit, mais qu'attend-on de lui, exactement ? Est-ce ce qu'il consent à leur donner ? Quelques jours, au mieux quelques semaines. L'inquiétude le saisit de cette presse dont parle son père. Quelle hâte les tient, après tant de temps ? Il pense à sa grand-mère, aux douces paroles qu'il n'entend plus depuis si longtemps. Combien de fois l'a-t-elle pourchassé d'une écharpe, d'un encombrant manteau ? Il sourit malgré lui de tendresse et de crainte. Est-elle en vie ? Il essaie d'attarder sa pensée sur elle mais il revoit son père, pense à la honte qu'il aura, tout homme soit-il, à se tenir devant lui. Les mots de sa lettre sont doux, sans reproche, ils lui donnent une confusion plus grande que s'ils étaient amers. Que va-t-il leur dire ? Il ne peut que mentir. Dans ces retrouvailles, son enfantine amour n'a plus de raison ou de place, elle est morte depuis longtemps.

Le Roux, fatigué, s'est mis seul au pas. Les pensées d'Henri suivent son branle cahotant. Il ne sait trop ce qu'il pourra leur dire, il espère que la hâte dont parle son père le dispensera du moindre aveu. Laure est sa femme désormais. Bien qu'il y répugne, il se force à cette pensée. Mais il regrette davantage, à chaque lieue qui passe, d'avoir pris cette maudite route. Depuis qu'il est dessus, il ne peut plus se détourner de penser à elle. Que va-t-il lui dire ? Il se sent plein de faute à son endroit.

Lorsque Coligny détruisait la ville, au canon, elle était contre lui, sur le balcon de bois, et il promettait qu'il serait toujours là. Il a toujours gardé au fond de lui la confiance absolue de ses yeux enfantins. Il l'a abandonnée, pourtant, au sort qu'un autre a choisi pour elle. Que dire, en la retrouvant ? Il s'invente des phrases, tâtonne à chercher des mots et s'enrage d'en être réduit à cette pantomime muette, à cette lamentable comédie. Que lui importe ce qu'il dira !

Il éperonne le Roux dans un élan de violence inutile. Le bon cheval fait ce qu'il peut. L'aune de son chemin s'étire peu à peu. Il passe un village, à l'orée d'un bois et voit, surpris, des ombres brunes qui courent, pliées en deux, affolées. Il leur fait donc tant de peur ? Les pauvres gens se jettent dans les fourrés sans laisser pour autant leurs paniers de châtaignes. Une vergogne amère le prend. Il est des peines plus grandes que les siennes. La plaine qu'il passe est une mer de terres herbeuses, écumantes de ronces. Une misère terrible travaille ce pays qu'il ressent pour la première fois. La contrée est-elle plus pauvre qu'aucune autre ou est-ce lui qui avait des écailles devant les yeux ? Il poursuit, étonné de tristesse, remâchant malgré tout son souci, de lieue en lieue. Le soleil frappe, la sueur brûle sa plaie de front. Il s'essuie, ôte son cabasset, jette aux orties son pansement. Il songe à ce qu'il semble, sale, plus barbu qu'Esaü. Il ne s'était pas vu revenir en pareil équipage. Rentrer chez soi après quinze ans de lutte et ne s'inquiéter que d'un barbier qui sera clos ou ne le sera pas...

Après deux grosses heures de chemin à pas lent, il croise enfin des paysans en charrette, assez hardis pour lui parler. Ils reviennent de la halle du Palet. Le nom chante en lui. Angoulême est à une lieue. Henri pousse le Roux dans un dernier galop. L'horizon s'ouvre enfin. Les collines descendent jusqu'à la ville, en bout de plaine, tranquille et douce de ce côté où le rocher ne se voit pas. Le soleil abaissé caresse de rose les tuiles des pauvres toits. Il s'accroche aux ruines des clochers, au donjon du château, aux tours rondes de la muraille. La cité cache sa beauté blessée. Mille fumées montent au ciel en chemins familiers. Il s'arrête, le cœur ému. Tout est resté comme en son souvenir. S'il a changé, la ville est demeurée fidèle. Il met le Roux au pas sous le prétexte que la route est étroite, dévorée de cahutes de bois. Peut-il s'avouer qu'il savoure cet instant et qu'il a peur, en même temps ? Porter charge de cavalerie n'est pas si courageux qu'on croit. Quelques jardins, des vergers où des gens gaulent les noix. Tout se ramasse, avant l'hiver. Le rempart se dresse devant lui. Il avait oublié qu'il était si haut. Il voit la porte Saint-Martial, percée en son centre, barrée de chaînes. Des gardes en arme défendent le passage.

— Je demande l'entrant.

— D'ordre du conseil, il faut dire qui vous êtes et pourquoi.

— Henri d'Yrvoix, capitaine du roi. Je vais voir ceux de ma maison.

Il tend ses lettres et bagues, les hommes du guet le regardent d'un air de curiosité profonde. Ils doivent connaître son père. On le salue en lui rendant ses créances et les chaînes glissent dans un grincement satisfait. Il entre dans la ville, le cœur chaviré d'un émoi d'enfant. La rue de la porte Saint-Martial se vide peu à peu, pauvre rue de faubourg pleine de petites gens, de porteurs d'eau, de vendeurs de bois. Des commères clabaudent du haut des balcons branlants. Le Roux ignore les villes, il hait le grincement des enseignes pendantes, il faut l'encourager de la main, de la voix.

— N'aie pas peur...

A qui parle-t-il, exactement ? Comme il craint ces retrouvailles, maintenant, et le tranchant redoutable de ce qui l'attend. Pourtant son cœur musarde, nommant les rues, reconnaissant les maisons qui emmêlent le torchis et les colombages en une longue guirlande d'ocre pâle rayée de brun. Il a le nez en l'air. Les passants pestent contre ce cheval trop large, qui tient le haut du pavé et les oblige à frotter leurs capes au plâtras des murs.

— Tu te prends pour saint Georges, l'homme, qu'il te faut toute la rue ?

Cette voix traînante, cet accent nonchalant même dans la colère, tout lui est rendu. Il approche peu à peu du cœur de la ville. Les maisons sont de pierre, maintenant, et les rues mieux pavées. Elles sont presque vides. Le soir tombe, c'est l'heure incertaine de la première chandelle, celle où il vaut mieux rentrer chez soi. Peu de robes, de manteaux, les bourgeois étalent déjà leurs chausses devant leur feu. Quelques pauvres longent les murs, enveloppés de souquenilles. Bientôt, il ne restera que des mendiants, pour attendre à l'abri d'une église.

Henri se crispe. A l'approche de la maison de son père, toute son inquiétude est revenue, si lourde qu'il ne sait plus ce qu'il dira, ce qu'il fera, ni s'il ira au bout de ce chemin. Sans le savoir, il met par instant la main au pli précis où son pourpoint enferme une prière. Il contourne le palais, prend la rue de Saint-Jean, retrouve le couvent, son mur lépreux, toujours béant. Le cœur lui fait mal en le revoyant. Il descend de son cheval. Le pas ferré de l'animal résonne gravement sur les pavés silencieux. La rue de l'Ecorcherie est noire, la maison aussi. Tout est clos. La chose est sans surprise. Bertrand ferme la boutique à la sixième heure, car on ne vend pas de chair à la lueur d'une chandelle qui fait la graisse jaune même en mauvais morceau. Telle est la règle et il est des choses qui ne changent pas. Les volets sont posés. Yrvoix hésite un instant, assuré qu'il vaudrait mieux attendre le jour pour semblable visite. Il a l'air de Moïse errant dans le désert ! Mais il faut tant de courage pour frapper à cette porte. Qui sait si demain il le retrouvera ?

7.

Il se sent ridicule, immobile devant cette porte. Le cœur battant, furieux contre lui-même, il cogne à grands coups.

— Voilà, que dame !

La voix est fraîche, haut perchée, inconnue. Une main abaisse le judas, on le considère et le prie vertement de passer son chemin.

— Je viens voir maître d'Yrvoix.

— L'est pas là !

La femme a refermé l'huis, Henri entend son pas qui s'en va. Où est la Narde ? La colère qui le prend lui ferme les poings et il frappe à arracher la porte de ses gonds. La femme entrebâille à nouveau l'ouverture couverte d'une grille épaisse.

— Dame Louise est-elle au logis ?

— Elle reçoit pas.

Elle est donc en vie. Cette pensée calme un peu son emportement. Au travers du judas, la femme l'examine. Il se souvient soudain de sa mine à faire peur.

— Je suis Henri d'Yrvoix. Dis à ton maître que je reviendrai demain.

Sans attendre de réponse, il s'en va, le pas claquant, le Roux à la bride. Une sorte de soulagement lutte contre la déception stupide qui lui étreint le cœur. Comment s'étonner qu'il ne soit personne pour l'attendre quand il n'a pas prévenu de son retour ? Et pourtant, il faut bien avouer qu'il avait imaginé la chose de toute autre façon. Le fils prodigue, le veau gras, trop d'évangile, en tout cas. Il part, que faire d'autre ? Il ne peut rester là, à attendre. Quelqu'un court dans son dos.

— Maître Henri, bonne Vierge !

La Narde vole vers lui, le bougeoir à la main et il sent ses bras s'ouvrir en dépit de lui. Elle l'embrasse comme du bon pain, le regarde encore, l'embrasse derechef. Que lui importe qu'il soit homme de guerre, chevalier de fortune ? Pour elle, il est toujours le gamin d'autrefois. Elle le serre et il fait ce qu'il peut pour l'étreindre de même, ses bras ne parvenant pas à entourer sa poitrine, tant la brave femme est devenue ronde. Elle le repousse un peu, lui montre la chandelle qui menace de choir et qui illumine le grand sourire de ses yeux. La Narde n'a pas changé. Un visage de pomme, des joues rouges, des yeux à fleur de tête, à bord de cœur. Il retrouve l'effluve de l'eau de vinaigre sur ses mains, celle qui sert à nettoyer, en boutique. C'est un parfum si familier qu'il lui semble soudain qu'il n'a jamais rien senti de si bon. Il se redresse, s'écarte, une gêne affreuse l'a saisi aux cheveux. Une ombre se tient dans l'embrasure de la porte. La Narde meuble le silence d'un flot d'explications. Qu'il pardonne ce mauvais accueil, mais Marguerite, la petite qui l'aide, ne pouvait pas savoir. Elle a l'ordre de ne laisser entrer personne, à la nuit. La ville n'est pas si assurée qu'on croit.

D'ailleurs, révérence parler, il ressemble à un loup-garou. Henri tient toujours la bride de son cheval. La servante le regarde comme un nigaud qu'il est et le prend au bras.

— Nous ferez-vous prendre la mort, notre maître ?

Il la suit, les jambes tremblantes, le cœur en déroute. L'entrée du logis n'a pas changé, la chandelle de Narde jette des ombres de sabbat sur les carreaux du sol, les boiseries grises des murs passés au bleu de chaux. Au milieu de cela, il ne voit d'abord qu'une femme, jeune et ronde, semblable à un petit pain de lait. Elle s'incline, rouge jusqu'au bonnet. C'est la Marguerite, lui dit Narde. Puis ses yeux s'accoutument, s'élèvent à l'escalier, entendent un pas léger tout frémissant d'étoffe.

— Henri, est-ce toi, vraiment ?

Elle descend, s'arrête sur la dernière marche. La chandelle vacille, incertaine dans le vent qui passe sous la porte. Il lui semble manquer d'air, ainsi entouré de jupons. Laure rit, le visage levé et lui prend le bras. La main qui le tient est si douce qu'il n'en a plus de voix.

— Quelle mine ! Par chance, je pense que nul ne t'aura reconnu !

Il se penche, cherche ses yeux, leur lumière d'ambre où brillent des paillettes de miel. Quelque chose d'amer et de dur meurt en lui sur l'instant. Il se sent ouvrir les bras, elle l'embrasse. Il faut, hélas, que la Narde s'en mêle.

— Je vais prévenir dame Louise. Et toi, sotte petite, fais vite à manger pour notre maître !

Les servantes les laissent. Laurie a pris la chandelle usée de la Narde. C'est à peine s'il voit ses cheveux briller dans l'ombre. Il ne peut rien lui dire et elle se tait aussi. C'est un silence douloureux.

— Allons voir grand-mère.

Il reprend un peu de voix.

— Comment est-elle ?

— Un peu lasse.

Il la suit dans l'escalier. Elle tient haut le bougeoir où la chandelle meurt et le ballant de sa robe noire ouvre les ténèbres au-devant de leurs pas. Ils arrivent dans la salle haute, où rien ne semble différent, ni la toile bleue qui embue les murs d'une douceur ancienne, ni les ombres tremblantes que jettent les flammes du feu. La femme qu'il suit pose son chandelier sur une crédence, elle se retourne. Et il voit que Laurie n'est plus. Celle qu'il découvre n'a plus sur le visage le modelé enfantin et rond de son souvenir. La grâce maladroite d'autrefois s'est enfuie, remplacée par une beauté grave, sereine et lumineuse. Il ne sait par quel prodige car il reconnaît le petit nez droit, le front bombé, les lèvres douces, un peu arquées vers le bas. Ses cheveux, moins clairs, ont pris la couleur d'un blond de cendre. Ses yeux embrassent les courbes douces, la taille légère, la poitrine un peu menue, il ne peut les en empêcher. Elle est belle à couper le souffle, à serrer le cœur, qui lui sourit dans l'innocente simplicité d'une amitié d'enfance forte à tout pardonner.

Une vieille femme est debout, devant le feu, les mains tendues, de pauvres mains fragiles et desséchées comme des feuilles d'automne. Elle ne dit rien, des larmes plein les yeux. Il va vers ce corps usé, si fatigué qu'on le dirait rongé d'un mal sournois. Il l'est, faut-il qu'enfin il le comprenne. Elle est vieille, cassée par le poids des ans. Il la serre contre lui d'un mouvement presque désespéré. Il s'en est fallu de si peu qu'il ne revienne pas.

— Mon pauvre enfant !

La voix n'a pas changé, chaude, légère, qui le surprend. Comme elle est douce la voix qui peut nommer ainsi un homme fait, haut de six pieds.

Chacun sourit, s'essuie un peu le coin de l'œil. On n'ose se parler. Les instants tendres n'ont pas d'autre langage que celui des yeux. Un pas éléphantin fait trembler le plancher et Narde arrive, triomphale, suivie du Bertrand et de Marguerite. Leurs bras sont chargés de plateaux où s'entassent terrines et jambons. Le Bertrand l'étreint à son tour, heureux, un peu bavard du plaisir de le retrouver. Il n'a guère changé, peut-être un peu plus rond et grisonnant aux tempes. Henri doit subir ses questions, ses réponses, le déluge de son amitié jusqu'à un petit signe de Laure qui dit gentiment à ses gens de les laisser.

— Tu dois être fatigué après tant de route...

Il doit s'asseoir, n'ose résister, se voit installé devant un amoncellement de victuailles et servi comme un prince en Toscane. Laure est assise en face de lui, Louise a gardé sa main sur son épaule comme s'il allait s'envoler. Ils sont si émus, tous trois, qu'ils se disent mille sottises, de ces insignifiances qui aident à reprendre pied. Il soupire que c'est bien trop, tout cela, et ne va faire honneur à tant de mets que pour leur faire plaisir quand il surprend un regard de triste hésitation. Il ne le comprend pas, s'en émeut, ne voulant les gêner par sa présence.

— Mon père n'est pas au logis, m'a-t-on dit ?

Le beau sourire de Laure s'est effacé. Elle a un geste étrange, jette un œil au feu.

L'instant est lourd de choses tues. Il sent monter vers lui une gêne mal contenue quand tremble brusquement le plancher. Quelqu'un vient de jeter la porte de la rue à la volée. Son père revient. Il regarde un instant les yeux de Laure, devenus moins tristes. Elle semble une bougie que l'on vient d'allumer. Il s'en étonne à peine, s'arme le cœur. Un pas résonne dans l'escalier qui le surprend, souple et rapide. Laure s'est levée, elle a sur les lèvres un sourire qui le tue tant il est tendre. Le pas s'approche. Henri sent une ombre amère lui serrer la gorge, il se lève à son tour et n'a pas le temps de tuer sa colère qu'il voit entrer un garçon, la barrette de travers, le cheveu blond, la mine gaie. Avec des yeux de noisette et un sourire qui le poignarde.

— La Narde m'a dit ! Je suis heureux de vous voir enfin !

Le gamin le presse aux bras, le regarde, et rit aux éclats.

— Si vous ne reveniez de bataille, mon frère, on le devinerait !

La voix de Louise est presque suppliante.

— Voici notre François, Henri.

— Eh oui ! Me voilà !

Le gamin rit encore, approche ses mains du feu, semble prendre toute sa lumière. Il a cette assurance un peu fate si plaisante dans la jeunesse. Il est beau. Pourpoint de soie noire, fraise à gaudrons, chausses italiennes et bottes de Cordoue. Ce frère ne lui ressemble guère, de mise ou de façon. Henri se sent sévère, ne le veut pas, lutte contre un sentiment vil et bas, le repousse à grand mal.

— Vous allez nous raconter la guerre, n'est-ce pas ?

Lui raconter la guerre, vraiment ! Il n'est conteur d'histoires pour les enfants. Il va le dire, se tait, le cœur battant. Un regard tendre s'est perdu de son côté, l'a effleuré et s'est sauvé. Louise s'approche, le silence palpite. On entend la garde du guet piétiner le pavé de la rue. La neuvième heure est passée. Il sent frémir la lettre à son côté qui n'y serait sans bonne raison.

— Mon père est à Naigremûre ?

C'est la saison où l'on achète le bétail. Il n'a pas oublié cela. Il regarde Laure, lui voit des larmes dans les yeux. Le gamin s'est redressé, immobile. C'est Louise qui répond.

— Il est passé, il y aura un mois demain.

Un froid d'acier le tient. Il voit leurs yeux, si tristes, leurs habits noirs. Et il ne sait plus ce qu'il ressent.

— Il t'a écrit. Tu as reçu sa lettre, n'est-ce pas ?

Il incline la tête. La peine arrive à son entendement, un vide l'accable où se perdent une voix, un sourire, un pas. Il va à l'angle du feu, soudain épuisé de ressentiment, fatigué de chagrin. Il entend une voix pleurer qui n'est pas la sienne. Il est revenu trop tard.

— Il savait que tu reviendrais. C'était son espérance.

Le ton de Laure lui fait mal. Il sent monter ses larmes, elles sont amères, elles viennent de si loin, de cet endroit enfoui sous sa haine que rien n'a pu détruire. Une révolte le prend, une colère, une amertume, rien que les mots puissent rendre car c'est tout à la fois. Il marche sans savoir où il va, s'appuie à la pierre de la cheminée. Quelqu'un pose une main à son épaule, la presse doucement. Quelqu'un qui pleure sans honte. C'est ce gamin, celui de son père. Le geste l'agace autant que cette présence qui rompt la tendresse de ces retrouvailles et traîne sa pensée dans ce moment de descente et de deuil, sur la boue d'un lit conjugal. Il s'en dégage brutalement. Une robe s'approche, Louise a repris sa main.

— Il a lutté pour t'attendre. Il n'a pas pu.

A quoi sert-il d'être revenu si vite ? *Venez, dès que*

vous pourrez ! Il a fait ce qu'il a pu, se raccroche à cela. Son père était mort quand il a reçu sa lettre. Elle est dans son pourpoint, cassée, si familière. Il souffre, soudain, de trop de souvenirs. Des images s'emmêlent, il en est une, étonnante, intacte, qui lui revient, Dieu sait pourquoi. Son père est jeune, les dents éclatantes, la barbe piquante. Il chevauche devant toute la confrérie, le jour du bœuf gras. Henri, qui a quatre ans, est juché fièrement devant lui. Un bras ne quitte pas sa taille, son dos s'appuie contre un pourpoint. Des gens rient et tendent la main, le bœuf que son père a donné, tout empanaché de rubans, meugle et secoue pitoyablement ses cornes contournées de feuillage. Ils vont par les rues d'Angoulême, joyeuses et insouciantes, jusqu'à l'hôtel de la ville devant lequel attendent les robes noires et rouges des échevins. C'est la fête de la confrérie. Ils sont l'un contre l'autre, gais, unis, éternels. Tout autour d'eux des cloches sonnent en carillon.

— Comment est-il parti ?

Il ne peut en dire davantage. Il lui semble qu'à dire le mot l'idée sera insupportable.

— Il avait le mal lent. Il ne voulait pas s'arrêter pour autant. Il est mort à Naigremûre, lui aussi.

Henri quitte la pierre de la cheminée, se retourne. Louise et l'enfant sont à côté de lui, Laure est en face. Il la regarde, s'accroche à ses yeux. En cet instant, son âme est nue.

8.

Il est assis à la vieille table de chêne, sur une chaise qui n'est ni trop grande ni trop lourde. Il a mis sa tête dans ses mains, accablé de la fatigue de trop de jours, de tant de questions qui ne trouveront jamais de réponse. Il voudrait être seul, penser à celui qui est parti sans un adieu. Une douleur amère lui montre en pleine lumière l'infinie vanité de son comportement. Son père était vivant pendant toutes ces années où il ne voulait pas penser à lui. Maintenant que son fils est revenu, c'est lui qui n'est plus là. Il est si simple de partir et de croire qu'au loin rien ne bouge... Henri est las, il ne sait plus où il en est et sent peser sur lui la tendresse qui l'entoure. Il n'a plus la coutume de tels liens. On l'a assis à cette table au nom d'une inquiétude ancienne. Il est trop maigre, il faut qu'il mange avant d'être tout dépéri. Il ne peut rien avaler, pourtant. Le jeune François, à son côté, pique sans y songer un peu de pâté, un morceau de jambon. Il a des dents de pleine jeunesse et ne se rend pas compte qu'il engloutit le repas d'Henri. Comme il se tait toujours, incapable de mieux, on se prend à parler de choses ordinaires qui bercent sa peine. Le soleil est doux en la saison. Il faudra songer à ramasser les marrons, dans la cour, avant qu'il ne pleuve. Laure parle d'une voix ménagère de l'avoine qu'il faudra faire rentrer, pour le cheval d'Henri. Et cela le surprend plus que tout.

Quand il lève les yeux, il voit ceux du garçon qui l'observent comme ceux d'un enfant devant une pâtisserie. Laure cache son front dans sa main. Il ne voit rien d'elle, si ce n'est le filet qui retient ses cheveux en un flot sage, ordonné par une raie médiane. Puis elle lève son visage à son tour. Dans son regard, il ne lit que le reflet de sa propre peine.

— François, vous allez au collège, demain...

Il est l'heure du repos. Il n'est plus de petite fille sous ce toit. La voix est d'une fermeté qu'il ne lui connaît pas et malgré son air boudeur, le gamin s'exécute, n'osant faire autrement.

— A demain, mon frère !

Il a mis tant d'ardeur dans les mots qu'Henri s'en amuse malgré lui. Le petit s'enhardit d'un coup.

— Mon frère... Viendrez-vous m'accompagner ?

De surprise, Henri reste coi. N'a-t-il pas l'âge de marcher seul ? Louise penche la tête. Elle a cet air familier d'avoir beaucoup à dire et de se taire. Et elle parle, bien sûr.

— Henri, le père Nicolas enseigne toujours à Saint-Louis. Je pense qu'il serait heureux de te revoir.

Il n'a pas le temps d'acquiescer que c'est convenu, assuré. Un sourire de louveteau repu l'enveloppe, un air d'émerveillement enfantin qui l'ennuie. Que fait-il, à cette heure, à s'engluer dans de telles promesses ? Même s'il en repousse l'idée, s'il ne peut parvenir à le croire, son père et Laure ont eu un fils. Une houle de cœur lui monte à la gorge. Laure s'est levée, a pris une bougie.

— Je vous accompagne, François.

Est-il en maillots et enfances au point qu'elle doive le border ? Devinant sa pensée, la jeune femme s'est retournée au moment de franchir la porte. Son sourire est un peu moqueur mais sa voix très douce.

— Merci, Henri.

Il comprend dans un regard, un rien, qu'il était convenu de les laisser seuls, Louise et lui. Il repousse l'assiette d'un geste. Tant de choses restent à dire. Ils ne les diront pas. Il prend les mains de sa grand-mère, tremblantes, étoilées de taches brunes et ils restent ainsi un long moment. La vieille femme lui sourit.

— Dieu m'a entendue. Je t'attendais, moi aussi.

Elle a un geste d'émotion et pour couper court se lève vivement. Plus petite que dans son souvenir, le visage dévoré d'une masse étonnante de cheveux blancs, vêtue de noir et l'œil brillant, elle reste un étrange oiseau. Sans voir son expression, elle se jette sur le vieux meuble noir, couvert de tiroirs, qui occupe tout le centre du mur et lui tend un pli scellé. Bien que déplié, le parchemin s'enroule à sa main.

Au nom du Père et du Fils et du Saint-Esprit, Amen. Je, François d'Yrvoix, maître mazelier en la confrérie marchande des escorcheurs d'Angoulême, sain par la grâce de Dieu en ma personne et entendement, considérant ma mort comme prochaine, ne voulant quitter ce monde sans disposer du bien que Dieu s'est plu à me donner, premièrement veux et ordonne en ma volonté dernière que tout mon bien et avoir plein et entier soit baillé à mon très cher fils aîné, François Henri d'Yrvoix, communément pré-

nommé Henri, que Dieu ait en sa sainte garde. Soit toute ma fortune, qui est de six mille livres tournoi, ainsi que deux maisons, l'une sise à la ville et l'autre aux champs ainsi que les terres y tenant, et tous meubles et boutiques de vente, escorcherie baillée à moi par mon père et lettres du privilège d'abattre, trancher et vendre toute chair fait à lui par le roi François Ier, comte de ladite ville d'Angoulême. Pour ce qu'il est mon aîné, en âge et raison de faire au mieux de mon bien, je lui remets ce que de mon père je tiens. Secondement je prie au nom du Seigneur mon très cher fils Henri qu'il ait à cœur et devoir d'honorer et protéger ma femme, Laure d'Yrvoix, et mon fils François, auquel sera remis en son âge majeur le bien ci-détaillé qui lui vient du très regretté Paul Merceron, son grand-père. Fait en la ville d'Angoulême, en la maison dudit notaire, le quinzième jour de septembre, avant midy...

Suivent de lourds paraphes qui lui brûlent les yeux. Il relit sans le croire ce qui est pourtant fort simple à comprendre. Son père lui a donné tout son bien.

— Mais ce garçon...

Il ne peut l'appeler son frère. Ce gamin n'a rien reçu si ce n'est la promesse lointaine de l'héritage Merceron. Il est mineur et s'il a quatorze ans, c'est bien le diable ! Henri ne dit mot mais la surprise le foudroie. Louise d'Yrvoix a un petit geste de renoncement.

— Tu es l'aîné, Henri. Ton père te confie François.

Il n'en veut pas ! Il se lève d'un mouvement et marche par la pièce trop petite pour ses pas. Sa vie n'est pas là. Il est étonné, vaguement trompé, engagé malgré lui par ce don excessif. Il ne comprend pas, relit le rollet. Est-ce un geste de remords pour le fils que l'on a perdu ? Et cette éternelle histoire de privilège du roi qui revient encore là-dessus.

— Ce privilège, je le croyais aux Merceron...

Elle a un air excédé, un geste d'impatience, puis un sourire presque timide. Elle s'approche de lui et lui prend la main, comme autrefois, en ce temps d'enfance qui n'est jamais si loin qu'on croit.

— Je ne peux t'en dire plus. Je ne m'y connais pas à tout ça.

Il ne parvient pas à le croire, se sent la dupe d'un piège insidieux. Mais quel reproche peut-il faire à celle qu'il retrouve ? Ce n'est qu'une vieille femme qui a perdu un fils. Il voit sa bouche qui tremble, ses yeux creusés de fatigue. Qu'importent, au fond, les regrets qui ont dû pousser son père ? Il prend dans ses bras sa pauvre grand-mère.

La porte s'ouvre en grinçant doucement. Henri devine que Laure sait tout de l'étrange testament qui les confie à lui, elle et son fils. Il songe qu'il ignorait que son père fût si habile homme et cette pensée l'ennuie. Le feu se meurt, peu à peu. Ses craquements emplissent le silence ému qui s'est glissé entre eux. Puis les mots viennent lentement. Ils parlent à voix basse et Louise les écoute, les yeux presque fermés. Tant d'années à se conter... Ils ne diront pas tout, ni l'un ni l'autre, et ils le savent bien. Il faut du temps pour se retrouver vraiment. Il évoque ses campagnes en taisant le doute qui le tient. Elle lui conte ses soucis quotidiens, plus franche que lui, plus directe. Mais il est vrai qu'il sera difficile de lui cacher la vérité maintenant qu'il est revenu.

— Nous ne savons comment faire, Henri.

Louise soupire. Il ne veut pas la regarder. Il étire ses

jambes engourdies mais ne peut empêcher la question venue sur ses lèvres.

— Comment cela ?

Laure a un petit geste de protestation dont Louise n'a que faire.

— C'est bien simple, nous n'avons plus rien à vendre. Ce pauvre pays est si ravagé que nul n'y met plus d'élevage car les soldats le pillent. Quand ils peuvent sauver une de leurs bêtes, les paysans la vendent fort petite. Ils ne peuvent attendre. L'hiver dernier a été misérable et celui qui vient ne vaudra guère mieux.

Nul ne l'ignore. La chose est constante et il ne voit pas bien où la vieille femme entend l'entraîner.

— Ton père s'est mis à élever, à Naigremûre. C'est ainsi que nous avons pu tenir. Vois-tu, il reste quelques riches qui veulent bien manger et ne supportent pas les bas morceaux. Chacun met son honneur où il peut, ceux-la le mettent dans leur ventre !

Louise n'a pas tellement vieilli, ses yeux brillent, ses mains volent. Elle se met seule en colère et marmonne entre ses dents. Comme son escoffion la gêne, voile imbécile qu'il faut porter, elle le rejette en arrière d'un mouvement agacé. Il sourit prudemment et répond sans trop la regarder.

— Mon père me laisse beaucoup de biens.

— Ils lui ont donné beaucoup de tourments. Il s'est usé la vie par les routes.

Son père craignait de ne pouvoir tenir, de devoir fermer, comme les autres. Il y avait douze boucheries, à Angoulême, au temps du comte François et c'est à grand-peine qu'il en reste cinq.

— Ce temps est fou, Henri ! Jamais la chair n'a jamais été si chère, comme on dit pour railler sottement. Le prix de la livre de bœuf s'est haussé du double, en moins d'un an. Nos affaires seraient belles, s'il restait des bêtes à vendre et des gens qui ne soient morts de faim.

Elle se tait d'essoufflement, et il fait de même, surpris de n'avoir jamais pensé à cela. Pas de bétail, des routes incertaines, deux femmes seules. Il croyait que son père serait toujours là mais les pères s'en vont.

— J'ai de quoi vous garantir une rente, à ce que j'ai lu.

Vendre ? Il n'a pas dit le mot qu'elle relève le front pour lui jeter un regard d'encre.

— Il s'est usé pour garder ton bien !

Il a un geste las ne pouvant dire qu'il n'y croit guère et les considère toutes deux, conscient de sa faiblesse devant de tels ennemis.

— Je suis venu à la demande de sa lettre mais ce n'était ni pour recevoir ce bien ni pour m'arrêter ici. A la fin de la trêve d'hiver, je rejoindrai ma compagnie.

Laure s'est levée, comme en colère, et le fixe d'un air de penser qu'il ne comprend rien.

— Vous ferez comme vous l'entendez.

Blessé du vouvoiement, il veut croiser ses yeux, mais elle les cache de son voile. Louise tremble, elle s'assoit. Henri, un peu dépassé, se lève et prend la main fragile, flétrie comme un parchemin.

— Je ne resterai pas mais vous êtes chez vous.

La vieille dame sourit pour ne pas pleurer. Ils sont émus, ne savent que dire, se comprennent sans se parler, étonnés d'être là, d'être trois. Laure rompt l'instant la première. Sa main, d'un geste gracieux, semble repousser les soucis quotidiens.

— Laissons tous ces comptes à demain. Il se fait tard pour vous, grand-mère, comme pour nous.

La vieille femme les embrasse au front tous les deux, ce qui amuse le soldat qui ne sait si sa barbe convient à ce cérémonial où il doit s'incliner de deux pieds. Puis elle les laisse et ils se sentent infiniment sots dans cette fausse obscurité. Henri devrait parler mais il ne peut pas. Son père est mort, elle était sa femme.

Laure va et vient, rangeant un plat, mouchant une chandelle et cachant son émoi dans ce mouvement. La joie qui chante dans son cœur, il ne faut pas qu'on la voie. Elle pousse les chenets pour enserrer les braises qui rougeoient faiblement, va à la crédence, prend un bougeoir caché de cire coulante.

— Je vais te montrer ta chambre.

Il n'a pas de mots, la gorge plus serrée que celle d'un pendu. Il la suit, éperdu, veillant à taire sur le plancher le bruit de ses éperons. Le couloir est couvert de chaux blanche, percé de portes sombres. Il lui semble fort long jusqu'à ce qu'il comprenne que son père a fait abattre par commodité le mur qui séparait les deux maisons. Ils sont dans la partie Merceron, au-dessus de la boucherie. Laure pousse une porte de chêne, épaisse et plissée. Elle entre, il est derrière elle, surpris de ne pas retrouver le souvenir de cette pièce. La chandelle lui montre un lit immense, baldaquiné de rouge, un buffet à deux corps, très lourdement orné, des coffres. Une tapisserie verte et bleue représente une dame, tenant à son poing un oiseau. Laure sent-elle le trouble qui le tient ? Sa voix tremble un peu.

— C'était la chambre de mon père.

Il pense à sa peine, à Naigremûre, lorsqu'il est mort. Il la regarde, à deux pas de lui, mal à l'aise, posé sur le plancher de cette chambre. Elle se détourne, va à un chandelier tout armé de chandelles neuves, l'allume et l'observe en frottant son poignet.

— François a pris la chambre de ton père.

Elle s'empourpre et l'esprit d'Henri s'emballe de déraison. La chambre de son père n'est donc pas la sienne ? Où dort-elle ? Dans la petite pièce, celle au balcon de bois ?

— Je suis en grand souci de lui, Henri.

Il ne veut s'engager sur semblable terrain.

— Il va sur quinze années, c'est un âge mauvais.

Elle se tait, lui lance un long regard, et se prend à parler de son père. Le garçon l'écoutait un peu, assez peu car son père l'aimait tant qu'il le laissait tout faire. Henri revoit un regard sévère, un air de permanent reproche. Le sentiment d'envie qui l'effleure est si sot, si bas, que Laure ne le devine pas.

— Je suis une femme seule, Henri. Il ne m'écoute pas.

Quand va donc cesser cette conversation ?

— Il fuit ce toit et il sort, à la nuit, avec je ne sais qui.

Il hoche la tête comme s'il comprenait, il a le sentiment d'être prisonnier et lâche. Il voudrait lui parler, lui dire tout autre chose. Mais elle l'ignore, simple et tranquille dans son aveu de mère.

— J'ai peur de le perdre, lui aussi.

Elle lui parle comme à un frère. Mais elle n'est pas sa sœur. Elle est la veuve de son père. Les yeux de la jeune femme s'embuent. Elle les essuie, en penchant la tête. Il voit ses mains qui tremblent et l'ombre de ses cils posée sur ses joues. Laure d'Yrvoix se prétend faible. Elle sait vaincre, pourtant, sans se donner grand mal.

— Dois-je le réveiller pour lui botter le train ou la chose peut-elle attendre ?

C'est un sourire de larmes, un rayon de pluie.

— Elle le peut. Je te remercie d'aller avec lui, demain.

9.

Il écoute, l'âme emplie de tendresse, les bruits de la rue qui montent vers lui. L'aube les apporte ainsi que mille souvenirs. C'est le bruit des volets qui s'enlèvent, à la boutique, le grincement des premières charrettes venant de l'écorcherie, la voix du Bertrand, qui beugle après les garçons. Le samedi, c'est jour de grand marché, à la halle. Il se lève, surpris et hésitant au milieu de cette chambre trop belle où il cherche la présence incertaine de Paul Merceron. Il a dormi d'un sommeil sans fond et s'en étonne car il ne pensait pas se faire à si mol oreiller. Une part de lui-même a trouvé le repos mais il se sent indécis devant ce jour nouveau. La tristesse de son deuil, la douceur du retour, tout se mêle et l'embarrasse. Il ne veut pas savoir, penser, et se penche sur ses bottes quand son cœur s'arrête. Quelqu'un frappe à sa porte.

Elle s'ouvre sur un loupiot en chemise, l'âme et le cheveu en bataille.

— Vous ne dormez pas ? Vous n'avez pas oublié, mon frère ?

La belle demande quand il est debout au milieu de cette pièce, en chausse et chemise. Yrvoix foudroie l'intrus des yeux mais le gamin a un air de chiot en promesse de chasse. Pourquoi faut-il qu'il ait de tels cheveux ?

— Tu me donnes le temps de me laver. Prépare-toi !

Le petit drôle est en chemise. Un immense sourire et François sort, la tête pleine de joie. Son frère est revenu ! Il est tel qu'il le rêvait, si grand, si terrifiant qu'il va faire taire tous les crétins du collège. Qui peut se vanter, dans tout Angoulême, d'avoir tel frère que celui-là ? Tous sont fils de bourgeois bedonnants, forts en paroles, faibles en épée. Le garçon se jette dans sa chambre, s'habille à la hâte, la pensée de la grande rapière d'Henri ne le quittant pas. Lui apprendra-t-il à tirer ? Fera-t-il assez beau pour qu'il y ait grand monde, en ville ? Il en rit de bonheur, savoure sa fierté. Un frère capitaine du roi qui s'est battu à La Rochelle, à Saint-Jean ! Il piaffe d'impatience en enfilant ses bottes, passe sa tête blonde à la fenêtre. Et sa tignasse, surgie de la façade grise, attire forcément les yeux.

— Le bonjour, maît' François !

C'est le Bertrand, qui le regarde, prenant toute la rue à se mettre les poings aux hanches. Ses deux fils tirent un bœuf de la charrette de l'écorcherie. Le sang ruisselle aux pavés. François, qui s'en moque, descend l'escalier porté par la gloire fraternelle et arrive enfin dans la salle du bas. Elle est tout égayée de lumière. Les deux fenêtres s'ouvrent sur la cour où le marronnier perd ses feuilles rousses et ses fruits ronds. Le gamin va à la longue table qui reste toujours dressée, entourée de chaises de plein bois. Des cuivres pendent aux murs couverts d'ocre, un grand feu brille et chante. La Narde s'affaire au chaudron, l'air sent bon les pommes cuites. Ça vous prend aux lèvres, vous parfume le cœur.

— Il est levé !

Pas besoin de dire qui. La Narde rit en se retournant. Elle pose devant lui un bol de lait, deux grandes tranches d'un pain presque blanc, couvertes de miel, qu'il engloutit en deux coups de dent. Comme le temps lui dure ! Attendre, mais combien de temps ?

— Je vais lui monter de l'eau.

Il saute de sa chaise. La bonne femme sourit, elle le comprend. Il s'ennuie cet enfant, dans cette maison triste. La mort n'est pas l'amie des âges tendres.

— Appelle Louis qu'il la tire du puits ! Attends, je viens avec toi. Je veux du bon pour la midy.

Il patiente, docile. Elle a sur lui le poids de la petite enfance. C'est elle qui l'a bercé, mouché, déchiffregné d'une main douce et chaude. Ils longent le couloir du bas et pénètrent dans la mazelerie. C'est une boutique large et haute qui s'ouvre sur la lumière de la rue par deux fenêtres étroites, grillées de verres losangés. Deux murs à étagères sont tapissés de pots vernis, gris et verts, et de longues terrines de grès blanc. L'air sent la menthe poivrée et le lard frit dans un mélange entêtant qui se pose sur tout. Pierre et Louis, les deux fils de Bertrand et de Narde, vont et viennent, les manches retournées, le tablier au ventre, solides et forts, toujours joyeux. Ils prennent les pièces de viande, les ôtent des chaînes. C'est jour de marché, Dieu fasse qu'il soit bon ! Le bœuf pend à la poutre. Son sang s'écoule lentement sur les carreaux de terre brune qui recouvrent le sol comme le maître de feuille fait la découpe d'un quartier sur une longue planche. Son couteau effilé et précis danse dans l'air.

— Voilà la plus belle !

Occupée comme elle l'est, la main de Bertrand ne peut pincer la taille de Narde. Ces deux-là s'aiment gaiement comme il faut que cela soit entre mari et femme. Trapu, très brun, le visage barré d'une gaillarde moustache, le boucher montre du bout de sa lame un long pot de grès.

— J'ai mis de côté une pièce de *palais royal.*

C'est le meilleur du veau, l'endroit fondant où la chair sent l'amande. Narde répond d'un hochement du bonnet, saisit le grès, le met dans son panier, avec une terrine de marrons. Lorsqu'elle se retourne, le jeune maître est déjà au puits, avec Louis. Il danse d'impatience tandis que remonte le seau. Narde sourit à son époux. Un ciel d'automne, très doux, dit que la journée sera belle.

L'ironie de la vie est sans pitié. Henri se revoit, juché sur son cheval, cherchant que dire à celui qui n'est plus. Il pense à Laure, près de ce lit, lui parlant de son fils. Elle l'a accueilli comme un frère, sans doute ni reproche, comme s'il était parti la veille. Et il ne trouve plus de nom en pensant à elle. La jeune fille qu'il a laissée n'est plus. Elle a vécu auprès d'un autre, elle a eu un enfant. Il lui faut chasser sur-le-champ la rage froide et sale qui l'a saisi. Il s'approche des hauts vitrages, écarte les rideaux de sang sombre qui ruissellent au plancher. Seule la rue est semblable à son souvenir. Il fait beau mais le soleil ne glisse pas jusqu'à lui. Des murs l'écartent.

Il se détourne et contemple un instant son bel appartement, la chambre de maître Merceron. Les deux fenêtres font face à ce lit trop grand, tendu de drap rouge. Un buffet à deux corps, lourdement sculpté, occupe le mur. Deux coffres attendent à l'opposé, sous la tapisserie verdoyante, des coffres de mariage. Le bois sombre brille au jour. Dans l'angle de la pièce, Henri remarque une porte basse que l'obscurité de la veille lui a dissimulée. Elle s'ouvre sur une petite garde-robe. Une table supporte le nécessaire d'une toilette masculine, sans poussière aucune. Une brosse, un peigne d'ivoire, un savon d'ambre gris. Il prend songeusement un rasoir effilé, posé dans un plat à barbe, et le repose. Cette chambre était-elle prête, l'attendant ? Quelqu'un a-t-il déposé tout cela pendant qu'il parlait avec Louise ? Il sent battre son cœur et le calme à la pensée de Laure et de la claire confiance qu'il a lue dans ses yeux.

Une chemise pend à un clou, blanche et lumineuse. Il voit, étalé sur le grand coffre qui tient le bas du mur, un costume de velours noir, pourpoint, bon manteau de drap noir, chaussures à boucles d'argent, chapeau à hauts rebords. Un habit de bon bourgeois, en bonne ville. Celui de son père qu'il ne mettra pas. Il entreprend de se tailler la barbe, coupe ses cheveux de brigand, se considère au tain dépoli d'un miroir de cuivre. Ça ira ainsi. On frappe à nouveau et l'on entre sans gêne aucune derrière une ponnuche d'eau. C'est encore le gamin ! Mais il est vrai qu'il a grand besoin d'eau. Henri prend la lourde cruche, la porte dans la garde-robe, remercie durement, attend qu'on le laisse. Un sourire à mordre du marbre lui répond.

— Je me lave.

Mais il en faut davantage pour décourager l'animal. Pendant qu'Henri s'ébroue, il entend l'enfant qui furète. Des pas qui vont et viennent, un coffre que l'on ouvre, que l'on referme. Et le grincement d'une lame tirée du fourreau, celle de l'épée posée sur la malle. Le capitaine fourre sa chemise dans ses chausses en pestant. La fraîcheur propre du tissu est à elle seule une résurrection.

Il aimerait qu'on le laisse reprendre pied à tout cela mais quand il pousse la petite porte, l'air de ne pas y toucher du garçon émousse son agacement. Il a un faux sourire de coin, penche la tête, le front caché de cheveux blonds. Henri revoit l'oncle Paul, d'un coup, jeune et riant, faisant sauter dans ses bras une toute petite fille. Une émotion l'ennuie qu'il cache de son mieux. Il tient à bout de bras le pourpoint de velours noir et l'air déconfit du gosse ne peut se peindre.

— Ça ne m'ira pas si j'en crois ta mine ?

— Pas si bien que l'autre ! Mon frère, pour ce jour, restez en soldat...

Yrvoix passe son buffle et prend tout de même le manteau de drap fin, court et sans manche, qui offre le double avantage d'être propre et moins chaud que sa bure de campagne. Il va sortir, François s'inquiète.

— Et votre épée ?

— Je n'en ai pas besoin.

La déception se lit si bien sur le visage enfantin qu'il ne peut s'empêcher de rire et boucle son baudrier en un tour de main. Un sourire de malice. Un sourire qu'il connaît bien.

— Il sera temps de vous habiller en bourgeois, demain, pour la messe.

L'un suivant l'autre, ils gagnent la salle haute. Louise est seule, regardant la rue par la fenêtre. Henri se sent déçu, un peu trahi. Où est Laure ? Il a entendu son pas, dans le couloir, tout à l'heure. Ne vient-elle leur souhaiter le bonjour ? Sa gorge se serre et il n'ose rien demander, plus timide sous son propre toit qu'un page arrivant à la cour. Ça lui va bien, à son âge ! Une vilaine grogne le tient, mais une promesse est une promesse. Louise leur sourit, embrasse le garçon au front.

— N'oubliez pas que nous mangeons à la première heure, le samedi !

Le samedi, jour de marché, où la maîtresse aide à vendre en boutique. Il sait où elle est, une bouffée de tendresse le prend, qu'il écrase de son pas martelant l'escalier. Il sort dans l'air frais, le godelureau sur les talons. Ils passent devant la mazelerie et sous un méchant voile noir, il la voit, en effet, souriante et déjà affairée, servant une matrone qui la cache de sa corpulence. Laurie croise ses yeux et lui envoie un petit geste de la main. Ce qui ne suffit pas. Il entre sans souci de l'enfant qui piaffe au caniveau ni de la commère qui tourne son ventre vers lui. Il faut qu'il la voie, c'est plus fort de lui.

— Le bonjour, notre maître.

L'idée n'est pas des plus heureuses. Tous les bouchers l'entourent, garçons et apprentis, les deux commis de l'écorcherie, le Bertrand, ses fils et Dieu sait qui, encore, quelques pratiques, les bonnes maisons ayant réservé les beaux morceaux. On lui parle de son père, lui jetant en condoléances les louanges obligées qui sont de mise et de consolation. Au-dessus de cela, il cherche le visage de Laure, ne voit qu'un front baissé, un voile noir. Il l'atteint enfin. Sa main est posée sur une terrine blanche qu'il effleure au vol. Laure rosit, baisse le front plus encore. Henri s'approche et lui sourit. Qu'importent les regards aigus de dix bonnes femmes !

— Le bonjour, Laure !

C'est à peine s'il entend sa réponse.

— J'emmène le garçon.

Un hochement de voile lui répond. Les gens se poussent un peu, elle est en face de lui, derrière pots et pâtés. Leurs yeux s'attachent, ne peuvent se quitter. Une vieille toussote derrière lui, marquant sa grande presse. Il faut céder le pas.

— A la midy...

Elle ne peut en dire plus mais il emporte le petit mot comme une promesse. Il sort, attrape le marmouset et le mène à grands pas à travers la ville. François est transporté. Il a un frère ! Heureux de sa présence, il aime jusqu'à son silence. C'est un soldat que rien n'arrête et dont la marche écarte les passants. Ils dépassent Saint-Paul, descendent la rue où les petites gens vont et viennent, sortant des grandes portes rondes, cloutées de fer. Ils croisent des valets chargés de bois, des servantes, revenant du puits, la cruche verte sur la tête. Devant eux, un vitrier porte son étal sur son dos. Sa canne frappe les pierres dures lorsqu'il s'arrête à la croisée des rues.

— Des vitres avant l'hiver !

Ils passent l'homme et son hurlement tranquille. Henri se sent presque joyeux. Tout vit et s'agite d'un même élan. Le soleil brille, donnant à tous le sentiment fragile du bonheur d'exister. François trottine à sa botte et le regarde avec un air d'extase. Ils passent la place d'arme, atteignent de leur pas de charge une ruelle emplie de gens au point qu'il semble impossible de voir où se pose le pied. Les passants les poussent, les passent, les arrêtent. Ils suivent des coiffes dansantes, des templettes et des chapeaux ronds. Des tabliers de lin leur barrent le chemin, et des manteaux de bon drap. Tous les bourgeois de la ville se sont promis rencontre. Henri marche, le front haut, et François, à son côté, se sent gonflé d'orgueil. Sa tête est pleine de pensées folles et fières qu'il n'ose dire, craignant de passer pour un morveux benêt. Les deux frères jouent des coudes et débouchent sur une place si pleine de bruits et de couleurs que c'est en avoir la tête tournée. A la halle du Palet, c'est ainsi, en jour de marché ! Henri peste en son for de l'avoir oublié.

Des étals s'ouvrent sur le chemin étroit qui sert de rue. François s'attarderait bien à un marchand de dagues italiennes, fines et ciselées. Son frère le voit, le reprend de l'œil.

— Cette quincaille ne vaut rien.

Ils poursuivent parmi le caquètement des poules et la voix des gens, les montagnes de choux, les paniers de noix ou de châtaignes, les sacs d'épices, dont l'odeur poivrée parle d'autres cieux. Des voiles légers pendent ici et là, des tissus claquent, soulevés par une insolence du vent. Après cent pas, qu'ils font Dieu sait comment, ils tombent sur des chapels et des escoffions, des chapeaux par dizaines empilés sur des tréteaux, pendus à des cordes. François lorgne une toque de velours bleu ornée d'une petite plume blanche.

— Prends-la !

Quelques pièces jetées au marchand sans autre barguin, et elle est sur sa tête. Le gamin est heureux, l'aîné le considère, penche un peu le chapel de côté, lui dit en le moquant que c'est bien mieux ainsi. Cet instant les rend si proches qu'ils ne l'oublieront de leur vie, l'un comme l'autre. Mais ils ne le savent pas et reprennent leur course à entrave dans la ville bourdonnante et gaie. Ils parviennent à se faufiler loin de la foire, dévalent une rue et se retrouvent devant un édifice immense qui n'a plus qu'un semblant de clocher. C'est Saint-Pierre, la cathédrale. La ville s'arrête là, proue de bateau devant la mer. Ses murs ne peuvent barrer le ciel.

Les deux frères traversent le parvis. Des hommes vêtus de noir les regardent passer qui se penchent et parlent à voix basse. Les nouvelles vont vite dans une place close. Yrvoix s'en indiffère, redouble le pas, s'engouffre dans une ruelle étroite et s'arrête devant une porte noire, hérissée de fer. Il frappe au marteau en coups jetés au vent qui tombent de la muraille sur les collines bleues.

Un frère vient ouvrir, vêtu de bure grise. Il est grand, pâle, sans barbe et presque sans sourcils, avec une mine en plat de couteau. Yrvoix explique en deux mots sa visite cependant que le moine hausse l'œil, affectant un vague dédain, une froidure polie. Le père Nicolas ne reçoit pas.

— Je pense qu'il fera en autre sorte pour moi. Je suis Henri d'Yrvoix, capitaine du roi.

Les yeux du moine s'abaissent, la porte s'ouvre. Comme un ronflement de titre a de l'effet, parfois ! Ils suivent un couloir, long et voûté, si sombre que l'on ne voit presque rien. Une porte lointaine s'ouvre enfin sur de la lumière et ils pénètrent dans une cour carrée. Sous un tilleul déplumé, des garçons marchent et jasent. Les plus jeunes courent un peu. Tout cela vit sans joie, deux ombres grises ne quittant pas les enfants des yeux. L'air est si plein de contrainte qu'Yrvoix s'étonne d'avoir oublié cela. La mémoire de l'enfance ne garde-t-elle que la douceur des jours ? Quelques garçons, plus grands, regardent François marchant à son côté. Les yeux écarquillés, ils semblent pétrifiés de surprise. Le garçon s'incline sur un adieu qu'il fait claquer fort haut.

— Jusqu'au revoir, mon frère !

Se peut-il qu'il soit vraiment le frère de ce gamin ?

— Suivez-moi, je vous prie.

Le petit moine est devenu des plus civils. Henri n'aime guère les jésuites, comprenant que l'on soit prêtre ou soldat, mais non les deux ensemble. La compagnie a pris le collège d'Angoulême, elle se répand partout. D'Yrvoix se sent un vrai regret d'être là, conscient de l'absurde rôle de père de famille que l'on prétend lui faire jouer. Cependant il le chasse. Laure est seule et elle lui a si peu demandé. Il va la revoir, à la midy. Il suit donc le triste moine et traverse la cour sous la mitraille des yeux enfantins qui le lorgnent. Ils entrent dans une pièce nue où sont alignés des bancs de bois. Au mur de plâtre sale, un christ immense les contemple du haut de la croix, le visage serein sous la couronne d'épines, les yeux infiniment tristes. On le prie d'attendre, il accepte. Le tilleul de la cour perd ses feuilles brunes. Par la porte entrouverte, Yrvoix contemple les garçons, tous vêtus de noir, même les plus jeunets. On dirait de petits corbeaux. Ce sera la couleur de leur existence de notaires ou de magistrats. Henri songe à la vie, au prétendu destin que croient avoir les hommes, devant ces enfants qui tournent et ces feuilles qui tombent. Une lumière, un mouvement, écartent soudain sa pensée du triste tour qu'elle prend. Dans l'angle des aînés, au centre d'un groupe attentif, un garçon fait de grands gestes militaires. Il en perd son joli chapeau. Au soleil, ses cheveux ont pris une couleur si douce.

10.

Un homme a poussé la porte, un petit homme maigre et chenu, avec un air pressé de chouette perdue. Il s'avance, un bon sourire aux lèvres.

— Henri, mon fils, est-ce bien vous ?

Ils rient, se donnent l'accolée, se regardent mieux.

— Vous ne prévenez jamais que vous partiez ou que vous arriviez ?

Il fallait bien quelqu'un pour lui en faire reproche. Ils s'assoient au banc de bois, heureux de se retrouver, l'un si différent, l'autre tellement semblable. Il est des gens qui semblent tellement vieux, lorsque l'on est enfant, qu'ils paraissent inchangés, le temps passant. Tout à la joie de retrouver son régent, Henri ne voit pas l'ombre dans ses yeux.

— Je prie pour ton père, chaque jour.

Henri se juge sur l'instant, heureux d'attendre la midy, oubliant son deuil. La honte qui le bouleverse trompe le prêtre.

— Il était si bon, il n'omettait jamais de m'apporter de beaux morceaux, du veau à la Noël et de l'agneau pour Pâques.

Henri ne peut répondre et le silence pèse quand on ne le comprend pas. Croyant qu'il a redoublé la peine de son visiteur, le père Nicolas s'empresse de changer de sujet.

— Tu sais que nous enseignons ton frère.

— C'est chacun son tour de souffrir.

Le régent sourit à peine de la boutade. Son attention a glissé sur la main posée auprès de lui, si longue et forte, un poing au repos. Il s'émeut de sentir l'étendue de la différence. Henri était un enfant timide, sensible, presque fragile, quand une force calme émane de celui qu'il est devenu. Si ce n'est des yeux, il ressemble à son père à tel point que c'est frappant. Le petit François est tout autre. Il tient de sa mère.

— Il semble que ce gamin donne quelque inquiétude aux dames de ma maison.

Le père régent n'y voit pas tant de souci car c'est une affaire d'âge chaud. Ainsi sont faits les jeunes gens.

— Ton appui l'aidera désormais.

Les braves yeux qui le contemplent ennuient le soldat. Il n'a fait que mener le garçon jusqu'ici, il n'entend se charger de tout son avenir. Il ne sait trop que dire quand une cloche grêle retentit. Les frères frappent leurs mains et les enfants se rangent comme un troupeau d'agnelets noirs. Le père Nicolas se lève, une prière d'excuse à la lèvre. Il va donner sa leçon. Henri serre le bras du brave homme, lui promet de revenir parler d'Euripide, ce qui ne lui fera pas de mal.

Le jeune frère est venu le chercher, qu'il suit pensivement au long d'un couloir aussi gris que sa robe. Tout au fond, devant la porte, un groupe d'hommes se congratule. Chacun se tait en le voyant. Ils sont cinq, presque alignés devant le mur, gênés, le regard fuyant. Le rouge au front, le moinillon se courbe devant l'homme vêtu de bure qui le fixe sans la moindre charité.

— C'est le capitaine d'Yrvoix, révérend frère. Je n'ai pas pensé...

Une main repousse ce bafouillement, des yeux très clairs se lèvent vers le soldat.

— Soyez le bienvenu, capitaine d'Yrvoix. Je suis le frère d'Aubigny, le coadjuteur de ce collège.

Et comme Henri s'incline, le jésuite poursuit.

— Nous sommes fiers de recevoir en ces murs un combattant de la vraie foi.

Yrvoix ne sait que répondre quand deux hommes se détachent du mur pour le saluer de façon familière. Le visage de l'un lui dit vaguement quelque chose.

— Tu ne nous remets pas ? Voilà François Vabre. Je suis Geoffroy Noguère !

Des fils d'échevin qu'il a connus jadis sous le tilleul qui perd ses feuilles comme ils ont perdu leurs cheveux. Ils lui serrent le bras, évoquent pêle-mêle quelques exploits de dénichage, chausses que l'on déchire, pierres que l'on lance et bâton qu'on reçoit. Les autres sourient d'un air de complicité entendue en le considérant, si haut, l'épée au flanc. Un parfum de guerre et de soldaterie se perd dans leurs yeux, tandis que le père Dubreuil, chanoine de Saint-Paul, se félicite de le voir revenu parmi ses paroissiens.

— Nous avons bon besoin d'hommes tels que vous !

Le petit bourgeois qui parle de la sorte ressemble à une fouine. On présente au soldat le sieur Jean Puygrelier, puis le chanoine se perd de questions sur la moindre campagne du militaire, louant le plus modeste de ses engagements. Agacé de ces flagorneries épiques,

Yrvoix va prendre congé quand le gros prêtre juge soudain que l'on peut parler vrai.

— Vous revenez donc de cette funeste bataille.

Il revient, en effet.

— Capitaine, un point nous tourmente. Savez-vous si le sénéchal d'Aubeterre est sauf ?

Henri sent une mâchoire glacée se refermer sur lui.

— Il l'est, ainsi que son cadet.

Il n'en dira pas davantage. D'Aubigny le sent, brûle le père des yeux, mais le chanoine ne sait pas se taire.

— Loué soit le Seigneur !

Quatre cents chevaliers sont tombés à Coutras, qui portaient une croix à l'épaule. Et tant de pauvres gens qui n'en portaient pas.

— Dieu empêche le roi de rien céder aux hérétiques !

C'est une menace, ou presque. Il est vrai que le roi cède à beaucoup. Mais que peut-il faire d'autre quand de petits bourgeois en de petites villes se mêlent de lui donner leçon ? Le capitaine ne répond pas. Il se sent lié au roi, à sa solitude pourpre. Ces hommes sont à la Ligue. Le coadjuteur le regarde, sombre, silencieux, et il rompt l'entretien.

— J'ai été très heureux de vous rencontrer.

Le jésuite est prudent, telle est sa nature. La Ligue est puissante mais elle est interdite. Sur un signe, la porte est ouverte, puis fermée.

Sur la petite place, Yrvoix se contraint à rester un instant. Il ne peut prendre congé sans offense. Qu'est-il allé se mettre dans ce nid de serpents ?

— Il se dit depuis la défaite que le roi prépare un nouvel édit. Qu'il va vendre la ville aux huguenots, pour poursuivre de danser à bal et couvrir ses mignons de rubans...

Henri connaît le ton, la boue des allusions, tout l'arsenal dont la Ligue nourrit la rancœur des petites gens.

— Le roi ne saurait donner Angoulême.

C'est le berceau des Valois et ils le savent comme lui. Henri fait un geste apaisant, ce qui est inutile, les gens aimant croire ce qui leur plaît. Les ligueurs lui parlent de Cognac, la ville de François Ier, que le roi a donnée aux huguenots, autrefois, sans nul souci des cendres de son grand-père.

— Notre duchesse Marguerite est la grand-mère du Navarrais. Il peut prétendre à notre ville.

Cette guerre d'aïeux amuserait Yrvoix en un autre moment tant elle touche à l'imbécile.

— Les réformés tiennent La Rochelle. Ils ont l'ouest, le sud, l'est. Ils nous enserrent.

C'est une peur ancienne, toujours vivante. Les réformés ont déjà eu la ville, par deux fois, et la seconde a été terrible. La Rochefoucault, La Rochebeaucourt, Aubeterre, les trois François jetant leurs chiens sur elle. Yrvoix pense à une fillette tremblant sur un balcon de bois. Bien qu'elle n'ait pas de sens ou de raison, il comprend cette angoisse.

— Heureusement que nous reste celui qui combat sans trêve !

Puygrelier s'enflamme, il tremble de ferveur.

— Que Dieu le garde !

C'est dit en prenant un air à morguer le diable. Yrvoix considère ces hommes qui le croient des leurs. Ils sont au duc de Guise. Que peut-il leur dire ? Qu'il n'est qu'un soldat ? Qu'il a combattu à côté des ligueurs, à Coutras, par ordre d'Henri III, et qu'il les combattra, demain, si le roi l'ordonne ? Il pense aux gens de sa maison et se tait quand une volée de cloches interrompt l'entretien. Le petit groupe se défait sur ces protestations d'amitié qui sentent la taverne.

Yrvoix marche à grands pas, retrouvant l'échappée belle des arbres et des prés encore verts, au dehors des murailles. Comme sa liberté semble lointaine ! Cette ville est un piège refermé. Il va, agacé, bien loin de la joie de retour qui le portait tout à l'heure. Le collège est à la confrérie jésuite et la ville à la Ligue. Comme tant d'autres. Comme Paris. Et lui, à qui prétend-on qu'il soit ? Il a conscience qu'on le regarde, derrière les entoisements de bois, les portes ouvertes des auberges, avec ce souci méfiant des petites villes de tout savoir et de tout épingler. Il n'a pas envie d'autres rencontres, se défie de la fortune, évite la foire du Palet, la halle, bien qu'il en ait le cœur serré. Il n'a pas de place ici.

Lorsqu'il arrive enfin rue de l'Ecorcherie, elle est si calme. Tous sont aux bancs de la halle, bouchers, garçons et apprentis, servantes et maîtresses. Il est tôt, onze heures à peine, et il ne sait que faire. Dans la maison sombre et silencieuse, l'air sent bon, un air d'oignons frits et de viande rôtie qui met l'eau à la bouche et le conduit à la cuisine, devant la Narde. La servante dispose de la main quelques figues dans un grand compotier de faïence bleue. Il regarde les fruits, gouttes de chair pesante et douce.

— Le figuier donne encore ?

— Il reste les dernières qu'il faut ramasser. Mais elles sont bien trop hautes pour moi.

Voilà du moins une chose facile. Il sourit en attrapant le panier qu'elle lui tend déjà et qui semble un berceau au bout de son bras. Il passe dans la cour qu'ils appelaient le premier jardin, Laurie et lui. Elle lui paraît triste. Une liane brune, serpentine, avale les murs de la maison, s'accroche au balcon de bois, cache des pots de terre sagement alignés. Les feuilles noires du marronnier se collent aux pierres verdâtres qui pavent la cour, tachées d'épines écrasées. Une tristesse bornée le prend, semblable à ce lieu enclos. Pour la seconde fois, l'idée d'un piège, d'une prison, s'empare de son esprit sans qu'il puisse s'en défendre. Qu'est-il venu faire ici ? Il se sent vide, inutile, largement ridicule avec son panier de bonne femme au bout du bras.

Il traverse la cour et trouve les trois marches incurvées par le temps. Le second jardin est si beau, si différent, qu'il se sent saisi de surprise. Il hésite à y pénétrer, ne sait plus quel chemin prendre, s'engage dans un sentier de pas déjà marqué dans l'herbe haute. Il passe à grand-peine sous un fouillis de vigne vierge. Des branches s'entremêlent et s'écroulent en guirlandes rouges. C'est une sorte de pont tendu pour les oiseaux, il faut qu'il se courbe pour passer sous de tels arceaux. Des herbes folles s'accrochent à ses chausses. Il est seul mais une étrange présence l'enveloppe qui le rend à lui-même.

Passée la porte végétale, le jardin s'évase doucement. Les vignes abandonnées se mêlent à de vieux buissons de laurier. Deux poiriers rabougris, dévorés de lierre, montent la garde, soldats fatigués mais persévérants. Un bosquet de lilas a encore ses feuilles. De l'autre côté, les noisetiers et les cytises vont en s'effilochant. Au fond, il est un mur, très haut. Et contre ce mur, étalé de vert sombre, un figuier l'attend. Il voit un petit garçon courir vers l'arbre, sauter sous ses branches, arracher une gousse rose, veinée, qui s'ouvre comme une fleur, qui a un parfum d'eau de pluie. Il avance avec le sentiment d'être attendu, reconnu. Les feuilles sombres semblent des hallebardes. Mais il ne faut pas croire tout ce que l'on voit. Il ramasse les fruits perdus sous les branches fragiles, prend soin de ne pas les casser. L'arbre lui est précieux. Il dit que rien ne meurt, que tout repousse, qu'il n'est que de savoir trouver le bon chemin.

11.

Le soleil tombe sur la table couverte de papiers, l'écrase de rayons. Depuis la repue, ils ont tout lu, tout vu, grand-mère ne fait grâce de rien. Elle s'essuie enfin les yeux d'un geste familier. Henri déplie ses jambes, va s'adosser à la colonne de pierre, sent une chaleur lui parcourir le dos. Il pense à ce repas, à un regard confiant et lumineux, posé sur lui, au long fourmillement de ses mains sur la nappe. L'après-midi est beau. Il aimerait sortir le Roux qui doit s'ennuyer et n'est pas le seul. Les comptes de boutique ne sont guère plaisants. Sa grand-mère le devine, fine mouche. Mais que ne devine-t-elle, de lui venant ? Elle s'essuie à nouveau les yeux et le fixe, grand et sombre au revers du soleil.

— Depuis deux mois, c'est de mal en pis. Nous n'y arrivons plus.

Elle s'en excuse, s'explique encore, comme s'il n'avait pas compris ou allait lui en faire reproche. La boucherie va mal, les gens sont sans argent, si démunis pour la plupart qu'ils rongent des os. Même de bons bourgeois, fort à leur aise, jadis. Trouver de bonnes bêtes est si hasardeux ! Le pays est mal gardé, dangereux. Les mots coulent qu'il n'écoute guère. Tout lui devient pesant, importun. Il n'est pas à sa place, sous ce toit qui lui est donné comme en pénitence. Il sent le soleil s'attarder sur ses mains. Un besoin d'espace le tient. Il n'a plus la coutume d'une vie enfermée.

— Depuis la mort de ton père, nous achetons à l'écorcherie, qui nous met double prix parce que nous sommes des femmes.

Est-il assuré que ce soit si grand désavantage ? A voir la façon dont on le contemple, homme providentiel, indispensable, il a quelque doute et ne peut s'empêcher de le marquer d'un haussement de sourcil. Louise le prend assez mal.

— Il n'est guère plaisant de dépendre des gens.

— Je vais aller aux champs, pêcher vos vaches. C'est ce que vous voulez, n'est-ce pas ?

La satisfaire est une chose difficile, ce n'est jamais assez. Elle soutient bravement les yeux gris, pleins d'une triste moquerie. Louise d'Yrvoix s'est battue toute sa vie.

— Tu ne peux pas acheter de troupeau sans en avoir le droit. Sinon, il ne serait pas de bourgeois en cette ville qui n'achète sur pied.

— Sans le privilège du roi François Ier ? Est-il possible ?

Elle ferme d'un mouvement sec le dernier registre.

— Je ne te demanderais rien si nous n'en avions pas besoin. La vie des armées t'a donc lavé la tête que tu n'entends pas ce que je te dis ?

— Que faut-il que je fasse ? Si vous me le disiez d'un trait, la chose serait plus claire.

Elle se calme difficilement. Il est si haut, devant elle, appuyé à ce contre-jour de pierre. Elle l'aime tant, se sent en colère de lui mentir, encore et encore. Dire qu'il la croit bavarde quand elle ne parle que pour mieux se taire. Elle soupire, semble réfléchir, se jette enfin à l'eau.

— Pour vendre de la viande, il n'est qu'une solution. Il te faut entrer dans la confrérie des mazeliers de la ville.

Elle arrête de la main une protestation.

— Je sais, Henri, que tu vas partir, que c'est convenu. Mais si tu es maître mazelier de cette ville, je peux tenir notre maison sous ton nom.

Il croise ses yeux noirs, si brillants qu'ils semblent ceux d'un oiseau. Ils ne le sont pas. Elle l'engage chaque jour davantage, en bonne araignée, faiseuse habile d'une tendre toile. Elle parle à mi-voix, comme recrue d'épuisement. La confrérie des escorcheurs n'a rien dit pour l'instant, elle respecte le temps du deuil. Mais à l'an nouveau, s'il n'est un Yrvoix pour maître de la mazelerie, elle devra fermer. C'est la loi et il sera assurément un boucher pour le rappeler. En ces temps mal assurés, certains ne demandent pas mieux que d'avoir plus de pratiques.

— Nous sommes des femmes. Nous n'avons pas le droit de commerce.

— Le jeune François est Yrvoix.

— Il faut être majeur, âgé d'au moins vingt et cinq années. Et tu le sais parfaitement.

Il le sait, c'est vrai. L'envie d'air libre qui le tient se fait plus forte. Cette maison est un étouffement. Par quel fil suit-elle sa pensée ?

— Sous ton nom, ils resteront libres.

Il fronce le sourcil, surpris du dernier trait.

— François pourra étudier, s'élever, ne plus être marchand à dépendre du gré des gens. Et Laure pourra rester ici.

Elle se tait, ils se regardent. Laure aime cette maison, sa maison. C'est elle qui parfume les draps d'eau de rose, qui bat doucement les rideaux, qui met dans des vases des bouquets de feuilles rouges et dorées.

— Elle veut que François étudie...

Louise parle toujours, l'esprit d'Henri vagabonde, l'écoute à peine puis il tombe, blessé, sur le dernier mot qu'elle dit.

— Si tu ne m'aides pas, il faudra qu'elle se remarie.

Le soleil pèse sur son dos de tout son poids. On la vendrait, une seconde fois. Il voit quelque veuf ventripotent mettre la main sur cette femme, sur cet étrange oiseau doré. La violence qui le prend mêle le passé au présent et fait trembler sa voix.

— Je peux vous donner cet argent de mon père.

— Il est pour toi.

Ils se toisent un instant. Mais il sait bien qu'il n'est pas de taille, si petite soit-elle.

— Tu n'es pas seulement en charge du bien de ton père.

Il est aussi comptable de l'héritage de Paul Merceron. Laure ne peut gérer ce bien, le droit ne le permet pas aux femmes, le gamin est mineur, placé sous sa tutelle. Henri se sent empêtré dans ce fatras comme un oiseau pris au filet.

— Henri, entends-moi bien. Tu vas partir. Sais-tu combien de temps ? Je suis vieille. Que deviendront-ils, si je ne suis plus là ?

Il se rassoit une fois de plus, ému, un peu agacé, aussi.

— C'est pour cela que ton père t'a écrit. Quand il s'est vu malade, me sachant de tel âge...

Non pour le revoir, mais pour un intérêt de boucherie. De colère, Yrvoix balance à peine. Qu'importe, dans le fond, puisqu'au printemps, il partira.

— Je n'entends rien à la mazelerie.

— La mort de ton père est proche, sa mémoire est vive. Si tu en fais la demande, ils ne pourront te refuser sa charge.

Elle sourit et gagne, une fois de plus.

— Je crois, si ma mémoire est bonne, qu'il me faut un parrain en semblable baptême.

Le rire de Louise avoue.

— Je sais que Jean acceptera.

Elle lui dévoile tout le complot. Jean Chambaud est le cousin germain d'oncle Paul et la chose a été entendue, conclue, bien avant qu'il ne revienne. Henri hoche la tête d'un air de dire qu'il n'est pas dupe de tout cela. Mais à quoi sert-il de se savoir mené en laisse ?

— Il m'attend, n'est-ce pas ?

Un aveu d'escoffion.

— Quand m'attend-il, au juste ?

— Après les vêpres.

— De ce jour ?

Un nouvel hochement.

— La reine Catherine est de votre âge, n'est-ce pas ?

Il rit en se levant.

— Par ma foi, il ne m'étonne plus qu'elle tienne en sa main tout le pays.

Les Chambaud habitent dans la rue des Bouchers une vaste maison, ancienne et contournée, qui tient pignon de rue. Les boutiques de casse encadrent un porche élevé qui masque une cour romaine où l'eau de pluie s'attarde dans un bassin carré. C'est une vieille demeure de pierre grise que le temps assombrit encore.

Le soleil entre à grand-peine derrière ces murs bien clos. L'entrée rebute le passant. La porte est brune, couturée de ferrailles. Henri tire une cloche de grelot, perdue au bout d'une chaîne, un tintement aigre se perd dans l'espace. Un valet vient ouvrir, plus cassé par l'âge que par la déférence. Le visiteur se présente. On le laisse attendre le temps nécessaire à son humilité dans une antichambre couverte d'un bois verdâtre aussi triste que tout le reste. La maison de Jean Chambaud est silencieuse. Le maître n'a ni femme ni enfant et tout cela respire la coquille vide. Le valet est poussif, traînant un peu la jambe. Il introduit enfin le visiteur dans une enfilade de salles nues, froides et humides, frappe à une porte de forteresse, arrondie, très basse.

— Entrez, je vous prie.

Le cabinet de maître Jean est tout différent de ce que laissait présager cette barbacane de pièces inutiles. C'est une salle en demi-cercle, ouverte sur une large fenêtre à meneau, vitrée de losanges. Des boiseries sombres couvrent les murs jusqu'à mi-hauteur, puis ils sont dévorés de livres. L'air sent le cuir et ce parfum subtil qui mêle l'encre sèche et le vieux papier. Deux hommes sont assis en fauteuil, devant l'immense cheminée qui s'élève aux poutres du plafond. Etrange, lascive dans cet univers masculin, une Pomone de marbre tend ses beaux bras ronds sur le manteau de pierre. Il n'a pas toujours été ruineux de vendre de la chair, en Angoumois. Les Chambaud, il est vrai, servaient la reine Marguerite, la sœur du roi François, quand elle habitait le château. Un temps béni, selon les dires de Louise.

Les deux bourgeois se lèvent. Jean Chambaud tend les bras. Il serre maître d'Yrvoix à deux mains avec une affection un peu retenue. Ne sont-ils vaguement cousins ? Henri se souvient très bien du bonhomme, mais il en avait gardé une image plus ferme, plus gaie. Il a les yeux tombants, le maintien affaissé, et il ne lui reste guère, sur le chef, qu'une étoupe de cheveux plats. Plus âgé qu'oncle Paul, il doit avoir passé les cinquante ans. Le visage est soucieux malgré le sourire de l'accueil.

— Je suis fort heureux de vous voir. Nous étions fort amis, votre père et moi. C'est une perte fort sensible...

Yrvoix le remercie *fort*, ne doutant que ce ne soit vrai. Après les politesses d'usage où l'on parle d'amitié et de cousinage, et où flotte l'ombre ancienne du bon Paul Merceron, une gêne passe sur eux. Ils se connaissent si peu.

— Je tiens à vous présenter un de mes bons amis, maître Isaac Chevilly, qui est le procureur du roi.

Un homme planté devant la cheminée juge l'arrivant. Des yeux profonds, noirs, enfoncés, des cernes bistre marquent ce visage brun, massif, allongé d'une barbe qui blanchit peu à peu. Les traits sont lourds, creusés à la mine de plomb. Henri se souvient vaguement de ce robin, ancien conseiller de la ville anobli par la charge. Il lui semble qu'il est d'une famille de religionnaires. Il le salue un peu froidement, étonné de la présence d'un huguenot, fût-il repenti, sous un toit d'Angoulême. La ville a la rancune dure et lui aussi. Un reste de soupçon le prend qui note que, dans ce déluge de livres, sous les belles rondeurs de la nudité grecque, la mise des deux hommes est très simple, la fraise rompant le noir du drap en un cercle modeste. On assied finalement le visiteur sur une chaise, entre les deux fauteuils. Après quelques politesses feutrées, le sieur Chevilly, en bon magistrat, prend acte du bon vouloir du capitaine d'Yrvoix.

— Votre père était un homme de bien que nous

regrettons tous. Maître Chambaud me dit que vous demandez sa charge en cette ville.

— Il me semble en avoir le droit.

Une froidure passe entre les deux hommes. Leurs regards se croisent, méfiants et entendus, des regards ennemis. Jean Chambaud paraît ne rien voir et parle d'un ton neutre.

— La confrérie des mazeliers se réunira demain, après la grand messe. Je lui présenterai votre demande qui entend maintenir le droit de votre maison...

La voix s'arrête sur un soupir d'ennui. Les deux bourgeois s'observent et hésitent à s'ouvrir davantage. Cet homme d'armes, ce capitaine, est si différent d'eux. Un silence s'installe que déchirent les grondements du feu. Henri les considère, il ressent le poids de leur inquiétude. Nul ne parle, le feu gémit, l'instant devient pesant. Jean Chambaud se lance alors dans un déluge de considérations.

— Le prix du setier de blé est fort élevé, à la halle.

Il parle, s'appesantit sur les misères du temps. Un nouveau silence se fait. L'automne est beau et chaud mais la froidure viendra bien assez tôt. Au bout d'un moment qu'il doit juger suffisant, le procureur Chevilly se lève.

— Je ne puis rester davantage. Il me fera plaisir, maître d'Yrvoix, de vous voir demain en l'hôtel de la ville.

Hochements de crâne, saluts respectueux, le relaps est sorti. De banalité en politesse, le temps est long. Henri se sent de trop dans cette pièce surchauffée, étouffante. Il accepte qu'une affection ancienne le mène à la longe mais il ne veut pas de ces cachotteries bourgeoises, du monde d'hypocrisie qu'il entrevoit, grand ouvert devant lui. Il se tourne vers son prétendu cousin et le cloue des yeux.

— Je ne veux pas vous ennuyer par cette demande, maître Chambaud.

Le petit bourgeois se tortille de gêne.

— Il n'en est rien...

Un regard sourcilleux lui répond.

— Si cela vous ennuie, vous ou la confrérie, il faut le dire dès maintenant.

Jean Chambaud pâlit, décontenancé. Il baisse la tête, la relève un peu.

— La mézée de la ville a lieu en décembre.

Rien qu'Henri ne sache, c'est le propre de cette assemblée que de finir avec l'an ! Il ne voit pas bien ce que l'on veut lui faire entendre, se redresse et semble immense devant la cheminée. Le pauvre Chambaud se trouble de plus en plus.

— Mon cousin, croyez-moi, ce sera à grand honneur pour les marchands de cette ville que vous soyez des leurs. Mais la guerre civile a corrompu l'entente de cette cité. Nous vivons des moments difficiles et le commerce se porte mal. C'est la bonne cause de notre souci.

Il n'en dira pas davantage. Le malheureux tremble, d'ailleurs, en son for intérieur. Il n'a que trop parlé, il a peur. Peur que ce soldat ne soit de l'autre camp. Ne l'a-t-on vu se précipiter chez le père d'Aubigny, à peine arrivé ? On l'a rapporté à Isaac Chevilly qui est venu le prévenir et le prier de s'en défier grandement. En décembre, lors de la mézée, l'assemblée des notables se réunit, élit le maire et les échevins. Yrvoix, devenu marchand de la place, pourra voter et briguer une charge. Il sait parler, tenir des hommes, il suffit de le voir pour comprendre qu'il a l'habitude du commandement. Il peut faire balancer le suffrage. Quinze ans de combat pour l'église le couvrent de gloire, sa demande est impossible à rejeter. Et lui, Jean Chambaud, il ne sait que faire. Il ne peut trahir sa famille, dame Louise, qui l'a si fort supplié de présenter ce cousin qui est peut-être un ennemi.

— Demain, après la réunion du conseil, j'appuierai votre présentation à la confrérie. Ne manquez pas d'y être.

L'hôte se lève, marquant la fin de l'entretien. Ses yeux fuient et Henri s'exaspère d'être là, de mendier son appui. Aussi le salue-t-il froidement. Ils se verront demain.

Dans quel livre Jean Chambaud peut-il trouver une réponse à son ennui ? Il voudrait repousser tout cela, s'asseoir tranquillement au coin de son feu, lire à plaisir M. de Montaigne. Il n'a pu répondre comme il le devait et il a blessé ce jeune homme. Mais pouvait-il lui demander tout à trac s'il est de la Sainte Union, qu'il redoute plus que la peste ? Tous les jours, ce sont des cris, des hurlements contre le roi, contre ceux qui ne veulent plus des combats. Il a vu placarder tant de menaces sur sa porte, le traitant de politique, de calviniste, de traître, pour ne prendre que les mots les moins malsonnants. Il est riche et nanti, on le hait. Il a peur de cette réunion, demain, et de ce qu'il entendra. La guerre civile ronge les hommes, tue leur âme. C'est ainsi que les pères se méfient des fils.

Henri rentre chez lui de son pas sonnant, froissé sans s'en défendre. Il ne sait que penser de la cautèle de ces bourgeois. Le réformé ne lui revient guère, hautain et morgueux comme s'il était en charge des jugements de Dieu. Quant au cousin Chambaud, il lui semble de bien petite conséquence ! Devenir l'un des leurs, fût-ce pour un hiver, c'est vraiment beaucoup demander. Marcher le calme pourtant. L'air devient vif, le soleil baisse. Il passe par le rempart de la porte du Palet, évite la ville et son grouillement de curieux. Derrière le mur de ronde, les champs teintent l'horizon d'une douceur violine. Un nuage noir, soulevé de mille ailes, lui fait lever les yeux. Ce sont les dernières hirondelles. Les belles voyageuses quittent le pays que va noyer l'hiver. Il partira d'ici quand elles reviendront. Cette idée apaise ses pas et il frappe sottement à sa propre porte. Cela fait si peu de temps qu'il est revenu ! La Marguerite lui ouvre. Une petite révérence révèle des rondeurs de pêche mûre. Espeville, s'il était là, dirait que la place est bonne à prendre. Et tout laisse à penser que le siège n'en serait pas bien long. Cette pensée l'agace car elle en traîne d'autres. Il monte l'escalier. Marguerite le suit pour dresser la table. Il est seul, la regarde faire, s'y attarde malgré lui car ce n'est pas désagréable. Il entend le pas léger de Laure, dans le couloir, la voit qui entre, les bras arrondis sur un plat brun. L'odeur des figues au miel vogue dans l'air et lui entoure le cœur. Elle pose son plat sur la crédence et observe Henri de côté. Elle sait tout, bien sûr.

— Comment va mon pauvre cousin ?

— Lequel ?

Elle en a deux.

— Celui qui manque de cheveux !

Elle met ses mains au feu sans attendre de réponse et se retourne tandis qu'il la contemple, jolie comme un ange à cette lumière.

— Merci pour tout cela, Henri.

Une gêne leur fait baisser les yeux. Dans le silence

mesuré, Marguerite pose des assiettes de faïence bleue. Louise arrive et se plaint qu'il fait un peu froid. Henri pousse donc quelques bûches tandis que Laure allume les chandelles du soir. La nappe est blanche, le feu chauffant.

— Beau jour de soleil, mais nuit de gel !

Ils attendent le gaminot qui n'est pas rentré. Il veut sortir le soir, est en petite guerre avec sa mère, en garnement qu'il est, et les yeux de Laure sont inquiets.

Des cloches sonnent, lointaines puis assourdissantes. Le tocsin a rompu la paix fragile de l'instant. Des cris montent, aigus, se rapprochent. Une cavalcade effrénée bat les pavés. Des gens courent dans la rue, leurs semelles de bois couvrent leurs cris. Henri se penche à la fenêtre, voit danser des flambeaux, entend des rires, des chansons et un murmure d'angoisse, à son côté.

— Où peut-il être ?

Laure est livide. Sa voix est si faible dans le tumulte qui monte vers eux. La question à peine posée, un air de bruit et de sarabande vient emplir la maison. La porte de la rue claque comme un fouet, l'escalier tremble, monté deux à deux. Et l'escolier leur hurle ce qui a mis la ville dans la rue.

— Il les a battus ! Battus ! Ecrasés !

Il crie, trépigne. Et comme on ne le comprend pas assez vite, en faisant tournoyer sa mère, en prenant Louise par le bras, en dansant jusqu'à ce frère que Dieu lui a rendu, il ajoute dans un grand rire :

— Les reîtres d'Allemagne ! Les huguenots ! Il les a vaincus ! Ecrasés ! Dieu aide le Balafré !

12.

— Vive le duc de Guise !

La ville entière hurle de joie. Louise est allée à la fenêtre entrouverte. Le charivari des sabots sautant sur les pavés, des fifres, sortis Dieu sait d'où, rien ne passe cette clameur. Les huguenots d'Allemagne sont défaits. Qu'importe désormais le Béarnais ! Il ne pourra pas l'emporter ! Il n'aura pas leur ville ! Il n'aura rien ! Et le duc de Guise, le sauveur de la France, pourra tout exiger du paltoquet couronné qu'on appelle Henri III. Le peuple danse une ronde sauvage où tournent des flambeaux. La farandole entraîne les gens vers Saint-Paul et la rue de l'Ecorcherie se calme, peu à peu.

— Cela vous venge, mon frère !

François rit d'une oreille à l'autre. Il est ébouriffé, sans barrette, débraillé et si glorieux qu'Henri en sourit malgré lui.

— Nous avons vaincu ! Nous l'avons emporté !

Nous ? Comme il est beau de vaincre ainsi ! Louise se détourne de la fenêtre. Ses yeux disent qu'elle est en grand souci.

— Dieu nous protège...

— Il nous protège, grand-mère !

Il a déjà passé la porte, blond tourbillon de jeunesse et de joie.

Laure ose à peine protester. Elle est appuyée au mur, si noire dans sa robe de deuil qu'elle disparaît dans l'ombre.

— Mais où vas-tu, François ?

Il hurle dans l'escalier.

— Au parvis de Saint-Pierre, avec tous ceux de mon école !

La porte claque dans la nuit. Louise s'assoit, les jambes mortes. Elle a peur de cette joie violente. Elle sait ce que devient la joie du peuple quand elle est déçue.

— Ils sont bien fous, les gens de cette ville.

Laure est toute pâle. Henri la regarde, plein de l'envie de la prendre dans ses bras. Elle fait deux pas, timides, pose une main sur le blanc de la table. Et lève les yeux vers lui.

— Il va prendre froid.

Ses yeux sont si beaux, si pleins d'inquiétude, d'espérance. Il se sent tourneboulé, imbécile. Une faiblesse de cœur le tient, si claire qu'il ne sait comment la cacher. Il hausse les épaules et prend un air de grande misère, en passant la porte.

— Dire que cela fait quinze ans que je rêve de ces figues de miel !

La rumeur de la ville s'est calmée. Le fer de ses bottes sonne au pavé. Il remonte vers la place du palais où il entend la musique grincer. Les rues, au centre de la ville, se sont noircies de gens. Le peuple entier semble s'être assemblé là. On rit, on crie à faire éclater les poitrines, à couvrir le fracas de tonnerre des cloches de Saint-Jean et de Saint-André, jetées à la volée. Toute la nuit est folle, ligueuse, guisarde. La peur qui courbait les gens semble s'être envolée.

— Qu'en dis-tu, Yrvoix ?

C'est Noguère qui lui souffle au visage et ne lui laisse pas le temps de répondre.

— Je l'avais bien dit ! Dieu aide le duc de Guise !

Des hommes lui frappent le dos de grandes claques complices. Ils sont déjà à moitié ivres, sentant le vin et l'envie d'en découdre. Il se fraie comme il peut un chemin dans la cohue grondante. L'annonce de la victoire a enflammé la ville. Les messagers porteurs de la nouvelle sont arrivés à la fermeture des portes. Mais elle a volé, d'église en église, de maison en maison. Voilà deux jours, à Vimory, le duc de Guise l'a emporté sur l'armée étrangère venue soutenir les réformés. La joie dilate les cœurs, débonde les âmes et la haine ruisselle sur les pavés.

— On crèvera les hérétiques ! On les crèvera tous !

Ce sont des enfants qui chantent cela. La foule lui pousse le nez dans le corset d'une grosse qui le prend à partie.

— Ils pisseront le sang, mon beau. On en boira comme une eau en fontaine.

Enfin parvenu à l'autre bout de la place, Yrvoix prend plus tranquillement l'enfilade qui mène au parvis de la cathédrale. Il peste contre le mouvement qui l'a conduit là. Où peut être le jeune imbécile ? Il se trouve entouré de robes et de soutanes, comme en un sabbat de moines. Des cordeliers, des jésuites, des jacobins, tous dans la rue, qui lèvent les mains au ciel en action de grâces.

— Dieu aide le duc de Guise !

Si les armées du roi l'avaient emporté, à Coutras, prierait-on le ciel de la sorte ? Yrvoix en doute mais ce n'est l'heure de semblables constatations.

— Ah, mon fils ! Quel bonheur, n'est-ce pas ?

Le père Nicolas essuie des larmes.

— La ville a tant souffert, Henri ! Et nos frères, comme le Christ en croix ! Mais nous avons vaincu ! Ils ne reviendront pas !

Comment peuvent-ils croire que la déroute d'une bande de reîtres va ramener la paix quand l'armée du roi de France est morte ? Quelle victoire de carnaval fêtent ces gens ? Que leur fait-on croire ? Une escarmouche n'est pas une bataille. Henri pense aux piqueurs tombés à Coutras, à ses gamins, ses croque-moutons fauchés par le canon, déjà trahis et oubliés. Une colère grondante monte en lui, violente et lourde comme les lames du tocsin qui balaient l'air de la place.

— Où est François ?

— Je ne sais. Peut-être en notre école !

Yrvoix remonte une rivière de prêtres, les pousse, les tire, entre enfin dans la cour du collège Saint-Louis. Les escoliers sont là, dansant, hurlant, à demi nus. Leurs manteaux sont étrangement pendus aux branches basses du gros tilleul. Une barrique a été roulée dans le collège et mise en perce. L'air sent la vinasse et le braillement.

— Qu'on renvoie le bougre de roi !

— Vive le duc de Guise !

Une aigreur de moutarde lui monte au nez. Dans la cohue, il ne voit pas de tignasse blonde. Il attrape un gamin par la manche, le soulève presque.

— Où est François d'Yrvoix ?

— Sais pas !

Il secoue un peu l'arbre qui se hâte de lâcher les fruits.

— Au Lion d'or...

Le morveux est au parvis de la cathédrale comme putain à la messe. Il est parti en taverne ! Exaspéré de son rôle, furieux et n'en pouvant mais, le capitaine descend les venelles étroites qui conduisent au palais. Elles se vident un peu. Il ne restera bientôt plus que la carogne faisant grand bruit de fête pour hanter les rues. En taverne ! Et lui, Yrvoix, il joue la nourrice sèche. On ne l'y reprendra plus ! Le Lion d'or, c'est en haut de la rue du Minage. Il marche un train de compagnie, pousse au ruisseau les passants qui le gênent car ce n'est pas le moment.

L'auberge est pleine de ripailleurs. Des hommes assis jusqu'aux fenêtres, braillant et buvant. Elle est belle, l'armée de volontaires du Lorrain ! Des filles sont aux genoux des hommes, le corsage ouvert. Des mains se perdent, des yeux s'allument. Les chandelles ne montrent pas tout. Henri repousse deux ivrognes, voit des gens le saluer. Un compère, se croyant drôle, le prend à partie.

— Voilà où il fallait se battre !

Yrvoix le fixe, un seul regard de fer.

— Peu importe l'endroit. Si vous le souhaitez, il en est toujours temps.

Le gars, pour le coup, est dessaoulé. Les yeux d'Henri font le tour des tables. Il voit enfin un blondinet avec d'autres de même âge. En deux pas, il l'a rejoint.

— Tu rentres tout de suite !

— Noon ! Noon pas, mon frère !

Le marouflet a la voix pâteuse. En un tour de main, Yrvoix le met debout. Ses yeux l'arquebusent et tous ceux d'alentour.

— M'entends-tu ?

— Suis pas sourd...

On rit mais Yrvoix n'est pas d'humeur. Il met au gosse une bourrade qui le jette à la rue, furieux et titubant.

— Que je t'y reprenne ! Tiens-toi-le pour dit, car je viendrai te prendre au cul et aux chausses !

Le soldat marche, sans lâcher prise, porté par sa colère. François a bien du mal à suivre. Il est fin gris, le jeune maraud qui titube et se traîne à la boue du pavé. Il ne peut le rendre ainsi à sa mère. Excédé, Henri le soulève d'un bras et le traîne à la fontaine de la Monette.

— Bois puisque tu aimes tellement ça.

Il lui fourre la tête sous l'eau. De l'eau, encore de l'eau, jusqu'à ce que le gamin vomisse son mauvais vin.

— Nous allons battre les hérétiques ! Il faudra bien que le tyran nous entende enfin !

Sa mine semble enfermer son frère dans ce même sac de tyrannie. Henri le secoue un peu puis le prend aux épaules et le traîne au petit banc de pierre qui s'adosse à la fontaine. Dans un geste soudain, imprévu, il enveloppe le petit chiot dans son manteau.

— Tu gagnerais fort à te taire, sachant si peu ce que tu dis.

— Je le sais et parfaitement bien ! Le roi n'est qu'un tyran, qui vit de bals et de débauche sans nul souci de la misère des gens.

Yrvoix le secoue dans le dos pour qu'il ne prenne froid.

— Qui le dit ?

— Tout le monde ici le sait bien. Mais le roi ne veut rien entendre de son peuple. Il ne veut pas des parlements !

— S'il ne voulait écouter son peuple, le laisserait-il brailler si fort ?

Un air de braverie lui montre à quel point le gamin est embéguiné. Qu'importe ? Il l'étrille, ne voulant pas le rendre malade à sa mère. François s'étonne, la voix moins assurée.

— Vous, mon frère, vous êtes d'un autre avis ?

— Il est le roi, François. Il a été sacré et il doit le rester. Il est la seule union de ce pays.

— Vous êtes bien parti pour vous battre ?

Il est vrai qu'il est des donneurs de conseils mieux placés. L'enfant frissonne, il n'est pas l'heure de tant raisonner.

— Viens, ta mère est folle de souci...

François renifle, s'essuie du coude et repousse d'un geste les cheveux qui lui barrent les yeux. Des yeux tristes et profonds, inattendus.

— Elle n'a pas tel souci de moi.

— Tu ne sais ce que tu dis.

Sans elle, serait-il ici, à bouchonner ce drôle qui va prendre froid ?

— C'est vous, mon frère, qui ne savez rien.

Le gamin renifle, s'apitoie sur lui, pleure un peu, poussé par le vin. Pourquoi faut-il qu'il ait de tels cheveux ?

— Et ton père ? Crois-tu qu'il serait fier de toi à te voir ainsi fait ?

— Il était fier de vous. Il payait des soldats de retour de campagne pour qu'ils lui disent où était votre régiment et ce qu'il en était de vous.

L'étonnement cloue Yrvoix saisi par une joie triste, un relent d'affection qui lui trouble la vue. L'enfant ne voit rien, il ne pense qu'à lui comme le font les enfants.

— J'étais là, moi, et il ne pensait qu'à vous, qui étiez loin.

François le regarde avec les yeux de l'innocence.

— Mais vous êtes avec moi, maintenant.

C'est un étrange chemin que celui qui les ramène. Henri soutient par l'épaule le fils de son père. Ils entrent dans la maison silencieuse, tels des larrons, montent doucement l'escalier. Une femme attend, debout dans la pénombre. On ne se dit mot. On se parle des yeux.

13.

Les cloches sonnent avec une lente modération. Elles appellent le troupeau des fidèles. Henri attend, sous le marronnier, tranquille autant qu'il peut l'être. Il n'a pas fermé l'œil de la nuit. C'est être bien peu avisé que de donner deux fois dans le même mal. François sort du logis et le rejoint d'un pas ardent.

— Bonjour, mon frère !

Il met tant d'orgueil dans ce nom qu'Henri sent s'abaisser ses dernières défenses. Le damoiseau arbore sa toque à plumet avec une fierté de jeune coq. Un habillement du dimanche permet cela. François porte mal le deuil, il est tout feu tout flamme.

— Vous verrez toute la ville, à la grand messe.

Henri n'a pas le temps de lui dire qu'il est d'autres villes et qu'il les a vues. Les dames d'Yrvoix viennent de sortir. Louise tient à grande importance de ne jamais montrer que l'on puisse manquer, et cela se voit. Elle est vêtue de noir jusqu'au collet monté mais sa robe de drap s'ouvre sur une cotte soyeuse, passementée d'un ruban de moire. Une coiffe de velours maintient le remous indocile de ses cheveux gris. Une longue chaîne d'argent pend à sa ceinture, soulignant sa finesse. Elle se redresse autant qu'elle le peut, voulant rester belle en dépit de la vie.

— Mon Dieu, j'ai oublié mon livre !

Dame d'Yrvoix s'en retourne donc, appuyée sur François, qui montre, ce matin, toutes les complaisances. Il est si fier d'arborer son frère à l'église que le roi, qu'il soit de France ou de Navarre, n'est pas de ses cousins. Henri et Laure sont seuls, les yeux gênés par la clarté diffuse d'un automne trop doux. Il sent battre son cœur, cette vieille breloque n'écoute rien. Le visage de la jeune femme disparaît sous son attifet de veuve. Elle est comme engloutie d'étoffe noire. Elle a un air un peu las, et fait un petit signe de désarroi.

— Nous te donnons bien du souci.

Sait-elle à quel point ? Ils se regardent et se sentent proches de mille choses anciennes qu'ils n'ont osé de se dire.

— Ce n'est rien...

Il ment, elle le sait et lui adresse un sourire si tendre qu'il illumine la lumière pluvieuse du petit matin.

— Laure...

Elle a baissé les yeux, elle n'ose pas le regarder, si grand, si différent de son souvenir. Il suffit qu'il soit là pour qu'elle oublie sa tristesse et sa crainte des gens. Que n'a-t-on dit d'elle quand maître Yrvoix l'a épousée, quand le départ mystérieux d'Henri faisait planer sur son mariage tant de soupçons ? Qu'elle était bien comme les autres, Laure Merceron, une fille à épouser au plus vite... Elle les connaît, ces bons visages qui vous sourient d'un air aimable et vous poignardent de caquets à dos retourné. Mais nul ne peut manquer la grand messe. Toute absence est suspecte depuis le séjour de Calvin dans la ville. Angoulême se méfie, le temps n'y peut rien. Cinquante ans de soupçon pèsent sur chaque office.

Louise a trouvé son livre de prières. Quittant le bras de François elle s'appuie sur celui d'Henri. Elle prie le garçon de soutenir sa mère, ce sera plus léger. C'est ainsi qu'ils remontent la rue, saluant de droite et de gauche, s'arrêtant à présenter Henri à chaque pratique car il faut être civil lorsque l'on tient boutique. Ils arrivent enfin sur la place des Ormeaux. Elle est emplie de gens en groupes sombres qui s'attardent un peu avant de rentrer dans l'église car il faut bien parler de la grande nouvelle, la merveilleuse victoire du duc de Guise. Henri s'amuse à voir que chacun a soigné sa mise d'extravagante façon, les hommes raides, emplastronnés dans leurs pourpoints de mode espagnole, les femmes molles et répandues, qui balaient la place de leurs jupes trop larges. Elles ressemblent à des cloches d'étoffe. On vertugadine donc, à Angoulême... Pourquoi serait-on ici moins qu'ailleurs ridicule ? Tous ces gens les regardent passer, leur font une inclination courtoise, qu'ils rendent aussitôt. Le grand deuil les dispense de toute conversation, il a cela de bon.

Devant le parvis, la presse devient polie, la curiosité se voile. La paroisse Saint-Paul est de petite noblesse et bonne bourgeoisie, elle tient le haut du pavé de la ville. On entre, peu à peu, en s'effaçant, en s'affaissant, en se tendant de l'eau bénite. Chacun gagne sa place, un banc de bois établi de toute éternité. Selon le rang, la rangée ! La leur est la troisième en partant de l'autel, en bord de l'allée centrale, ce qui marque une aisance de notables enracinés. Mais ils sont dans les rangs du peuple dont l'aspect s'appauvrit, de banc en banc, jusqu'à la porte du fond. Qui donc a dit que les premiers seront les derniers, en paradis ? Tout ce qui compte dans la cité entoure l'autel. La noblesse est à droite, derrière une barrière de bois doré. D'épée, au premier rang, ou de haute église. Les robes des anoblis sont à senestre. La pierre blanche de l'autel sépare deux mondes. L'un n'est que couleur et morgue. L'autre n'est que noirceur et envie. Mais la même ambition monte de part et d'autre, la même avidité de plaire, de se montrer, d'avoir, de sembler grand.

Tous attendent l'officiant, à tête basse, à cœur rampant. Que de mouvements, de désirs, de transports et d'intrigues derrière ces fronts semblablement baissés ! Henri a l'impression d'être en spectacle, il ne peut s'en défendre, ne se sent pas fautif. Louise l'y pousse qui lui glisse à l'oreille les noms illustres qu'il a si bien oubliés.

A la première place, une montagne de velours noir, la marquise de Mézières, si vieille que dame Louise est une jouvencelle en son endroit. Elle a fort sagement quitté la cour, et les Montpensier, ses cousins, qui haïssent le roi. Elle passe l'hiver dans son hôtel d'Angoulême, l'été dans son château de Mareuil. Aux côtés de la grande dame se tiennent ces messieurs d'Aubeterre, le vicomte David Bouchard, et son frère, le chevalier Jean. Ils sont un peu parents de la marquise, dit-on. Frisure, collerette, pourpoint à broderie de perles. Henri les a vus en moins bel équipage. Sur la paille, très exactement ! Il croise leurs yeux, les salue du chef, amusé de leur gêne à le voir là. A leurs côtés, M. de Méré, frisotté, enfraisé, croise et décroise ses gants de peau d'Espagne. Des gants tout justement payés avec l'or de Philippe II, comme l'ensemble du costume, comme tout l'animal. Le chevalier Maumont est derrière, semblant prier. Il cache heureusement la hure qui lui sert de visage et déshonore en Dieu le divin créateur. Henri ne connaît que trop bien cette brute épaisse, cette outre à vin. Des hurlements, du fer et du sang, les images qui lui viennent sont bien éloignées de ce déluge d'étoffe et de recueillement. Derrière vicomte et marquise, quelques nobliaux de la ville, en atours surprenants si la vanité peut encore surprendre. Robes à tambour, satins brochés, voiles de dentelles, sautoirs et broderies, à la grand messe, les hommes sortent leurs femmes. Ils sont noirs ou gris, empesés, gaudronnés, si laids en regard d'elles, à l'inverse de ces oiseaux où le mâle seul se couvre de plumes colorées. Une impression de déjà vu, de déjà donné, flotte sur ces rubans. Henri se demande ce qu'il fait ici, en cet instant. Que font-ils tous, au demeurant ? Attendent-ils vraiment de retrouver Dieu ? Il faudrait y mettre un peu moins de contentement. Les réformés, en cela, n'ont pas tout à fait tort. Henri lève les yeux vers le vitrail brisé qui domine la foule. Quelques émaux jettent aux dalles du sol une couleur de mauve. C'est tout ce qui reste du manteau de l'apôtre.

— Vois-tu, à la droite du rang, c'est le chevalier des Bordes.

Celui qui commande à la garnison de la ville est un brave capitaine rebondi et rougeaud, tenant plutôt place de table que place de créneaux. Henri s'essaie à reconnaître les hommes de la gauche. Il voit en première place le frère d'Aubigny qui croise son regard et lui sourit aimablement. A ses côtés, une robe d'église lui est inconnue. Puis c'est le noir troupeau du conseil et des échevins qu'il s'essaie vainement à reconnaître. Louise lui ouvre ses lumières, dans un ultime chuchotis.

— Le prêtre est le père Du Tillet ! Les Du Tillet, tu sais, de l'hôtel en haut de notre rue ! Par le fond, à main dextre, c'est Jean de Paris et son fils, Simon, que tu as dû connaître au collège. Mais si, mais si... A côté, le gros frisé, c'est Etienne de Villoutreys et là, Jean Desmoulins qui est plus chauve qu'œuf de bonne poule. Dans le milieu, Hélie Laisné, François Gélinard, Nicolas Ytier...

Les noms s'entrechoquent. Il voit deux barbes plus familières que les autres. François Vabre et Geoffroy Noguère.

— Henri, m'écoutes-tu ? A côté de Jean Souchet, le petit maigre en bois de fagot, qui est à main dextre, c'est le greffier Ravaillac. Un pilier de taverne qui fait bien de venir prier Dieu pour le pardon de ses péchés. C'est le frère du procureur que tu vois, ce grand échalas roux, en premier rang, sis à côté de François Normand de Puygrelier. Avec son frère, Jean. Tu ne les reconnais ? Mais si, voyons...

D'autres noms, d'autres encore. Grand-mère Louise lui semble une source dont on ne peut arrêter le filet. Le corps de la ville comprend cinquante bons bourgeois. Il va assurément mélanger la magistrature et la prévôté, ce qui sera à très grand blâme. L'officiant arrive enfin, en robe blanche et surplis pourpre. L'écharpe d'or orne son col. Les ouailles se taisent. Henri pourrait se croire sauvé. Il ne l'est.

— Au premier rang, les Noyon, le maire Bourgoing, le lieutenant général Nesmond et M. Chevilly. Tu connais notre bon cousin Chambaud.

Le bon cousin leur sourit. Il est d'un beau jaune de peau et semble fort mal à son aise. La messe commence. La parole du Christ a raison de la langue de Louise, au moins pour un instant.

L'office se déroule lentement. Henri s'étonne de la componction du prêtre. Il n'a plus l'habitude de la grand messe, de son cérémonial, accoutumé qu'il est à de simples services à soldats. Les frissonnements des étoffes répondent à la voix latine, l'église se réchauffe de ferveur et d'encens. On s'agenouille avant le prêche. Il jette un regard de biais à un voile noir abîmé sur deux mains fines et croisées qui portent un anneau. Si ce n'est le moment, Dieu le lui pardonne. Il ne peut lutter à toute heure du jour. Le prêtre monte en chaire, avec la lenteur de saint Pierre ouvrant la sainte porte. Le chanoine Dubreuil est fort, massif, il porte dignement une tête glabre dont la mâchoire carrée fait penser à la guerre et non au sacerdoce. Il a une bouche pleine, ourlée, qui serait belle en une femme. Ses yeux balaient les rangs bien alignés des têtes qui se lèvent vers lui, représentant du ciel. L'ange du silence est passé sur la foule.

— *Hosanna*, mes frères, et haute gloire à Dieu ! Du fond de notre peine, par-delà l'angoisse qui nous point, le très haut a entendu notre appel. Il a donné une immense victoire à son fils, Henri, duc de Guise, bras armé et très saint de sa divine colère. Gloire lui soit rendue ! Oui, mes frères, Dieu nous a entendus. Il a tendu le glaive qui pourfend les méchants et l'a donné à Henri de Guise et à tous les siens. Puni soit le blasphémateur infâme qui a renié Dieu, les saints, la Sainte communion ! Détruit soit celui qui déshonore son nom, qui flétrit le manteau de la vierge d'opprobre et qui voue l'Ecriture sainte de notre mère l'Eglise au satanique reniement ! Sachez-le bien, mes frères ! Le diable fait parler ces gens depuis bien trop longtemps, hérétiques ignobles qui détruisent la maison du Seigneur, qui divisent son peuple, qui jettent sur ce royaume l'effroi et la corruption. Henri, roi de Navarre, maudit sois-tu, toi et les tiens ! Henri, prince de Condé, que l'Enfer te poigne ! Henri, roi de France, entends la voix de Dieu, avant qu'il ne soit trop tard.

Entre en cette croisade sacrée et extermine enfin la vermine horde et pouilleuse qui ose vivre en ce pays. Qu'il ne soit plus de huguenot en vie sur la terre de France ! Ou tremble, Henri de Valois, de voir s'abattre sur toi le poids de Sa colère !

» Et vous, mes fils, que le Christ anime, qu'agite l'aiguillon de la vraie foi, allez-vous rester là, à l'abri de vos maisons, attendant que d'autres, par leur zèle, rendent à ce royaume sa première pureté ? Dieu a entendu nos soupirs, dites-vous ! Mais vous, avez-vous entendu les siens ? Voyez cette église brûlée, ces murs détruits, ces verres brisés ! Ainsi sont toutes nos églises ! Vous tous qui m'entendez, vous le supportez depuis bien trop longtemps. De trop grande patience. Vous faites attendre Dieu, vous replantez les clous au pied de notre Seigneur et remettez l'épine à son front. Qu'il se lève enfin, le peuple de Dieu, et qu'il prenne l'épée de lumière qui exterminera jusqu'au dernier de ces démons ! Allez, sur les pas d'Henri, duc de Guise, au nom de l'Eglise sainte, apostolique et romaine ! Arrachez l'hérésie rampante de ce sol et rendez la paix de Dieu à vos enfants !

La voix tonnante s'est tue. Les visages élevés sont tendus, crispés par la rage et le désir de son assouvissement. Les yeux brûlent, les cœurs battent. François a un tel visage d'enfant transporté que le cœur d'Henri se serre, au bord du soulèvement. Que sait-il de la guerre, ce gros chanoine ? Des corps mutilés, des gémissements, des corbeaux s'acharnant aux yeux des mourants ? Son regard glisse sur les bancs. Combien tomberaient au premier assaut, au premier canon ? Le prêtre descend lentement de sa chaire. De qui est-il ministre ? Du roi d'Espagne ? Henri croise le regard triomphant du frère coadjuteur. Une éloquence, père Dubreuil, que nous saurons récompenser.

Henri se détourne et s'attarde à contempler le conseil de la ville, l'air d'arrogance des uns, la contenance ennuyée des autres. Aucune œillade ne s'échange, ils sont autant de statues. La guerre civile est dans leurs rangs, d'après Jean Chambaud... Le pauvre homme ne voit assurément que ses mains croisées. La messe reprend son cours. On élève le corps du Christ. Chacun se recueille. Les fronts s'abaissent sur les pensées. Henri voudrait repousser les siennes, retrouver l'ancienne simplicité de sa haine. Mais un sentiment nouveau l'empêche de chercher Dieu. Ses yeux errent et accrochent soudain un regard âgé, ennuyé et triste, celui de la vieille marquise, à l'angle de la nef. Il a le sentiment furtif qu'elle doute qu'un tel chemin conduise en paradis. Mme de Mézières l'effleure d'un sourire de complicité. Il s'en souviendra, un jour de grande peine, l'ignore en cet instant où la messe est dite.

Les mains du prêtre se sont ouvertes en bénédiction. Les fidèles sortent, silencieux, recueillis, jusqu'à la place où leurs cœurs se débondent. Ils parlent haut, à plein bec. Que n'est-il un parpaillot à passer sur cette place qu'étrangleraient deux cents mains ?

La pluie, devenue forte, suffit à défaire promptement tous ces combattants de paroles. François marche à côté d'Henri et l'eau du ciel ne le rafraîchit guère. Ses yeux brillent. Le gamin salue des visages fort jeunes et semble proclamer à tous que c'est là son frère, un combattant de la vraie foi. *Voyez, il est bien là !* Cette fierté enfantine fatigue le soldat. Le mauvais drôle oublie tout bien vite. Il ne soutient pas sa mère. Laure marche à tête baissée pour retenir son voile agité par le vent de la pluie. Henri n'ose pas lui donner le bras. Elle est veuve, elle est jeune, elle a peur des caquets, d'après Louise. Un bourgeois s'approche de la famille Yrvoix qui ne l'a vu venir, se tenant le chapel sur les yeux. On s'arrête malcommodément, à l'abri d'un auvent.

— Le bonjour, mes bons parents.

C'est Jean Chambaud, maigriot, frissonnant. Civil à l'ancienne mode, en dépit de la rage du temps, il s'enquiert longuement de la santé des deux dames. Malgré ses larges rebords, son chapeau semble ne le protéger de rien.

— La confrérie doit être réunie. Venez-vous avec moi, mon cousin ?

— François, tu accompagnes nos dames.

Le gamin salue, il est aux ordres, du moins le dit-il. Les deux groupes se séparent, chacun affrontant la bourrasque de son côté. Les deux hommes remontent la rue sur les pavés que la pluie rend glissants, si dissemblables qu'il est difficile de croire qu'ils marchent ensemble, l'un tenant la rue d'un pas de conquête et l'autre s'excusant presque d'exister. Une âcre odeur de poussière monte du sol, un souffle humide d'automne. Jean Chambaud trottine à grande peine, car il n'a pas la longue foulée du militaire. Henri s'en avise soudain, s'en excuse.

— Je vais un peu vite.

Le cousin Jean a des yeux qu'on ne peut croiser. Il flotte dans son manteau noir, manque de s'étrangler, retient à grand-peine son chapeau et semble englouti d'angoisse. Sa peur est si grande qu'il n'ose se plaindre de ce pas de lansquenet. Henri ne connaît que trop bien cette odeur triste et aigre. Il en sait le poids, s'il en ignore la raison.

— Je crois, mon cousin, que vous devriez m'en dire davantage sur le conseil de cette ville, avant que je ne rencontre nos bons maîtres bouchers. Il serait divisé ? Voilà qui me navre et m'étonne.

Le pauvre homme bafouille qu'il n'a pas de raison de s'inquiéter, que la confrérie tout entière s'enchantera de l'accueillir. Mais sa voix saccadée dit tout simplement le contraire. Un grand coche, à cet instant, remonte la rue, les vouant aux murs et aux éclaboussures. Henri avise le porche du couvent, prend le bras du cousin Chambaud et l'y entraîne, le portant presque. Le soldat s'arrête, feint de vouloir secouer l'eau ruisselant de sa cape et considère le bourgeois, sa mine de vieil enfant perdu.

— Je fais cette demande dans l'intérêt de ma maison. Le mien est fort loin d'ici. Dès que la trêve sera finie, je reprendrai mon commandement.

Jean Chambaud hoche la tête, mal à l'aise. Il veut le croire mais rien ne parvient à vaincre la triste prévention où la guerre le tient. Depuis tant de temps, il a vu de si laides choses sans seulement quitter la place. Henri ébroue son manteau, secoue ses épaules, s'indiffère, dans le fond, de cette défiance têtue, quand deux hommes les aperçoivent et les saluent de loin. Geoffroy Noguère a un fils, un garçon brun dont le visage rond sort tout droit du souvenir d'Henri. Le cousin Jean s'est enfoncé à l'abri du porche, au creux de la pierre. Henri fixe à nouveau son ombre mouillée.

— L'échevin Noguère n'est pas de vos amis, cousin Jean ?

Le pauvre homme bredouille que si fait, si fait, que c'est un brave homme. Henri l'observe et laisse tomber une façon de confidence.

— Il était des miens, autrefois.

Le soldat a un geste vague, imprécis dans son dédain. Jean Chambaud le considère en clignant des yeux. Il dégoutte d'eau, ses cheveux de filasse lui pendent dans le cou, il ressemble à un oiseau de nuit perdu en plein jour. Quelque chose dans sa timidité, son hésitation, émeut soudain Henri. Un souvenir lui vient de l'oncle Paul qui était toujours réticent à prendre un parti. A se mouiller pour se mouiller, autant se jeter à l'eau.

— C'est une belle victoire que celle du duc de Guise. Mais je n'aime pas les hurleurs de loup.

Le petit homme, pétrifié, en tremble d'angoisse. Pourquoi lui dire cela ? Veut-on le tromper, le pousser à avouer sa répugnance ? Henri se penche, plongeant dans des yeux inquiets son regard de rivière.

— Je suis un soldat du roi, cousin Jean. Je suis à lui et à nul autre.

Terrifié, abasourdi d'une telle franchise, Jean ose à peine faire face à celui qui le domine de toute sa hauteur. Il s'écarte de peur et toute l'eau de l'arc roman tombe sur son manteau. Il bredouille les mots, les emmêle de gêne.

— Bien sûr, un soldat du roi... J'entends cela.

Et il approuve de la tête avec un air si déconfit qu'Henri se prend à rire.

— Ne pouvez-vous me croire ?

Le pauvre cousin en vacille presque. Un homme dénoncé à la Ligue est un homme mort.

— Je ne sais pas mentir, cousin Jean. Si vous êtes de la Ligue, je n'en suis pas, sachez-le.

De la Ligue, lui ? Jean Chambaud bafouille, ne sait plus ce qu'il dit, effleure Henri des yeux. Le jeune homme a l'air sincère. Maître d'Yrvoix n'était pas ligueur, lui non plus. Le pauvre Chambaud sent la pluie lui glacer les os et une espérance douce lui envahir le cœur. Et s'il disait vrai ? Sa méfiance hésite, recule un peu. Cet espoir, s'il se trompe, peut faire tant de mal.

— Vous pouvez me croire.

Henri d'Yrvoix lui tend la main. Dans un sourire, il montre au petit homme la chute d'eau qui inonde son manteau. Soudain, Jean presse la main tendue, s'y accroche, dans un désespoir de confiance. Celui qui veut la paix de toute son âme doit bien commencer un jour à croire en elle.

14.

Le gel fait briller les arbres morts, le ciel est blanc et la rivière, qui semble couler de la nue. La neige n'est pas loin. Yrvoix lance le Roux au galop, tourne bride et l'arrête comme le chemin du manège claque sous les sabots. Les naseaux du roussin mettent autour de lui une fumée chaude. Il fait un froid à chasser les derniers loups des bois. Il n'est guère de raison à se trouver là... Le cavalier descend, flatte un peu l'animal, réchauffe sa main à son haleine. Que peut faire le gamin à tant tarder ? Henri se prend à songer qu'il n'aime plus rester seul. Insidieusement, cette vie de famille l'a si fort amolli qu'il hait la solitude. Cette pensée le renvoie à la boue qui agite son âme. Il partira en mars mais le printemps est loin. Décembre finit à peine et le temps s'entend à forger des chaînes.

Le fils de Laure tient la plus lourde. Il n'est de jour où le petiot ne vienne l'entretenir. Il s'est fait assidu à l'étude et rentre au soir venu pour lui conter par le menu tous les exploits de sa jeune vie. François ne le quitte plus, lui sert d'ombre vivante, l'écoute comme un oracle. Lorsque le soir tombe, dans la chambre rouge, il pose sa tignasse contre le montant du lit, bouge sans cesse la jambe où pend sa botte, et parle et rit. Cet entretien a une douceur d'abandon et de confiance simple et s'il n'est pas son fils, Yrvoix se prend à ce jeu malgré lui, tant la différence des âges et des expériences se fait pressante. Le garçon lui est attaché et le lie. Il ne sert à rien de répéter qu'à la fin de l'hiver, il rejoindra ses hommes.

— Mais vous reviendrez...

Des yeux en coulée de miel, un rire presque moqueur.

— Vous le devrez, pour achever vos leçons.

Il est une contrepartie secrète à leur amitié. Tous les dimanches, avant la messe, Henri sort le Roux et l'exerce au manège. Il suffit qu'il devienne mol et gras. Que le cheval, du moins, reste à la guerre. Le gamin le rejoint, ce que les femmes doivent ignorer, elles ne comprendraient pas. François monte le Roux et apprend l'épée. Henri s'est laissé persuader par cette idée, mauvaise, qu'il faudra bien que quelqu'un veille sur la maison, quand il sera parti. Le désordre règne sur la ville murée, et la misère. Les rues sont devenues mauvaises où traînent de pauvres hères sans feu ni lieu, qui se vendent pour un liard, dorment au parvis des églises et tuent, dans l'ombre, pour des bottes, quelques deniers, un rien. L'enfant saura du moins se défendre. Mais Yrvoix s'inquiète, furieux de le faire. Quand il sera parti, François sera-t-il assez sage pour ne pas retourner à ses premiers amis ? Il l'en a assuré, mais que vaut la promesse ?

Il avait bien promis d'être à l'heure ! Ce gamin a fort à apprendre ! Il est vif, habile à se fendre, à parer, mais il ne sait pas porter l'attaque et ne l'apprendra jamais s'il continue à le laisser geler sur cette berge d'eau. Une vapeur monte du fleuve, avale sa botte et l'enveloppe d'un manteau. L'eau coule, qu'il regarde, songeur. Il est comme cette eau, plane et tranquille en sa surface quand le fond de son âme est plein de vase. A cause de cet enfant, le fils de Laure. Nuit après nuit, les sentiments les plus bas sont revenus, ceux d'autrefois, renforcés par le désir du corps, la connaissance du plaisir que donne la possession d'une femme. Sans qu'il l'attende, au détour d'une phrase, d'un mouvement, la présence de cet enfant entraîne son esprit et il voit Laure dans les bras de son père. Depuis son retour, chacun l'accable de condoléances, parlant de maître Yrvoix les yeux pleins de regret. Et lui, son fils aîné, il veut sa femme de toute son âme, le corps en feu. Il hait son père, au fond de lui, comme il se hait lui-même. Toute la rancœur d'autrefois lui est revenue, une jalousie mordante, d'autant plus forte qu'il n'est de jour où Laure ne parle de son défunt mari, de sa bonté, de ce poids de souci qu'il a détourné d'elle. Comment lui dire tout ce qu'il aurait fait pour sa main dans la sienne, ses cheveux sur son épaule, son corps contre le sien ?

Yrvoix descend de son cheval, excédé, morfondu. Tout l'émeut, tout l'agace. Il tente de se promener en tenant le roussin à la longe et en frappant des pieds. Il deviendra de glace si ce gamin ne vient pas et il aimerait l'être. Il en aurait moins de tourment. La vie bourgeoise semble pourtant facile, chaque jour offrant la même destinée. La mazelerie va au mieux, il a trouvé des bœufs, en une équipée armée qui les a menés, le Bertrand, les maîtres mazeliers et lui, jusqu'aux limes du pays feuillandier, vers Chalus. Ils ont ramené les bêtes beuglantes par des chemins dévorés de brume, sans le moindre mal ni rencontre mauvaise, et toute la confrérie lui sait gré de l'expédition. Vingt et cinq bœufs s'engraissent à Naigremûre. Le vendredi, quand la boutique est fermée, Bertrand va chercher la provende de la semaine. Louise est apaisée, sachant qu'ils ne manqueront pas. Il pense avoir fait ce qu'il devait, pour cela du moins.

Une course de souliers ferrés l'arrache à la contemplation de la rivière. Voilà enfin le jeune spadassin ! Il sourit à le voir dévaler la pente raide au risque de se rompre le cou sur les plaques de gel et lit soudain la peur sur son visage. Un long pincement se glisse dans son cœur comme il rejoint le garçon.

— Qu'est-ce ?

L'angoisse le mord. François reprend son souffle.

— Le cousin Chambaud !

Ils s'envolent tous deux sur le Roux, remontent dans la ville, passent la porte à l'Arc et vont un train d'enfer, à jeter l'étincelle au pavé des rues. Qu'importe les bourgeois endimanchés qu'ils croisent, furieux de gâter leurs robes. Jean Chambaud n'appellerait pas sans que cela soit grave. Henri pose l'enfant, le cheval, et court plus qu'il ne marche jusqu'à la rue des Bouchers. Il sonne à décrocher la cloche. Quand il ouvre enfin, le vieux valet est tout pâle.

— Qu'y a-t-il ?

— Mon maître, le pauvre homme...

Henri passe le Louis, trop lent, se jette au travers des vestibules interminables, le cœur en feu. Qu'est-il arrivé à Jean ? L'inquiétude qu'il ressent est si vive qu'il comprend soudain combien il lui est cher. Ils ont passé tant de journées ensemble à commenter des livres, des lettres, dans une intimité discrète et simple, chaque jour plus profonde. Saisis tous deux d'une sorte de besoin, ils ont beaucoup parlé et si librement ! Ce petit homme sage lui a tant appris et fait tant de bien qu'il pense l'avoir toujours connu. Il est un peu de l'oncle Paul. Henri se jette par la dernière porte et bouscule un homme debout, le chapeau à la main, le visage navré, l'inévitable Chevilly.

— Que se passe-t-il ?

— On l'a frappé, tout à l'heure, comme il revenait de la messe. Cinq gredins ! Ils l'ont battu, en plein jour, sans que nul ne bouge. Un si brave homme ! Heureusement que le vieux Louis l'a entendu crier, qu'il a pu alerter les gens. En plein jour, dans la rue, un dimanche !

Henri n'en écoute pas plus. Il s'approche du feu, le cœur plein d'orage. Jean est étendu dans son fauteuil, les jambes posées sur un escabeau. Il est défiguré par les coups qui strient son visage, grimace une bonne parole mais ne peut ouvrir l'œil. Henri prend doucement la main qui tient le bois du fauteuil.

— Je suis là.

— Je le vois. Enfin, un peu.

Un pauvre sourire douloureux, rassurant. On tue plus facilement le corps que l'esprit des gens.

— Mais enfin, pourquoi ?

Chevilly répond avec moins de colère que d'accablement.

— La mézée a lieu samedi.

Une main montre à Henri un verre de sirop de thym. Il le tend au pauvre cousin Jean qui boit doucement.

— Je ne sais s'il me reste des dents.

Ils se taisent, tous trois. Puis Jean Chambaud s'agite un peu.

— Ne restez pas debout...

Henri pousse un fauteuil pour Chevilly, attire une

escabelle et s'assoit près du brave homme qui lui sourit ou s'y essaie.

— C'est une façon peu courtoise de me dire que je suis mieux ici.

Il regarde Chevilly, qui le comprend, et Henri, qui ne comprend pas.

— Si je suis absent à la mézée, ma charge devient libre. Et c'est un double gain. Je ne pourrai voter et l'on pourra me remplacer au mieux. Nos guisards savent compter. D'un, ils font deux.

— Je vous y mènerai, Jean.

Yrvoix se sent brûler de colère mais le petit homme a un geste de main qui bat l'air et retombe.

— Non, mon ami. Je vais m'arrêter là.

— Ils auront vaincu, à tel compte !

— Ils ont déjà vaincu. Tout leur est permis, c'est à peine s'ils se cachent. Nul n'ose rien dire et personne ne me soutiendra. Le duc de Guise, en l'emportant, leur a donné la ville.

Chevilly approuve gravement puis se tait. Dans le silence, par une ironie de coïncidence, les cloches des églises sonnent au dehors, appelant les fidèles à la messe.

— Allez, mes amis. Il ne faut pas manquer l'office.

Isaac Chevilly s'est levé, il tourne et retourne son chapeau dans ses mains, gêné au point d'en baisser les yeux. Etant ce qu'il est, fils et frère de réformé, il ne peut laisser sa place vide sur les bancs de Saint-Paul. En venant, il se risque assez... Jean Chambaud lui adresse une grimace de sourire.

— Merci d'être venu.

Le magistrat s'incline, semble attendre Henri qui fait un geste de dénégation. Il reste, Dieu le lui pardonnera. Chevilly les regarde tous deux, si différents, si proches, et sort d'un pas d'homme ennuyé. Jean tourne vers Henri le seul œil qu'il puisse relever

— Ne restez pas, Henri. Il est mal vu de manquer la grand messe.

Un autre geste, de dédain, de rage contenue.

— C'est la mézée que je ne vais manquer !

Le petit homme s'agite, prend un peu d'eau de thym, avale en toussant et saisit la main de cet homme trop courageux et fou.

— Ils sauront que vous venez pour moi comme ils savent déjà que vous êtes ici.

Jean parle à grande peine, essaie de le dissuader de son mieux, en vain.

— Je veux savoir qui tire profit à vous faire du mal.

— Ils ne m'ont pas tué. Henri, écoutez-moi ! Vous ne mesurez pas le danger. Je n'ai pas fait grand-chose pour les offenser. J'ai dit au dernier conseil de la ville que l'on ne peut établir la paix par la guerre à outrance. Ce n'est montrer que peu de sens commun...

Jean a un pauvre sourire d'ironie qui cache mal son souci.

— Il faut connaître son ennemi pour l'abattre.

Yrvoix n'en démordra pas. Une colère blanche le tient, une sorte de rage, de besoin de vengeance.

— On ne peut pas se battre contre une ville entière, Henri, et les gens de cette ville veulent la Ligue. Ils confondent le cri et la force. C'est ainsi depuis longtemps, il leur semble qu'ils seront sauvés par celui qui crie le plus fort avec le plus de haine. Ne vous en mêlez pas, écoutez-moi. Vous avez besoin de cette charge de la confrérie... Vous ne l'avez pas encore...

Jean Chambaud se fatigue à tant parler, il tousse, son visage se couvre de sueur.

— Comprenez-le enfin, celui qui n'est pas avec eux

est contre. Ils attendent que vous rejoigniez leurs rangs, ils vous pensent des leurs. Je l'ai cru, moi aussi, avant de vous connaître.

Ils se regardent en silence. Des flocons dansent qu'ils ne voient pas au travers des losanges épais qui vitrent la fenêtre.

— Vous allez partir bientôt, vous êtes soldat du roi. Ne vous en mêlez pas ! Je suis vieux, sans femme ou enfant, qu'importe ce qu'il adviendra de moi. Vous allez partir mais les vôtres resteront.

La menace est si lourde, si vraie.

— Je ne pourrais supporter qu'il advienne du mal par ma faute. Henri, faites-moi le serment de ne pas vous en mêler.

Henri est resté tout le jour auprès de son vieil ami, son parrain en viande creuse, comme il l'a surnommé un soir de novembre, après une conversation trop longue. Mais la nuit tombe tôt et il faut qu'il rentre par ces rues pouilleuses où l'ombre tue. Il quitte le pauvre cousin mais il reviendra dès demain. Au dehors, la neige tombe, légère. Le pas régulier du soldat creuse une empreinte noire dans ce drap blanc. L'air est vif, Henri s'abandonne à lui. Il ne croise personne mais il devine que des yeux le suivent, cachés par des piliers. Il n'en a nul souci. Il est armé et sait ce qu'il faut faire pour calmer des chiens.

La neige, en quelques jours, a transformé la ville en une image de la Bible. Les toits sont blancs, d'une pureté céleste, quand les pavés sont couverts d'une boue visqueuse qui fond le jour, gèle la nuit. On marche à grande peine dans ce purgatoire glacé. C'est le dernier samedi de l'an, celui où l'on voit tomber les masques. Noël étant juste passé, on s'offre carnaval. Henri s'en va à la mézée de la ville. Il tiendra son serment, ne dira mot, mais il veut savoir. Il a revêtu, pour cette circonstance, les meilleurs habits de son père, le pourpoint le plus riche, le manteau le mieux fourré, tout en gardant ses bottes, sa dague et son épée. Sur la place blanche, quelques formes noires, pressées, vont le même chemin mais ne l'attendent pas. Toute la ville sait qu'il va, jour après jour, chez Jean Chambaud, un modéré, un politique. Qui est Henri d'Yrvoix, au juste ? Quel est son camp ?

Il pénètre dans la vaste maison qui porte les armes de la ville, à gauche, et celles du roi François, à droite. La pièce d'entrée n'est qu'une salle carrée, froide, palissée de chêne. La neige fond sur le damier du sol en lourdes taches d'eau. La seconde pièce est celle du grand conseil. La porte est ouverte à double battant pour que tout citoyen de la ville puisse entrer et entendre ce qui se proclamera. C'est la coutume mais bien peu s'aventurent. La peur plus que la neige retient les gens. On la sent flairer les bancs, comme une chienne maigre, s'attarder aux uns, ronger les autres. Ils sont moins de cent à être présents, tous vêtus de noir, et déjà assemblés en deux groupes distincts. Le plus important parle fort et rit à la bravade, en brandissant un mauvais libelle qui flétrit l'honneur du roi de France et du duc d'Epernon, « l'archimignon », bougret d'un roi femelle ! Il est constant que la Sainte Union ne se cache plus. Selon Jean, elle a empoisonné la tête de tous les échevins.

— C'est simple à entendre, Henri. Ce sont de petits marchands venant d'une bourgeoisie mal étoffée. Ils n'ont jamais les premières places, le haut du pavé, le bon du panier, comme ces hautes gens du parlement.

Henri entend la voix du pauvre homme en regardant l'échevinage, tout gonflé de son importance et qui lui rend à peine son salut. Il dit vrai, la Ligue donne à ces gens un poids qu'ils n'auraient jamais eu. Quelques robins ont opportunément rejoint les rangs des ligueurs après les dernières prouesses du Balafré. Henri de Guise l'a emporté à nouveau, en novembre. Dieu l'aide et le soutient, la chose est avérée. Henri se poste à une embrasure de porte, les bras croisés. Il toise ce petit monde sans grande aménité. Des assassins d'intention, des lâches qui laissent faire. Il voit fort clair dans les deux groupes qui se saluent et se lorgnent, les robes de gros drap, guisardes enrebellées, les bons manteaux de vair, suspicieux, vaguement résignés. Les riches sont au roi, il en est sûr, c'est là leur profit et premier intérêt. Les autres sont à la Ligue.

La mézée commence par de grands claquements de main. Le silence se fait. Il faut élire douze échevins, douze conseillers et le maire, en tout premier. Tout le conseil doit changer avec l'an, c'est la tradition. Henri écoute vaguement les pompeux préambules qui précèdent la vérité. Il admire les tentures qui couvrent les murs d'une scène de chasse où l'on voit courir des chiens. Les poutres du plafond s'ornent de frises en dorure mais la cheminée ne peut repousser le froid qui entre par la porte entrouverte. Les bourgeois siègent, perdus sous leurs robes et leurs bonnets. L'ancien maire, Guignard Bourgoing, étant bon avocat, parle longtemps, habilement. Bien qu'il ait fait de son mieux et malgré l'éclatant dévouement du conseil, la ville est devenue difficile, l'hiver venant. Il se retire, fier de l'honneur qui lui a été fait et de la confiance qu'il a reçue dont il n'était pas digne. Pour garder les biens et les honnêtes gens à l'abri, son avis est de prendre un homme sage et délibéré, bien connu de la place pour son équité. Le conseil pense-t-il à quelqu'un ? Un vague flottement peine à naître, fait d'une retenue de pure forme, et Jean Ravaillac, greffier du présidial, approche son échine souple.

— Il semble à tous que le très estimé François Normand, sieur de Puygrelier, convienne fort à la charge de maire de ladite ville d'Angoulême, par la raison qu'il est premier lieutenant du vice sénéchal d'Angoumois. Il pourra ainsi, s'il en est besoin, disposer de forces suffisantes pour mettre à raison tels fauteurs de trouble qui voudraient s'en prendre à notre bonne ville.

L'éloquence n'est pas le premier talent de Jean Ravaillac. Qu'importe, à tel jeu de dés pipés à l'avance. Un murmure flatteur s'élève. On passe aux voix. Il en manque sept. Sur vingt-cinq, la victoire est belle. Le nouveau maire serre des mains, amicales et nombreuses. On l'entoure, délaissant dans l'instant l'avocat Bourgoing. Une longue litanie s'ensuit, un cortège d'interminables noms. Les nouveaux échevins sont élus. Jamais on ne vit plus calme mézée. Henri scrute le visage froid de Jérôme de Noyon et celui, si sombre, de François Nesmond, assis au premier rang. Ils ne disent mot. Il croise le regard d'Isaac Chevilly qui se détourne, plein de gêne. La peur est tombée sur la ville avec la neige. Il ne reste qu'une charge à pourvoir, celle du conseiller Chambaud, qui est vacante. Noguère se lève, salue les pairs, le maire et les échevins.

— Il semble à beaucoup, en cette place, que cette fonction puisse être fort justement remise au sieur Souchet, ci-présent, pour son grand dévouement.

Henri, grâce à Louise, à grand renfort de chuchotis d'office, connaît désormais ce qui unit les gens. Souchet est le beau-frère de Normand Puygrelier. Le tout reste en famille et à bon chat, bon rat ! Il sait ce qu'il voulait savoir, au point que ses yeux ne quittent plus ce Souchet si dévoué, un échalas falot, au nez fouinard, qui s'inquiète de se voir ainsi arquebusé. Des paroles ronflantes, pesantes, tombent sur l'assemblée trop calme, comme engourdie de froid. Et vient le droit, enfin, de rentrer chez soi. Les robes s'agitent un peu, tournent et virent, voulant cacher leur hâte à s'en aller. On échange quelques propos satisfaits, la mézée est faite et bien faite.

Les magistrats du présidial sortent les premiers, soucieux de s'écarter au plus vite. Les robins qui restent entourent Ravaillac et Souchet, les deux frères Puygrelier et le nouvel échevinage. Souchet parle bas à Noguère. Yrvoix les considère, debout près de la porte. Son regard est fixe, dur et glacé comme celui d'un mort. Ils ne peuvent le soutenir. Gênés, ils le saluent d'un mouvement du col auquel il ne répond pas. Yrvoix les dévisage, immobile, la main sur la garde de sa rapière. Inutile d'en dire plus, ses yeux parlent, ils disent qu'il sait, qu'il sera sans pardon. Les deux hommes ont pâli, perdant toute contenance devant celui qui les dévisage. Sentant quelque malaise, Jean Puygrelier s'approche avec l'assurance que lui donne le titre flambant de son frère. Ils parlent à mots couverts, sans croiser les yeux du soldat, en regardant leurs bottes. Ils n'ont de courage que pour combattre un homme désarmé, poignarder dans le dos. Yrvoix n'a pas bougé, pas cillé, il a ce regard qui fait plier les hommes, celui des âmes d'airain. Il fixe le maire, son frère, ce qui reste d'échevinage, il les transperce, les met à nu. Puis il s'incline et sort, le feutre rabattu sur le sourire qu'il veut cacher et qui lui mord la lèvre. La neige coule des toits en rigoles légères. Il a tenu parole, ne s'est mêlé de rien.

15.

Un feu brûle la rue. Les gens jettent du bois bien qu'il manque en cette fin d'hiver où mars imite décembre. Certains trépignent et d'autres approchent, les mains tendues, pour se chauffer un peu.

— Qu'ils crèvent tous !

— La peste les emporte ! Elle les frappe à la tête !

Le prince de Condé est mort, à Saint-Jean-d'Angély, empoisonné, marqué du doigt de Dieu. La Réforme a perdu un chef. La nouvelle incendie la cité. Condé était l'ami des trois François. Angoulême se reprend de sa fièvre, elle n'est qu'un baril de poudre attendant l'étincelle. Henri se détourne de la place, remonte rapidement les rues. Il va voir Jean Chambaud et la vieille maison grise lui semble le dernier lieu où se cache un peu de raison.

Jean est au coin de la cheminée, à son habitude. Est-il seulement sorti de son logis depuis le serment prêté par Henri à la confrérie ? C'était en janvier, par un gel craquant. Les maîtres mazeliers étaient graves, en petit nombre, l'esprit plein de soucis. Deux mois ont passé, deux longs mois d'hiver et de prison. Mais le cousin Jean n'a pas l'air malheureux de sa réclusion.

— Je ne sors plus mais j'ai chez moi le monde entier !

Il est vrai qu'il reçoit du courrier d'un peu partout, ce petit homme qui semble insignifiant, ce pauvre boucher qui n'a d'autre titre de gloire que d'être sage et tolérant. Des parlementaires lui écrivent, de Bordeaux, de Paris. Et c'est chez lui qu'on trouve des nouvelles qui ne sentent pas la folie.

— Ils dansent de la mort d'un homme.

Jean Chambaud sait tout sans mettre le nez dehors. Henri pose son manteau, s'assoit dans ce qui est devenu son fauteuil. Il est le seul visiteur de Jean Chambaud, frappé d'opprobre d'opinion.

— Ils sont peu clairvoyants. Le roi de Navarre est le dernier prince du sang désormais, le seul descendant de Saint-Louis...

— Après le roi.

— Le roi n'a qu'un héritier qui est le roi de Navarre. Le trône de France se lègue par le sang.

Henri ne voit pas qu'un roi de France puisse être relaps et hérétique. Ils en parlent tous deux, s'échauffent un peu. Mais ce sont là de bonnes discussions où l'on peut dire ce que l'on pense. Un bien précieux. Jean parle à Henri du duc d'Epernon. Depuis Coutras, le mignon a reçu toutes les charges du duc de Joyeuse, le gouvernement de Normandie, d'Aunis, de Saintonge, et d'Angoumois. Son pouvoir est devenu énorme. Il barre la route à Henri de Guise qui le hait plus encore que le Navarrais. Selon la Ligue, Epernon est un traître qui soumet le roi à ses moindres désirs par des plaisirs immondes. Il pactise avec le Béarnais, lui livre la France. Mille libelles le dessinent en diable poilu. D'une voix de fausset, le petit homme chantonne l'air qui est à la mode, à Paris

Veux-tu être le bienvenu
Et des favoris retenu
Premier te faut être gascon
Bon maquereau, bon bougeron.

Il soupire, s'excuse de l'œil de connaître cette œuvre si poétique.

— Et tout cela s'en vient peu à peu chez nous.

— Les gens ont peur, Jean.

— Mon Dieu, j'en suis bon témoin !

Il rit du coin de l'œil. C'est le plus doux, chez lui, cette façon imprévue, si jeune, de se moquer soudain de lui-même. Henri se frotte les mains au feu, croise ses bottes.

— La ville se sent trahie d'avoir un navarriste pour gouverneur.

On croit ce que l'on veut et, quand il le faut, on accuse son chien d'avoir la rage. Jean soupire, sachant qu'il est inutile d'appeler les gens à un peu de raison.

— Le duc d'Epernon n'est pas au roi de Navarre. Mais on dit qu'il l'est et cela suffit à les embéguiner.

Jean sourit, tisonne un peu le feu.

— Le roi est faible, depuis Coutras. Il est comme un fétu de paille. S'il s'appuie sur Henri de Guise, il donne la France à l'Espagne. L'Inquisition devient permise. La guerre sera un tel massacre que le royaume s'effondrera. Le roi ne peut vouloir cela.

Henri ne répond pas, il ne dit pas à son ami qu'il a reçu une lettre du sénéchal d'Angoumois. Tout héritier qu'il soit, le Béarnais est l'ennemi du roi. Il masse ses forces en Saintonge. La trêve est finie. Mais que peut-on cacher à Jean Chambaud qui démêle si bien les fils compliqués d'une plus haute politique ?

— Mars est le dieu de la guerre. Il vous appelle, n'est-ce pas ?

Henri ne répond pas. Il est des choses qu'il ne peut dire, pas même à Jean Chambaud. Son cœur est un buisson d'épines. C'est pour cela qu'il vient si souvent dans cette maison calme, s'enfuyant de celle où il souffre.

— Les jeunes hommes sont bien fous ! Si vous vouliez m'entendre, vous n'iriez pas vous battre aux côtés des ligueurs. Ils trahiront le roi dès qu'ils le pourront. Les réformés ne sont qu'un épouvantail, une futaine rouge à agiter aux yeux du peuple. La Ligue se sert de la guerre. Au moins, ne la servez pas !

Henri feint sans chaleur d'être d'un avis contraire. Ils parlent à bâtons rompus des lourds soucis du temps qui écartent les peines privées. Les vêpres sonnent dans le lointain. Il se fait tard, il faut qu'Henri retourne rue de l'Ecorcherie.

Les rues se sont peu à peu calmées. La cinquième heure n'est pas très loin. L'hiver est encore là, et la pesanteur de la nuit. Il marche d'un pas sûr, un pas d'homme mûr, réfléchi. Comment le penser si fou ? Une furie le tient aux cheveux. Jean Chambaud a raison, il est las de combattre. Cet hiver lui a donné le temps de penser à sa vie, à tout le sang qu'il a versé. Chaque printemps ouvre la bouche comme un monstre sa gueule avide. Il ne veut plus nourrir ce loup. Mais il ne peut rester. Cela fait huit jours qu'il la revoit sans cesse, fragile et mouillée, au milieu de sa chambre. C'était le premier mars, jour de carême-prenant. Tout était clos, la boutique fermée. Pas le moindre bruit, pas même l'aiguisement douloureux des couteaux de Bertrand, à lame contre lame. Il revenait de chez Jean, enlevait son épée, quand l'orage a éclaté. La grêle frappait les carreaux de sa chambre à coups précipités, telle la baguette sur la peau d'un tambour. Un cri lui est parvenu de la chambre d'en face, celle qu'il écoute sans le vouloir, le jour et la nuit. Il s'est précipité sans penser à mal, inquiet pour elle. Laure était sur son balcon, traînant les lourds pots vernissés à l'abri du mur, courbée, défendant ses pauvres fleurs hachées. Il est entré, l'a aidée à porter les jarres emplies de terre. Puis ils se sont relevés, tous les deux, seuls devant ce balcon, dans le bruit grondant. Il ne sait comment cela s'est fait, elle était dans ses bras, petite, tremblante, appuyant sur lui ses mains lavées de pluie. Il a senti sur son épaule l'eau qui coulait de ses cheveux. Et doucement, tout doucement, elle s'est écartée de lui.

— Nous ne pouvons pas.

Il était immobile devant cette femme, foudroyé du désir qu'il avait d'elle, de la prendre dans ses bras, de la serrer contre lui. Elle le regardait, la bouche tremblante, les yeux pleins de prière.

— François. Il ne comprendrait pas.

Il est sorti, Dieu sait comment.

Elle a raison, ils ne peuvent pas. Mais il y pense sans cesse. Il secoue sèchement la boue accrochée à ses bottes. Il est arrivé devant sa porte et l'ouvre le plus doucement qu'il peut pour éviter toute rencontre. Il va droit à sa chambre, remué malgré lui de ne pouvoir penser à autre chose qu'à ces mots, à leur tendre aveu. Il faut qu'il parte, il le faut. Il jette son manteau sur son lit quand on frappe à sa porte. C'est la servante qui vient le minauder. Il se sent tendu de violence, près d'en éclater quand la petite chuchote, apeurée par l'éclat de ses yeux.

— Mme Louise vous demande dans la salle, notre maître.

Ce n'est pas l'heure de la repue. Que lui veut-on encore ? N'a-t-il assez donné ? Son pas ébranle le plancher, il entre et le voit installé au fauteuil, les bottes au feu et le sourire si large que deux courtauds pourraient manger à ce râtelier-là.

— Tu ne m'attendais pas, vieille carne ! Tudieu, l'ami, je comprends cela.

Espeville lorgne la Marguerite sans grand souci d'effaroucher dame Louise par la verdeur de ses façons. Les soldats sont ainsi.

— Les compagnies se groupent. Le Béarnais est en Saintonge, à Marans. En es-tu ?

Henri refuse de regarder Louise.

— J'en suis.

Un grand rire, une frappe de dos à redresser le diable. De bonnes paroles, quelques nouvelles de la vie, à Blois, et ce qu'il sait déjà, de Paris. Le duc d'Epernon est au faîte de la faveur du roi. Espeville s'esclaffe. Sait-il faire autre chose ?

— Qui monte haut tombe plus bas !

Louise sort pour les laisser à leurs retrouvailles. Ils se retrouvent donc. La voix du capitaine retentit dans toute la maison, comme son rire de destrier. Tout semble fort et gai, et pour tout dire vivant, quand un bruit de porte secoue la maison. Un éléphanteau grimpe l'escalier. François arrive, l'œil brillant, la mèche folle.

— Mon frère François.

L'air du gamin à voir un nouveau militaire ! Il faut dire qu'Espeville semble cousu de cuir et empiécé de fer. Le chenapan s'approche, pose mille questions, étonné. Le rassemblement est à Jarnac. L'armée remonte vers les marais de la côte où pataugent les réformés. Tandis que le soldat parle au jeunet, Henri sent se mêler sa peine et son soulagement. Tout est simple, désormais. Il va partir avec Espeville, à l'aube du prochain jour.

— François, tu feras mes adieux au père Nicolas.

Marguerite dresse la table et Espeville, l'œil paillardier, rit dans sa barbe de chanvre lorsque entrent les dames d'Yrvoix. Le capitaine se lève, un peu confus, et s'incline devant Laure en jetant un regard de biais à son ami. La mise de la jeune femme est simple, un voile noir couvre ses cheveux, mais Vénus est moins blonde, Psyché moins fine, et Espeville ne sait que dire, pour une fois. La repue sera simple, Laure s'en excuse, le carême l'exige. Mais Narde, en apprenant de la visite, a fait des oublies. La salle haute sent bon le beurre fondu. François babille en dévorant, les doigts pleins de miel, les yeux pleins d'étoiles. Espeville lui répond du mieux qu'il le peut et il semble à l'entendre que la guerre ne soit qu'une joyeuse chevauchée.

— Nous partirons demain, fort tôt.

— Quand vous reviendrez, mon frère, je serai en âge de partir avec vous !

Les deux soldats choisissent de s'en amuser et d'ignorer la tristesse lourde qui tombe peu à peu sur le repas. Laure parle à peine, les mots, quand ils passent ses lèvres, sont brefs et contraints. Louise se tait tout à fait, les dents serrées. Elle est si pâle à la clarté de la chandelle posée devant elle qu'elle semble une image de cire. A partir fort tôt, la soirée sera brève. Après quelques pintes, quelques oublies broyées à belles dents, Espeville se lève et remercie les dames de leur accueil obligeant. Henri s'empresse de le raccompagner, non qu'il craigne la rue pour un tel tireur de rapière, mais il fuit des yeux qu'il ne veut pas croiser. Espeville perche aux Trois Marchands, avec une bande qui est venue chercher la vérole au bordeau. Leurs pas résonnent dans la rue close, cognant les pierres et réveillant les murs.

Ils sont partis, la porte claque sur la nuit mauvaise. François est sorti de table à la hâte, comme pris d'une inspiration subite. Dans la salle d'en haut, les deux femmes sont seules. Laure s'est levée pour souffler les chandelles et Louise l'observe, penchée sur la lumière. Puis elle contemple ses mains devenues si laides, desséchées, rugueuses comme des coquilles de noix. Un jour, elle va mourir et il ne restera personne pour dire la vérité. Elle ne peut plus porter ce silence. Henri va s'en aller. Il ne reviendra pas, elle l'a lu dans ses yeux.

— Nous devons lui dire...

Derrière le chandelier, toute voilée de lumière, Laure ressemble aux saintes des fenêtres d'église. Elle baisse la tête, accablée, et une colère douloureuse s'empare de la vieille femme. Elle ne veut pas mourir comme l'a fait son fils, torturé de peine, bourrelé d'attente et de remords. Elle ne trahira pas une seconde fois.

— Il faut qu'il sache.

Laure sursaute, affolée. Henri vient d'entrer, sa voix étonnée résonne dans le vide de la pièce.

— Que me faut-il savoir ?

Un lourd silence lui répond. Louise supplie Laure du regard.

— Laure...

Elle s'est reculée dans l'ombre, les mains posées sur la toile du mur, comme un animal forcé. Elle restera muette. Henri s'avance, le visage surpris, ne sachant que faire. Louise s'est levée. Elle parlera, l'enfer ne vaut pas le fardeau qu'elle porte.

— Henri, nous t'avons menti.

Laure pleure sans qu'on l'entende, une main crispée sur sa bouche. Henri se tourne vers la vieille femme. Sa voix est si simple, il suffit de si peu de mots.

— Quand Paul est parti, ce matin-là, Laure était avec lui.

Henri est crucifié debout. Incapable de le regarder, Laure s'est tournée contre le mur, mordant sa main pour retenir sa peine. On n'entend plus que le craquement du plancher de bois.

— Des hommes les ont vus, à la foire.

Doit-elle en dire davantage ? Est-ce qu'il ne comprendra pas ? Henri la fixe tandis que les mots roulent comme des pierres. C'est à peine s'il les entend.

— La petite a ramené la voiture, après.

Avec un pauvre cri blessé, Laure s'est enfuie. Des images sales s'accrochent à elle, trois hommes, leurs visages tordus contre sa bouche, leurs mains sur ses seins, ses jambes, ses cheveux. Elle se jette dans le couloir, aveuglée de larmes et ne voit pas une ombre enfantine, immobile dans un recoin du mur.

Le feu crache et gémit, le bois se tord. Henri regarde sa grand-mère, son air presque fou.

— Epouse-la, c'est ce qu'il demandait.

Henri revoit le mourant, sa main blanche cramponnée à la sienne, son air suppliant, et les yeux de son père, pleins de gêne, ceux d'un homme droit qui mentait. Il entend les pauvres raisons qu'il s'était appliqué à entasser pour tenir sa parole, pour cacher cette honte.

— Paul voulait le secret. Il nous l'a fait jurer sur la croix.

Les flammes déchirent la dernière bûche avec un ronflement de bête satisfaite. La voix de Louise est devenue calme, les mots semblent monter de l'âtre.

— Nous ne pouvions rien dire, Henri, ou ils étaient

perdus. Une fille violée et son petit bâtard, le fils d'un huguenot, dans cette ville folle de haine.

Les mots tombent, s'entassent. Il se sent aveuglé d'une lumière trop vive, assommé de clarté. Il ne peut parler mais ses yeux le font à sa place. Il aimait Laure et ils le savaient.

— Tu n'avais pas dix-sept ans, Henri. Ta vie était neuve, pleine d'espérance.

Elle se détourne, sombre devant le feu, parlant presque pour elle.

— Il a fallu se taire longtemps. Ce soir, il se peut que je m'ouvre l'enfer mais il ne sera pas pire, à tout prendre, que ce que j'ai vécu depuis. Crois-tu que ce fut facile, jour après jour, de te savoir perdu sur un champ de bataille ? Nous avons peut-être eu tort, mais Dieu sait que nous avons payé, François et moi. Il n'est pas de jour, pas d'heure, où il ne se soit tourmenté pour toi.

Elle se tait, il ne sait plus où il en est. Elle vient vers lui et prend sa main pour lui dire la dernière vérité.

— Laure ne voulait pas ce petit.

Silencieux, ils se regardent, tant de tendresse au fond d'eux. Le feu gémit, le plancher craque sans qu'ils entendent le pas léger qui s'en va. Dans l'ombre du couloir, une enfance est morte.

16.

L'aube est revenue, les murs de la chambre se teintent de pourpre claire, bientôt vont s'éveiller la maison et la rue. Henri a besoin d'air, il lui semble qu'il a cent ans. Il ouvre en grand fenêtre et rideaux, un vent pur entre en tourbillonnant. Il s'appuie à la pierre froide et reste immobile à regarder glisser autour de lui l'ombre incertaine. La vérité est si différente de la haine dont il s'est longtemps repu. Il a détesté son père. Dans chaque huguenot qu'il combattait, c'est son père qu'il voulait tuer. Sous chaque armet, c'est ce long visage triste qu'il voulait arracher, égorger. Il n'avait rien compris, trop jeune pour deviner, trop fou et trop mauvais pour mesurer l'étendue d'une bonté d'homme. Un remords cuisant l'accable. Comment a-t-il pu se tromper à ce point, douter de la main qui tenait la sienne ? Au-delà de la tristesse, un soulagement, une paix immense lui sont rendus. Tout est si clair, à présent, jusqu'à la voix de l'oncle Paul, à Naigremûre, *pardonne-moi, Henri*... Pardonne ce mensonge et pardonne à deux pères s'ils se sont trompés.

La grisaille s'évanouit peu à peu, une ombre claire emplit le ciel d'une couleur de tourterelle. Henri d'Yrvoix sent une force vive lui parcourir les veines. La destinée lui a été contraire. C'est à elle qu'il ne faut rien pardonner, contre elle qu'il faut lutter. Dans son âme, sous la cendre, une flamme s'élève qui ne demande qu'à briller. Son père l'aimait, les aimait. Sa lettre était un appel, un cri d'amour et de pardon. Il lui confiait cet enfant, ce poids que le destin avait mis sur ses épaules et qu'il ne pouvait plus porter. Le jour se lève, Henri met sa vieille cape, prend son épée, se glisse au travers de la maison silencieuse. Il a le cœur plus grand que la poitrine tandis qu'il va sur les pavés, son pas réveillant la rue. Il entre aux Trois Marchands, y trouve Espeville. Un vieux chat ne dort jamais que d'un œil.

— Je sais, mon vieux. Tu ne viens pas.

Comment le sait-il ? Henri hoche la tête, plus gêné qu'un escolier surpris en taverne. Il n'a pas préparé de batterie, ne sait quel prétexte inventer, n'a pas le loisir de mentir. Espeville mord un sourire au bord de sa moustache, le cache en se penchant sur les apprêts de son fourniment. Ce pauvre Yrvoix, raide comme une hallebarde, avec des yeux de mendiant de soupe ! Peut-on lui dire qu'il est facile de deviner ses raisons ? Une femme belle et seule, un homme libre, des mains qui se cherchent, des yeux qui se fuient, l'éternel manège des amants. Espeville ne dira rien, il fera l'imbécile, il le fait très bien. La pique du jour est proche, les autres gueusards sont arrivés, la jambe molle et la moustache retombée. Il faut partir et ils se séparent sur une frappe d'épaule, en se pressant les bras.

— Tu m'es garant de ta vie !

Une promesse, un dernier rire à jeter aux créneaux, et ils se quittent. Dieu sait s'ils se reverront.

Henri redescend la rue, passe devant la porte du Secours qui est close. Il considère la tour ronde, son trou de pierre, s'arrête devant la muraille. Quelle folie a été la sienne, cette nuit-là ? Il était si sot. Il pense à son père, à la lente torture qu'il lui a infligée, jour après jour, mois après mois, avec la cruauté légère de la jeunesse. Un serment monte de son cœur, simple et profond comme une délivrance. Il s'occupera de cet enfant, il aidera cette femme, sans retour, sans la moindre monnaie d'amour. Il s'accoude à la pierre d'un créneau, boit l'air qui monte de la campagne embuée de blanc. Il va faire beau, le ciel a pris un bleu léger, le printemps palpite au bord des tuiles. C'est une de ces journées où la vie s'éveille et ruisselle avec la force d'un torrent. Une tristesse ancienne, une méfiance pétrie de rancœur se défont lentement de son cœur, semblables à la brume froide qui s'élève des champs. En ce lever du jour, son âme est neuve.

Il rentre rue de l'Ecorcherie, monte l'escalier quatre à quatre, entre dans la salle bleue. Louise l'attend, debout devant la fenêtre, la coiffe toujours de travers, le sourire de même, si inquiète. Il lui tend les bras dans l'instant. Que dire, tout est vain. Elle le serre contre elle, émue à ne trouver les mots.

— Pardon...

Elle n'ose en dire plus. Il aimait Laure, ils le savaient, mais tout dire, c'était tuer ses dix-sept ans. Elle croyait, elle aussi, qu'il oublierait cette amourette, qu'il était jeune et que la vie lui donnerait une autre femme. Ils s'étaient lourdement trompés.

— François va être heureux de te voir rester.

— Il dort encore ? Il devait pourtant se lever dès l'aurore pour me dire adieu.

Henri rit comme un jeune homme, raffermit son chapeau et regagne le pas de la porte.

— Je vous laisse le soin de lui dire que je reste. Il fait beau. Je vais en profiter pour me rendre à Naigremûre.

Il descend d'abord l'escalier, emportant son sourire. Il a besoin d'air, de mouvement, d'un pur galop, d'une eau de vent sur le visage. Et d'une solitude qu'il sait trouver là-bas. Il passe la cour, retrouve le Roux et harnache vivement le cheval en lui parlant du fond du cœur sans rien lui dire. Il le sort et puise de l'eau. La petite cour triste n'est plus une prison, c'est un havre, une bénédiction. La Narde va et vient du bûcher à son feu de cuisine. Elle le regarde dans un hochement de bonnet, elle qui sait où est l'essentiel.

— Si la Guillette a des œufs, ramenez-m'en !

Il opine et malgré les nobles promesses qu'il vient de se faire, il lève le cou vers le petit balcon de bois. Les pots de Laure sont alignés, lisses et rebondis. Les lianes brunes de la glycine entourent les croisillons de bois d'une étreinte frémissante. Des feuilles éclosent lentement.

— Et de petites naves. C'est si bon, dans la soupe !

Henri content, accepte la mission de Narde dont les yeux brillent d'une gourmandise de fraîcheur, d'un abandon d'hiver. Dieu, la belle journée ! Ils parlent gaiement sans se douter qu'on les écoute, là-haut, derrière la grille de bois.

Laure vient de passer sa robe noire, pourtant elle se sent nue. Son cœur bat, ses mains froides repoussent à grand-peine la masse lourde de sa chevelure. Elle a pleuré toute la nuit, mélangeant la douleur ancienne et sa nouvelle peine. Henri sait, maintenant. Elle est si sale. Des larmes perlent à ses paupières, elle se tourne vers la bassine d'eau où elle peut les effacer. Elle se lave les yeux, les joues, le front, et respire à grands coups. Elle a cru qu'il s'en allait à la guerre quand elle l'a entendu marcher dans le couloir, à l'aube. Chacun de ses pas écrasait son cœur. Et maintenant il est là, dans la cour, parlant avec Narde. Laure retourne à la fenêtre, accablée de ne pouvoir s'en empêcher. Les mains tremblantes, le corps en feu, elle saisit son voile, enfouit ses cheveux, cache tout ce qu'elle peut dans cette étoffe. Elle est folle, elle ne devrait pas descendre. Et elle descend.

— Bonjour, Laurie.

Elle est sur le seuil, répond d'un petit hochement de voile. Elle ne peut sortir, croiser simplement ses yeux. Comme on tient un enfant à deux mains, elle serre un pot contre elle, celui qu'elle emplit, chaque matin, pour ses tulipes. Henri la contemple, rouge jusqu'au front, tant de tendresse au bord du cœur qu'il se moque bien qu'elle tente de l'éviter. Il va vers elle, prend sa cruche d'autorité, l'emplit, la lui remet en main. Elle balbutie ce qui ressemble à un remerciement.

— Il fait très beau, ce jour.

Il la regarde tenir son eau et rougir devant lui. Qu'importe son affreux voile noir ! Ce matin, elle est si belle.

— Je ne pars pas.

Elle ne lui répond pas, s'empourpre davantage.

— Je vais à Naigremûre. Ne m'attends pas avant ce soir.

Ils se contemplent. Elle rougit jusqu'au cou. Son cœur chante, ses mains tremblent et renversent un peu d'eau. Elle s'assied pour contenir cela, pour le cacher un peu, mais sa joie est plus forte qu'elle. Il ne part pas !

Ces mots dansent dans sa tête. Elle voudrait calmer leur danse, consciente du danger de cette sarabande, mais elle ne peut pas. Il l'aime toujours, elle l'a vu dans ses yeux. C'est un bonheur qui balaie les nuits grises, les tristes caresses essuyées dans l'ombre, le visage tourné, les dents serrées. Elle se sent libre, en cet instant, si libre qu'il lui semble qu'elle pourrait s'envoler au travers des barreaux du balcon de bois. Elle entend les sabots du cheval d'Henri, sur les pavés et se contraint pour ne pas sortir. Pour lui jeter un signe. Pour le voir.

Si mars est à la guerre, il le cache bien. Dans le chemin creux, sous les noisetiers, c'est un bruissement de feuilles enfantines, un friselis vert tendre où s'égosillent des oiseaux. Des boules de plumes se jettent à l'assaut des branches, jetant sur le cavalier une poussière dorée. Il arrive à Naigremûre. Sa visite était attendue, à peine tire-t-il la corde de la cloche bleue qu'il voit s'ouvrir pour lui la lourde porte de ce qui semble un curieux paradis. La ferme, très ancienne, est entourée d'une cour carrée. A l'orient, le logis des maîtres s'appuie sur une tour d'angle abaissée par le temps. En enfilade, c'est la ferme de métairie, les granges et les écuries, le tout s'arrêtant au pigeonnier qui soutient l'arcature du porche. Un pampre de vigne court sur la ferme, ombrant la porte d'une verdure timide. La cheminée fume de bleu et au milieu de tout cela, sous un tilleul centenaire, deux enfants jouent, un garçon et une fille, courant entre les roues des charrettes et le pas du Roux, poussant des cris et jetant les poules dans de grands émois imbéciles. Ils sont dans leur jeu, dans leur monde, inconscient du regard profond qui s'attarde sur eux.

La Guillette accourt, les mains tendues. Elle l'entraîne dans la salle basse qui sent la soupe de chou et cette odeur indéfinissable d'une maison heureuse. Tout est simple, un peu rude, les sièges de bois, la table de planches, les coffres à pain, un peu d'étain, contre un mur, et les paniers de châtaignier croisé. Un feu rosit le tout, Guillette lui tend une bolée de soupe et parle beaucoup. Il écoute à peine tout ce qu'elle lui dit, que le Pierre et les valets sont aux champs clos, qu'une bête, un sanglier sans doute, a ravagé les barrières. Il lui répond, la tête ailleurs, l'esprit curieusement satisfait. La vie est si simple, à Naigremûre, que son mouvement emplit l'âme d'une sorte de brouillard paisible.

Henri observe la paysanne, vive et rieuse, penchée sur le feu et repoussant un des petits venus s'accrocher à elle. Elle doit avoir l'âge de Laure. Guillette est brune, sèche, il lui manque une dent de côté. Sa peau se plisse déjà autour de ses yeux, ses lèvres ont la finesse de ce raidissement qu'imposent jour après jour les lourds travaux des champs. Sa robe est courte, battante au mollet, en grosse toile rêche plissée sous un corset plat. Les bords de son bonnet relevé s'agitent sans cesse. Car elle est gaie, riant de tout, c'est une grive qu'une fée a transformée en femme. Toute la ferme le sait, toute la salle le chante, et il voudrait de toute son âme que la belle Laure d'Yrvoix lui ressemble en cela.

— C'est pour toi...

Il lui tend la besace où la Narde a glissé un bon morceau de bœuf tout piqué de girofle, à rendre fou le chien, sous la table. Guillette pose le présent merveilleux, défait la toile et caresse la chair du doigt avec le grand respect des gens qui ont connu la faim. Les Coutelle sont arrivés à Naigremûre un soir d'automne, noirs de pluie et de boue, avec leurs deux petits. Ils venaient de loin, à pied, chacun d'eux portait un enfant et le peu qu'ils avaient sauvé du feu. Des soldats étaient venus chez eux. Par chance, à ce moment-là, ils étaient tous les quatre à ramasser des châtaignes. Devant un feu, devant une soupe, François d'Yrvoix avait écouté leur histoire. Il voulait élever, à Naigremûre et sans marché, de confiance, il leur avait donné les clefs de la ferme. Quand ils parlent de lui, d'un geste d'habitude, les Coutelle se signent le cœur d'une petite croix.

Henri se lève. Il demande à la Guillette la clef du logis des maîtres qu'elle lui donne dans un cliquetis. Elle est si fière de l'avoir à la ceinture. Il traverse la cour, évite d'ennuyer le jeu des enfants tandis qu'elle le regarde, sur le pas de la porte. Le jeune maître est si semblable à son père, de loin. Il disparaît dans le logis ancien. Une froidure de maison sans feu lui souffle au visage. Tout est clos, portes et volets. Une buée glacée grisaille sur les vitres losangées qui cachent la lumière printanière. Henri hésite, saisi par l'absence des parfums d'autrefois, les pommes embaumant les claies, l'odeur des marrons grillés et de la cendre chaude. Il contemple la cheminée vide, la pierre épaisse où il a vu son père pleurer. Il monte l'escalier d'angle, tout couvert de poussière blanche, pousse la porte de la petite chambre où le plâtre s'écaille autour d'un lit vide. Tout est gris, indifférent. Une sorte de paix s'étend dans le calme troublé par la buée de son haleine. Il se recueille un instant et descend pour s'arrêter devant la cheminée couverte de suie. C'est là que son cœur peut demander pardon.

La verdeur des collines a bleui. Henri regagne la ville, l'âme délivrée, le cœur appesanti par la douceur des champs. Le Roux va au pas, il rentre doucement. Ses flancs portent des œufs, des choux et des navets, tout ce que la Guillette a pu donner au maître. Il est resté tout le jour avec ses métayers. Ces gens, comme les prés et les collines, sont un apaisement. Leur vie modeste n'a d'autre souci que la terre. Leur simplicité est forgée d'utilités quotidiennes. Il faut sortir les bêtes, veiller aux foins ou à l'orage. La grêle les a bien ennuyés, l'autre jour. A l'été, le maître n'aura pas beaucoup de prunes, pour sûr. La ferme est un enclos de paix comme toutes devraient l'être. Il pense au pays ravagé qu'il a croisé à son retour, il se sent si loin de la guerre. Elle va reprendre, pourtant. Un voile d'ombre repousse le soleil dans un dernier carré bleu. La ville va s'emmurer sur ses misères. Henri met le Roux au petit trot, soucieux des œufs dans le panier. Passées deux cents toises, il voit Angoulême, accrochée entre le ciel et la rivière. Il pousse son cheval, passe Saint-Cybard, grimpe à la pente, franchit la porte au dernier instant. Les rues de la ville sont déjà vides, frileuses et apeurées. Il pense à la douceur des champs, entre chez lui, à cœur heureux, à cœur battant. Et il les voit, toutes les deux, livides devant la rampe.

17.

La gabare glisse doucement, le portant sans effort sur l'eau amère. Henri est penché à l'avant du pauvre bateau et sa pensée suit son fil comme le fleuve le courant. François a disparu. Après qu'il fut parti pour Naigremûre, ne voyant pas son fils se lever, Laurie l'a cherché dans sa chambre. Il n'y était pas. Un peu inquiète, elle a envoyé le Bertrand au collège. François n'y était pas non plus. Tout le jour, affolées, les deux femmes l'ont fait mander aux quatre coins de la ville. Il n'était nulle part et nul ne semblait l'avoir vu. A peine revenu de la ferme, Henri s'est jeté à son tour dans les rues et l'a cherché partout, de taverne en taverne. François s'est envolé. Ils ont alerté le guet et veillé toute la nuit. Les yeux de Laure étaient éteints d'inquiétude et ceux de Louise flambants de révolte.

— Avons-nous mérité cela une seconde fois ?

Au matin, n'y tenant plus, Henri est reparti. Il a fouillé en tous lieux à en perdre la raison, jusqu'au fossé où l'on jette les cadavres aux chiens errants. Nulle part il n'a trouvé la trace de l'enfant blond. Où peut-il être ? François est sans le moindre argent, il n'a rien emporté avec lui, pas même sa petite bourse.

— Il dépense tout ce qu'il a.

Louise le dit, et c'est vrai, il jette ses deniers au vent, en petit qui n'a jamais souffert. Henri le revoit acheter un livre orné de poudre d'or, à la foire de la mi-carême. Ils ont trouvé ce livre, entouré de papier, dans la chambre qu'ils ont fouillée. Rien n'y manque et Henri a vu, posée en évidence sur un coffre, une petite toque de velours bleu.

Il ne reste que la guerre, le mirage que l'on agite devant les yeux des enfants perdus. Mille traits lui viennent à l'esprit, les leçons de cheval et d'épée, ses questions émerveillées à Espeville, son insistance pour tout savoir de la campagne nouvelle, ses prunelles pleines de lumière. Plus il y pense et plus il le croit, l'idée de sa faute creusant son esprit. Il a laissé François rêver sur le charnier comme on rêve de gloire, dans les vertes années. C'est pourquoi, sans barguiner davantage, il a pris le Roux et le chemin du fleuve, payant à prix d'or le passage. La rivière est dangereuse, les huguenots encordant les ponts, mais Jarnac est tout proche, par l'eau, et le temps presse. Dès que les régiments seront assemblés, ils feront route. Quand il sera perdu parmi la troupe, il sera impossible de retrouver François dans les bandes répandues du nord au sud, mouvantes, secrètes.

Le soir tombe lentement, l'ombre roule au-devant de la proue. Le vent de mars est froid, l'hiver a repris de la vie. Des branches mortes arrêtent le flot sur les rives boueuses. Le gabarier est courbé, attentif à la moindre ride qui effleure le tissu onduleux de l'eau. Le Roux bronche un peu, par instants, et le son familier du cheval devient étrange au fil du fleuve. On approche, peu à peu, la gabare s'enfonce dans l'obscurité mobile, le glissement du bois frémit comme une plainte.

La barque s'arrête enfin. Un salut vague et le passager saute au ponton de bois. Son cheval le suit à la bride, qu'il enfourche aussitôt. Le camp est en contrebas du fleuve, il voit briller ses feux comme des astres rouges tombés à terre. Une prière violente monte dans son âme. Il faut que le gamin soit là ! Tout ce qu'il sait des camps, de leur dureté, de leurs vices, se heurte à ce dernier espoir. La guerre dont François rêve n'a rien à voir avec la vérité. Il est trop jeune pour affronter cela. Yrvoix revoit son sourire de malice, son front où tout se lit. Il le retrouvera, si Dieu est grand.

Il pousse le Roux, arrive à un pré d'herbe rase qui sent le feu et le plomb. Des tentes sont plantées en contrebas, bien mal assurées si un ennemi approchait. On aurait tôt fait, la pente aidant, de bousculer le tout à la rivière. Henri s'étonne d'avoir ce genre de pensées en s'arrêtant aux gardes.

— Le capitaine d'Yrvoix.

Les hommes hochent du cabasset et s'écartent. Ce sont de vieux routiers qui le connaissent. Yrvoix se penche à l'encolure.

— Espeville est encore au camp ?

— Il est parti pour Saintes. Ce matin, à la pointe...

Aura-t-il vu François ? S'il l'a vu, il n'a pu le laisser. Le cœur d'Henri se serre. Il ne reste guère que quelques tentes plantées dans la boue. Dans l'ombre, il ne voit pas flotter les couleurs du dernier régiment.

— Quelle est votre enseigne ?

— Celle du Périgord.

Son esprit marche vite, il entend des hommes lui parler, il ne sait où, du sénéchal d'Aubeterre.

— Le sénéchal est au camp ?

Il l'est. Il reste un espoir, bien faible à dire vrai. Le capitaine descend du Roux, l'attache et va droit à la plus haute tente où flotte une bannière enlacée de bleu et de blanc. Un garde l'arrête, un gamin qui n'a pas vingt ans.

— Le capitaine d'Yrvoix, pour le sénéchal d'Aubeterre.

On le laisse attendre. Après un temps qui lui ronge le ventre, il est prié d'entrer. Le vicomte est seul, assis sur un coffre de campagne. Il a troqué le satin pour le cuir mais rien ne peut lui enlever sa morgue. Il regarde Yrvoix, un air de surprise au front, sans se lever pour l'accueillir.

— Nous ne vous attendions pas, tout au rebours. On m'avait dit que vous étiez rangé, confit en bourgeoisie.

Des yeux de fer se posent sur le visage du vicomte, lui disant qu'il n'est pas l'heure de semblable discours. Bien qu'il ne l'aime guère, ils ont combattu botte à botte, et Yrvoix s'ouvre à lui en deux mots.

— Je cherche mon jeune frère, François d'Yrvoix.

Une surprise sans feinte passe sur le front de David d'Aubeterre.

— Je ne l'ai pas.

— Je vous demande la grâce de m'en assurer.

Aubeterre se lève, ennuyé d'être assis devant un homme qui le regarde d'aussi haut.

— Je vous demande celle de me croire. Je n'ai pas enrôlé le moindre Yrvoix. Il a pu partir avec Espeville ou avec la cornette de mon frère. Pour moi, j'attends mes derniers Périgordins.

Le connaissant, Yrvoix sait qu'il ne gagnera rien à s'emporter. Il choisit un ton de confidence, si pénible soit-il.

— Il est parti hier, à la pique du jour. Il sera arrivé à la nuit...

Il n'est plus de père, Yrvoix est le curateur du gamin qui n'a pas quinze ans. Le vicomte mesure son souci et le comprend. La recrue est un peu jeune. Il ne lui déplaît pas d'obliger Yrvoix qui a l'estime de bien des gens.

— Eh bien, voyons si nous pouvons retrouver ce jeunot !

Il demande au garde d'aller chercher le baron. Il s'ensuit un silence épais puis le rideau de toile se relève sur le capitaine Touvérac, baron des limes du Périgord, solide et brun comme un chêne du vieux pays sarladais. Pauvre, bravache, hâbleur comme le diable, jureur impénitent, il connaît Yrvoix, le salue d'un geste de menton.

— Baron, avez-vous porté sur le rôle un gaminot de quinze années, nommé Yrvoix ?

— Pas que je sache mais je ne les connais foutre pas tous.

— Blond, de cinq pieds passés.

Les deux nobliaux échangent un regard qui dit l'ennui qu'ils ont à perdre du temps pour si petite gent. Mais Henri n'en a cure. Il s'explique brièvement. Le baron, se voulant complaisant, fait mander son sergent, un grand flandrin de poil épais qui hésite au bord de la tente.

— Tu as inscrit un marmot, au rôlet ? Un petit blond, s'appelant Yrvoix ?

— Il en est un, un petit pailleux qui n'a pas donné ce nom.

Le cœur d'Henri se serre d'angoisse et d'espérance.

— Conduis le capitaine d'Yrvoix jusqu'à ce drôle ! S'il est celui qu'il cherche, il est à lui.

Henri remercie en deux mots, reçoit en retour un

salut un peu raide et un sourire amusé. Sans s'attarder davantage aux façons des hommes, il suit le sergent jusqu'à un feu de brande devant lequel des soldats sont assis.

— Où est le blondinet ?

— En paille, à la rivière !

Il n'a pas droit à une tente, si c'est lui. Henri suit le sergent, songeur. Il n'est rien à reprocher à Touvérac. N'a-t-il pas pris lui-même dans sa compagnie le tout-venant qui pouvait la grossir, ne se souciant ni d'âge ni d'origine, pourvu que l'on ait la force de tenir une épée, d'étriller un cheval ? Le jeunet tombé la gorge broyée, à Coutras, quel âge avait-il au juste ? Moins de vingt ans, la chose est sûre. Le temps de remuer cela, ils avalent le pré à lourdes enjambées de boue. Quelques corps sont allongés près du foin des chevaux, roulés dans de mauvais manteaux. Le sergent lui en désigne un et il n'a pas le temps de se pencher. François est debout, furieux, de la paille plein les cheveux.

— Que faites-vous ici ?

— Et toi ?

La colère rend l'enfant écarlate.

— Vous n'avez pas le droit ! Je ne vous suivrai pas, je m'enfuirai !

Les hommes écoutent, le coude relevé et l'air goguenard. Le sergent regarde un instant le morveux qui lui fait perdre son temps et se tourne vers le capitaine.

— C'est lui ?

— Certainement !

— C'est bon ! Il est à vous !

Henri prend François à l'épaule bien qu'il se débatte comme un damné.

— Laissez-moi ! J'ai signé, je suis au sénéchal.

Le garçon prend le sergent à témoin qui lui répond, les poings aux hanches.

— Tu n'as pas mis ton âge sur le rôlet, mouflet, ni ton nom ! On ne se raille pas de l'armée du roi. Et je n'aime guère qu'on me prenne pour plus conneau que je ne suis !

Des rires montent de l'ombre. Henri prend un bras qui se défend et qu'il serre d'une poigne d'acier. Il traîne le gamin en haut du pré, là où son cheval les attend. Il marche à cadence de guerre, feignant la colère quand il se sent plein de joie. Il a retrouvé le jeune sot. Mais lorsqu'il se retourne, les yeux de François flambent d'une telle haine qu'il s'arrête, saisi.

— Allez-vous me laisser, une fois pour toutes !

Les mots sifflent entre les mâchoires contractées. L'enfant tremble de rage, et de froid. Dire que l'animal, pour partir à la guerre, n'a pas seulement de manteau.

— Tu pensais me suivre, en semblable équipage ?

Un mauvais ricanement lui répond.

— Et pourquoi le voudrais-je ? C'est vous qui me suivez partout !

Un masque de dédain, de fureur, quelque chose d'amer et de violent déforme le visage enfantin au point qu'Henri le reconnaît à peine. Il se sent fatigué de ce jeu et de ces façons.

— Crois-tu que cela m'amuse ?

François tremble toujours, il crache presque sa réponse.

— Alors, pourquoi vous donner tant de mal ?

— Tu sais parfaitement pourquoi, petit imbécile.

— Non, je ne le sais pas... mon frère !

Il a jeté le mot avec tant de rage qu'une angoisse soudaine étreint Henri. Le gamin hurle, incapable de se contenir plus longtemps.

— Je sais tout, vous m'entendez, tout !

Il crie et pleure tout ensemble, lui jetant au visage sa colère et son désespoir.

— Je venais vous porter un livre, un présent de départ, et j'ai tout entendu.

Henri recule sous le coup, ne sait que dire, s'accroche à la première vérité qui lui vient.

— Ta mère t'attend.

— Elle est enfin débarrassée de son bâtard !

La voix qui hurle casse tout à coup. François pleure, à lourds sanglots convulsifs, les épaules secouées de peine. Il recule dans l'ombre, c'est à peine si on l'entend.

— Partez... Laissez-moi...

Le petit ouvre la bouche mais un son lamentable de forge mouillée remplace sa voix, l'étrangle.

— Je ne peux pas les revoir.

Henri se sent le cœur retourné de peine. Planté devant ce marmot, les bras ballants, comme il l'aime, à cet instant. Un silence de nuit les enveloppe. Le vent est froid, le petit sot, de surcroît, va prendre du mal. Henri s'approche, met son manteau, son bras, sur les épaules secouées de peine.

— Elles n'ont que toi, tu le sais bien.

François se laisse aller sans retenue, si plein de honte et d'enfance que le soldat sent son cœur se gonfler de tendresse. Il ne sait trop que faire, se sent maladroit quand il murmure à l'oreille du gamin un peu n'importe quoi.

— Que pouvaient-elles faire ? Y as-tu seulement songé ?

Un silence lui répond, peuplé de pauvres reniflements.

— Je n'ai plus de père. Vous ne comprenez pas.

Qui mieux que lui pour le comprendre ? Henri se tait, François, lentement, se calme. Le vent froid leur apporte par secousse la fumée des feux qui dansent en contrebas. L'aîné veut prendre le gamin au bras, le conduire vers le Roux, qui attend, le col bas, broutant dans l'ombre. Mais François le repousse dans une bouffée de hargne.

— Je ne peux pas rentrer. Je ne suis qu'un bâtard, le bâtard d'un huguenot !

Henri le saisit par le bras, le tourne sans ménagement et le contraint à le regarder dans les yeux. Des yeux pleins de larmes qui tentent de l'affronter et s'abaissent lamentablement. François pleure à nouveau, de déception, de colère, de la honte violente de ne pouvoir se défendre du poids de cet homme sur lui.

— François, entends-moi bien. Je suis ton frère.

La voix d'Henri est lourde. Il a pris le petit de Laure aux épaules.

— Tu es mon frère parce que mon père t'a pris pour fils. Il t'a donné son nom, son amour.

L'enfant se tait, renifle, puis s'entête, avec la rage du désespoir.

— Il a menti.

Henri a une voix lointaine, inconnue, qui surprend François.

— Il m'a menti aussi. C'est à cause de cela que je suis parti. Ne fais pas la même folie.

Ils se taisent. François sèche ses larmes peu à peu. Henri scrute la nuit. Il distingue à peine, en bas du pré, les marmites posées sur les feux, les tentes grises, les sentinelles humides qui se chauffent les mains.

— Tu ne sais pas ce que la guerre peut faire de toi. Je ne te laisse pas ici.

Ils chevauchent à la clarté confuse de la lune, l'un devant l'autre sur le Roux. Le petit s'est assoupi, Henri le soutient, le retient contre lui, le cœur plein de tendresse. Il n'a que trop connu ce poids de n'être rien, d'aller à l'abandon. Le pas lourd du cheval sonne comme un écho, une fatalité. Il semble frapper à une porte qui ne s'ouvre pas. Henri songe aux deux femmes, à leur attente, à leur joie de retrouver François, à leur peine cruelle. Il redoute l'instant où elles apprendront qu'il sait tout, au point qu'il se sent presque coupable de le ramener. Mais comment le laisser, à quinze ans, dans le pourrissement d'une armée en campagne ? La route, le froid, la brutalité des hommes, François ne sait rien de cela. Il se croit misérable, détesté, se plaint beaucoup, ne voit que lui. Yrvoix se souvient du chemin de boue où il marchait, quand il avait seize ans. Il serre le gamin, l'entoure mieux de son bras. Comme il comprend son père, en cet instant.

18.

C'est le jour de la Pentecôte. Autrefois, pour cette fête, elle faisait des bouquets et les apportait fièrement à Saint-Paul. Elle était petite et dans l'église parfumée elle se sentait si bien. Sa mère, en ce temps-là, tenait sa main. La gorge serrée, Laure avale un peu d'air et se contraint à feindre que tout va bien. Elle est prête pour la comédie, attache son voile et sort sur son balcon. L'air est doux, le temps clair. De longues fleurs mauves et bleues se penchent au-dessus d'elle, répandant un parfum de verdeur et d'eau. La glycine est fleurie, bouillante d'une exubérance de vie si puissante qu'il semble que rien ne puisse l'empêcher. Ses yeux s'abaissent sur les feuilles flétries qui sortent des pots alignés à ses pieds. Elle n'a pas eu de tulipes, aucune fleur n'a survécu à l'hiver. Elle se souvient de la grêle, se sent rougir bien qu'elle soit seule, se dit, une fois encore, qu'il faut oublier les bras d'Henri, leur force tendre, et la joie sauvage qui lui est rendue. Elle se baisse, arrache une à une les fanes brunes. Le cœur des fleurs vit dans la terre. Un jour, peut-être qu'ils fleuriront.

Elle se redresse, s'essuie les mains au rude tablier qui protège sa robe de messe. La vie de tous les jours est difficile. Son enfant souffre et c'est à cause d'elle. Son cœur, quand elle y songe, menace de se briser. Depuis qu'il est revenu, il la fuit. Elle brûle de le serrer contre elle, de l'embrasser, de lui dire tous les mots qu'il refuse d'entendre mais il part sans un mot, le matin, et rentre de même, le front buté, l'œil bas. Quand elle s'approche, il lui jette des regards haineux. Il ne veut rien d'elle, repousse jusqu'au linge qu'elle a lavé pour lui. Mais elle sait, d'instinct, qu'il se ment à lui-même. Le cœur des fleurs est dur, à l'automne, enveloppé de brun, sec et mort. Pour le voir éclore, il faut attendre le printemps.

Les cloches sonnent, la jeune femme enlève son tablier, prend son livre de prières et va d'un pas tremblant jusqu'à la troisième porte.

— François, viens-tu avec nous ?

— Non. Je vais à Saint-André.

Il lui décoche un regard de chien teigneux et elle lui sourit comme si de rien n'était. C'est ainsi depuis qu'il est revenu, elle feint de ne rien voir, parce qu'elle l'aime et qu'il a besoin d'elle. Elle s'est beaucoup trompée, elle a fait tant d'erreurs. Mais elle sera là, cette fois, s'il revient vers elle.

— Tu rentres pour manger ?

Il la toise, le front barré de blond, le visage fermé.

— Maître Noguère m'a déjà invité.

Il tient à la blesser et passe à deux pouces d'elle, comme si elle était une pierre posée sur son chemin. Elle l'entend dévaler l'escalier, se jeter dans la rue. La porte se ferme avec un bruit de fouet et elle reste seule, au milieu de la chambre qu'elle hait.

C'est ici qu'elle a eu François, entre ces deux montants de bois. Une autre bénirait ce lit où elle gisait, écartelée, révoltée de ce mal déchirant. Elle sent peser sur son ventre les doigts griffus de la sage-femme, se souvient de ce long écoulement de chair qui s'est ouvert, soudain, entre ses cuisses, humide et douloureux. Les braillements du nouveau-né, ses propres cris, l'épuisement de son enfance perdue, tout cela se mêlait d'une façon sauvage. Louise tenait sa main et elle lui en voulait d'être là, de voir ça. Elle avait juste quinze ans. On lui a tendu un paquet rouge et fripé, une petite poupée grimaçante qu'il fallait aimer.

Laure s'est approchée de la fenêtre qui donne sur la rue. Elle n'entend pas les cloches qui sonnent à nouveau, par bouquets de notes aiguës, ni les mille bruits de la rue de l'Ecorcherie. Seule la voix de Louise parvient à son oreille pour lui dire dans un sourire que c'est un beau petit garçon. Elle n'en voulait pas, le repoussait de toute son âme alors qu'il était dans ses bras. Elle a laissé à une autre le soin du nourrisson, de l'enfantelet geignard, du petit enfant blond qui s'accrochait par erreur à sa robe. Ce refus est entre eux depuis, imperceptible et lourd. François l'a punie, jour après jour, par ce regard tendre que l'on lance à une autre quand on s'est mal tenu, une confidence enfantine qui est tue, une question simple que l'on ne pose pas. Elle a été lointaine, ne pensant qu'à elle et à sa peine. Peu à peu, l'amour est venu, elle a aimé de tout son désespoir l'enfant qu'elle ne pouvait plus ignorer. Mais il était trop tard. Elle avait perdu le plus doux, le plus pur de tous les abandons.

Les cloches hurlent à l'extérieur, ébranlant les petites vitres polies de la fenêtre. Il est l'heure d'aller prier Dieu, de retrouver les hommes.

Henri s'apprête, lui aussi, de son côté de la cloison. Les cloches sonnent la Pentecôte. L'Esprit saint a donné la connaissance aux apôtres pour qu'ils prêchent la douce évangile, pour qu'ils fassent descendre la paix dans le cœur des gens. Mais où est-elle ? Il ne voit que le mensonge autour de lui. La ville respire la haine, la distille à voix basse. La veille, Jean lui en a donné l'absurde explication. La folie enfle et s'étend parce qu'une femme est venue habiter Angoulême, la sale gouge, la putain du duc d'Epernon. Charlotte du Tillet s'est installée dans l'hôtel de sa famille. Elle n'est pas là pour rien. Le duc va venir la rejoindre, le bouc puant, l'homme qui pactise avec le Béarnais, le traître, l'archimignon du roi à qui on a donné l'Angoumois en gouvernement ! Une fièvre travaille les maisons encloses. Les peurs de l'hiver rampent au sol comme un nœud de serpents que le soleil ranime. Elles se glissent, s'insinuent et se dressent soudain, jetant les bruits les plus fous aux coins de la halle. Epernon va donner la ville, la vendre aux Navarrais qui la forceront, la détruiront.

Henri, en y pensant, hausse les épaules. Les huguenots tiennent le haut de la Saintonge, tout l'ouest, cela fait plus de vingt ans qu'il en est ainsi. Quant au duc d'Epernon, il est en Normandie, dont il a aussi le gouvernement. La chose est assurée, la Normandie lointaine. Mais rien ne calme ce feu de braises qu'attise un étrange vent. Henri soupire, prend son manteau. La ville bout, elle fermente un mauvais vin de lie. Nul n'est épargné et il ne s'illusionne guère aux bruits que l'on fait de lui. Il n'est pas parti à la guerre, comme il l'avait dit. Il ment ! Il va, à longueur de jour, voir Chambaud, le navarriste. Il n'est pas des bons catholiques. Yrvoix sort, pourtant, la tête haute et le chapeau au vent. Il lui reste un ami qui ne peut sortir seul et qu'il a promis d'aller chercher. Ainsi ont-ils fait, pour Pâques. Les coups d'œil fourbes qu'on lui jette ne l'importunent pas davantage qu'un sifflement de merle n'ennuie un cerisier. Rue des Bouchers, la maison Chambaud semble une place close, mieux remparée que le château des ducs. Sur la pierre, une main a écrit ce noble avis, *Valet à vendre !* Depuis un mois, Yrvoix ne mesure plus son dégoût. Il sonne à trois fois, ainsi que convenu, on lui ouvre à lents tours de clef.

Jean ne sort plus. Reclus mais plus gai qu'un pinson, l'œil de même, il rit de la fureur d'Henri.

— Ils se calmeront. Un jour, ils verront qu'on les trompe. Les gens ont besoin d'un peu de temps.

— Et de quelques coups bien placés au bas de leur dos !

— Ainsi, ils n'apprendront rien. Les coups ne donnent que d'autres coups.

Le vieil homme sourit, entraîne son ami dans le jour clos d'une petite cour qui ouvre sa prison sur le ciel. Un cerisier en fleur s'y répand de douceur. Henri rêve un instant aux champs de Naigremûre.

— Les nouvelles que j'ai laissent fort à craindre. Le roi s'est enfui de Paris. Les guisards l'ont chassé, ils tiennent la ville.

— Ils ne s'arrêteront qu'ils ne le tuent.

— Un roi ne meurt pas. S'ils le tuent, il n'est qu'un prince, en France, qui soit du sang de Saint-Louis. Et je doute fort que le prétendant convienne au pape ou au roi d'Espagne.

Jean Chambaud n'en dit pas davantage. A quoi bon ? Ils savent tous deux que c'est un douloureux printemps. Le royaume de France est ruiné, quasi tombé dans la serre espagnole. Les doublons de Philippe II pleuvent sur la Ligue. L'Espagnol a besoin de Boulogne pour jeter sa flotte sur l'Angleterre, il lui faut un port d'eau profonde où rassembler l'Invincible Armada. Mais Boulogne est fidèle au duc d'Epernon. Pour l'abattre, les ligueurs mettent le Nord à feu et à sang. Le duc de Guise possède Paris, Henri de Navarre tient l'Ouest. La violence est partout, il n'est côté où se tourner.

— Je ne sais comment nous en sortirons.

Ils méditent, se comprennent désormais sans parler. C'est un cercle sans fin de haine et de revanche, comme celui qu'ils font, à petits pas, dans cette cour fermée. L'ennemi, le seul qui soit, c'est la guerre. Et ceux qui la veulent, la soufflent dans l'esprit des gens. S'ils l'emportent, le combat ne finira pas, car ils en vivent, grimpant toujours plus haut sur le fumier pour s'engraisser. C'est ce que dit tranquillement maître Chambaud.

Laissant là la haute politique, le vieux Jean s'arrête, se tourne vers Henri avec un air d'enfant contrit.

— Henri, je n'irai pas à la messe. Je vous remercie d'être venu me chercher et j'espère que vous me pardonnerez d'être si lâche.

— Vous n'allez pas à l'office de la Pentecôte ?

— Je suis un mauvais chrétien... On le dit, le placarde à ma porte. J'ai vendu fort cher mon âme au diable.

Henri contemple la silhouette noire perdue sous les pétales nacrés, ces mains fines, ce sourire si doux. Qui a, dans toute la ville, le beau courage de ce petit homme, celui de ne pas hurler avec les loups ?

— Ils n'oseront s'en prendre à nous. Ils ne l'ont fait, à Pâques.

— Vous irez seul, cette fois-ci. Je ne vous entraîne que trop.

Jean Chambaud sait tout. La boucherie Yrvoix perd chaque jour un peu plus de pratique. L'opprobre hésite, le souvenir du père protège encore le fils. Mais pour combien de temps ? Le vieil homme hoche la tête, sourit.

— Allez ! Vous me direz tout à l'heure jusqu'à quel point l'enfer s'ouvre grand sous mes pas.

La place de l'église bourdonne d'une chanson mauvaise. Elle passe et revient, se renforce et s'envenime à chacun de ses tours. Epernon va venir. Pour les vendre à Henri de Navarre qui les fera tous pendre ! Les voix s'échauffent, même à l'intérieur de la nef. Henri soutient des regards vipérins, les clouant de son indifférence. Il n'est pas de la Ligue et il n'en a pas peur. Il marche à pas sûrs jusqu'au troisième rang où Louise et Laure l'ont précédé, par prudence. C'était convenu ainsi. Il ne veut pas les mêler à la haine où l'expose son devoir d'amitié. Une fois de plus, l'enfant n'est pas avec elles. Sans la présence des deux femmes à ses côtés, il s'amuserait de la pistolade d'yeux qu'il reçoit venant des rangs de l'échevinage. Il les toise, en réponse, et nul regard ne croise longtemps le sien. Tous ces gens ne lui sont rien. Il scrute les bancs les uns après les autres. Mme de Mézières a regagné Mareuil, c'est une dame sage. Pour les autres, ce sont les mêmes nobliaux de Charente, Méré, La Meffelière, de Macqueville, des Bouchaux, guisards frileux qui n'ont pas suivi Aubeterre à la guerre. Un air de pestilence flotte sur tout cela que l'encens ne parvient pas à couvrir.

Un murmure de surprise court sur la foule qui se retourne. Une femme remonte la nef, seule, longue et fine dans une robe de soie grise, évasée à la mode de la cour. Sans ostentation ni dédain, sereine, souveraine, Mlle du Tillet se moque du qu'en-dira-t-on. L'office commence. Henri l'écoute à peine. Il ne voit que deux mains closes, à sa gauche, des doigts croisés, qui palpitent doucement sur le drap d'une robe noire. Ce n'est pas le moment de cette envie si grande de les saisir, de les ouvrir, d'y glisser les siens dans la tendresse intime d'un entremêlement. Le diable le tente qui est dans cette église et sur leurs têtes aussi assurément que les saintes langues sur celles des apôtres. Il sursaute, tiré de son désir par les mots qui grondent maintenant sous la voûte. La chaire déverse son ronflement de haine. Qu'ils se souviennent, c'était à la vigile de Pentecôte ! Les églises ont été violées, saccagées, les statues des saints brisées. Cela, c'était la première fois. La seconde, à la mi-octobre, qui a pu l'oublier ? Que celui-là se lève et que Dieu le foudroie ! Vingt années ont passé. Ont-elles pu effacer le souvenir du pendu du mûrier et tout ce que leurs prêtres ont alors enduré ? Des prêtres bouillis d'huile, brûlés vifs, jetés dans la Charente du pont de Saint-Cybard, des moines marqués aux pieds avec des fers à chevaux, crevés sous l'aiguillon à pousser des charrues, des corps émasculés, trouvés sur les ossements des tombes profanées, des corps tordus dans des églises pillées, brûlées, détruites au canon. Veulent-ils voir revenir ce temps ? Croient-ils que Dieu leur pardonnera leur lâcheté indigne une troisième fois ? Qu'ils entendent enfin sur quels périls mortels voguent leurs âmes ! S'ils ne se réveillent, quand le diable sera parmi eux, il sera trop tard.

Le sermon fini, le silence qui plane est plus mauvais encore. Il est comme ce calme pesant qui annonce l'orage et son déchaînement. Une haine de foule défigure les gens, leur pèse aux épaules. C'est un silence terrifiant. Henri considère les deux femmes abîmées à côté de lui. Peut-il les laisser dans cette ville ? Même loin des remparts, la ferme lui semble plus sûre. Mais

Laure a peur, à Naigremûre. Elle n'y est jamais retournée. Et François ne peut rester seul. Il étudie ou du moins le dit. Après une explication un peu sèche, Henri l'a laissé aux mains du père d'Aubigny. Bien qu'il se doute des belles idées que les jésuites épandent, il n'est qu'un collège dans toute la ville et François y a ses amis, ses compagnons de jeu. Il a déjà perdu assez de sa jeunesse. En fait, Henri ne sait trop que faire avec lui et se le dit assez piteusement tandis que résonne la cloche qui libère le peuple de Dieu. Les gens sortent, violents et amers. Dès le parvis, on parle haut, au bord du hurlement. Certains courent on ne sait où. Henri prend le bras de Louise, se penche sur Laure qui recule un peu.

— Rentrons au plus vite.

La foule emplit la ville, remontant vers Saint-Jean. Elle vient de Saint-André, de Saint-Pierre, c'est un mot donné. Des hommes tirent en l'air, au croisement du couvent. L'air sent la poudre, la rue de l'Ecorcherie est pleine de gens et il est aisé d'entendre pourquoi. L'hôtel du Tillet s'y tient, qui fait l'angle de la rue du Chapt.

— Va-t'en, putain ! Va-t'en !

Une femme marche, le voile abaissé, avec, sur le visage, un masque de cour, rempart risible, dérisoire. Elle est entourée de ses oncles, les deux chanoines du Tillet. A peine les trois silhouettes ont-elles repoussé la lourde porte que les pierres volent. Henri entend des vitres se briser. La foule est sur la maison maudite, celle qui a caché Calvin, celle où vient se cacher cette femme. Des hommes roulent des tonneaux, ils vont barricader la rue, la mode de Paris se suivant toujours en ville de province. Seul, il ne peut rien. S'il agit, comme il bout de le faire, on s'en prendra à celles que retient son bras. L'air sent la haine déversée, brûlante, il ne peut mêler les deux femmes à cela. Il les soutient, les pousse presque dans la ruelle, parvient en deux pas contre le mur du vieux couvent, toujours effondré sur le caniveau.

— Par le couvent, Laurie.

Il presse sa main et ils échangent un regard ancien. Il aide Louise à passer, qui se courbe aisément. Les pierres claquent sur les pavés, derrière eux. Louise et Laure se faufilent, il se glisse le dernier, cassé en deux. Du fond du vieux jardin envahi d'herbes folles, ils entendent les hurlements, les cris, les barriques roulées dans un râlement d'orage. L'émeute est à la porte, grondante. Ils marchent au plus vite, il est pressé de fermer la maison, la boutique. Les longs couteaux de boucherie peuvent venir à l'idée d'un peuple armé de pierres. Il sait qu'on le hait, il se souvient de la mézée, des regards torves qui l'enveloppent où qu'il soit. L'hôtel du Tillet est en haut de la venelle, à vingt pas de chez lui. Les dalles grises sont perdues d'herbes et de mousse, c'est à peine si le figuier, au fond de l'enclos, dresse les pousses fragiles de ses feuilles tendues comme des mains repliées.

Henri rampe, descend dans leur jardin, saisit la taille de Laurie, celle de Louise. Au loin, le grondement épais d'une calvacade dit que des soldats approchent. L'air sent les fleurs, le cytise, écroulé de grappes dorées, les lilas. Le parfum les suit sans qu'ils s'arrêtent. Ils foulent l'allée cassée d'herbe, passent les marches moussues, arrivent dans la cour. Le portail est ouvert, Henri pousse les barres. Les sabots cognent dans la rue qui s'est tue. Une voix leur parvient, claquante au-dessus du cliquetis des armes.

— Rentrez chez vous !

Le capitaine des Bordes est debout aux étriers. Derrière lui, l'arme au poing, trente arquebusiers.

— Pensez au prix de votre vie. Rentrez chez vous.

Un silence épais lui répond puis le peuple s'écarte lentement, il s'en va, laissant la rue à un bruit de pieds chaussés de corde ou de bois. Les soldats regardent passer la foule, l'arquebuse armée, puis ils regagnent le châtelet dans un grondement de sabots. Rue de l'Ecorcherie, il ne reste que des pierres, une jonchée de verre et d'éclats de soleil.

Dans la cour, sous les feuilles fraîches du marronnier, la paix garde un goût amer. Henri regarde les deux femmes debout devant le puits, secouant leurs jupes, enlevant de leur mieux la boue de leurs mains et de leur visage. Le voile de Laurie est tombé au sol. Il le ramasse, le tend, sa main effleure la sienne. Elle l'ôte vivement, détourne les yeux tandis qu'il ne voit qu'un ruissellement de lumière, puis un visage tourmenté par la crainte. Elle a peur pour le mauvais gamin qui court les rues et jette assurément des pierres. Il ne sait que dire, croise le regard de Louise.

— Nos meilleures robes, nos robes du dimanche... Elles sont toutes gâtées !

Elle feint d'être en colère, de penser qu'il ne peut rien arriver de plus fâcheux, de plus grave. Comme elle s'essuie avec un mouchoir, il prend le même ton.

— C'est une nouvelle mode pour se poudrer le nez ?

Elle montre une estafilade de tissu.

— Ma robe est perdue.

— Tant mieux ! Je n'aime pas les robes noires.

Il sourit à Laure mais elle se détourne, les laisse à leur conversation. Perdue de peine, elle est entrée dans la maison.

19.

Le soleil est haut, accablant, un soleil de grand été qu'il faut subir patiemment. Juillet s'achève et avec lui le beau temps des moissons. Couvert de poussière, irrité de sueur et de paille, Henri revient en rêvant à l'eau claire qui le désaltérera. Cela fait trois jours qu'il aide à la ferme, la lente récolte l'apaise, gerbe après gerbe. A Naigremûre, il est utile. Il aime, de toute son âme, à être aux champs. C'est un amour nouveau, qui lui est venu au fil des jours de ce printemps d'ennui. Il a beau s'en défendre, il étouffe, rue de l'Ecorcherie. Son corps n'en peut plus d'enfermement. Il part à l'aube, revient au soir, cherchant l'oubli dans la fatigue, le repos dans l'épuisement. La contrainte qui le tient use sa force, jour après jour. Il ne sait combien de temps il tiendra. Aujourd'hui, l'orage qui tourne le rend plus tôt à son tourment et il rejoint à pas lent la source de son souci. La balle du blé fauché l'a fait penser tout le jour à des cheveux blonds. C'est un châtiment insidieux, sournois, mais la pensée est fille de Satan, qui toujours revient d'où l'on veut l'écarter.

Il se sent trop las pour lutter et laisse rouler ses pensées. La maison de l'Ecorcherie est devenue triste, au fil de la peine du gamin. Les deux femmes font comme de rien, attentives et douces, et c'est un autre poids que cette quiétude fausse qui distille des sourires et des regards baissés. Il songe aux cheveux de François, qu'il ne peut plus ébouriffer, comme autrefois, au temps béni de la rivière. C'est un manque blessant. L'enfant le fuit de plus en plus, s'emmurant dans le silence comme lui dans le mensonge que tout va bien et qu'il est heureux.

Il traverse par le Palet, désert. Les murs sont blancs de lumière. Il longe la muraille et parvient enfin aux rues sombres, abritées. Il frappe à sa propre porte, non qu'il oublie qu'elle ne soit sienne mais il est devenu prudent de fermer les maisons. Toutes les nuits, des vitres sont brisées, des pierres ou des insultes jetées aux façades. Sa demeure est épargnée pour l'instant, ce qui n'est pas sans le surprendre. La Narde lui ouvre. Il passe dans la demeure close, fraîche à la peau comme une eau de fontaine. Sans quitter sa cape mais jetant son chapeau, il va d'un pas à la cruche de l'évier, certain de pouvoir la boire tout entière. Il lève la gargoule et renverse la tête.

— Des messieurs sont là-haut, qui vous attendent.

L'air de la Narde, qu'il n'avait pas vu, est celui du souci. Il s'essuie les lèvres à la manche et monte quatre à quatre l'escalier. Les volets sont mi-clos. Dans l'ombre bleutée de la salle, il aperçoit Louise, Laurie, et deux hommes qui se lèvent en le voyant entrer. La surprise le cloue sur le seuil. L'un est le conseiller Chevilly et l'autre, Jean Chambaud. Le sourire qu'Henri ébauche à le voir sorti de sa réclusion meurt dans l'instant sur ses lèvres. Les visages qui se lèvent vers lui sont si sombres qu'un coup l'atteint.

— François ?

Laure fait un petit geste qui dit que tout va bien, de ce côté-là. Jean le considère gravement.

— Henri, pouvez-vous venir avec nous à l'hôtel de la ville ?

Pas le temps de la moindre question, Isaac Chevilly renchérit.

— Nous avons besoin de vous. Le conseil veut vous compter pour sien.

— N'est-il pas au complet ?

Les deux hommes semblent étonnés de constater qu'il ne sait rien. Chevilly a une voix lourde d'impuissance, un regard d'inquiétude d'où se sont enfuies les préventions anciennes.

— Une partie du conseil a abandonné la ville.

Et Jean, doucement, en dit la raison.

— Des messagers sont arrivés à la midy. Le duc d'Epernon arrive. Il sera devant les murs à la nuit.

Chevilly baisse les yeux de honte, puis lui adresse un regard presque désespéré.

— Il demande les clefs.

Ces nouvelles, lentement, s'ouvrent à l'esprit d'Henri. Il pense au conseil, à tous ces gens qui hurlaient au combat et qui se sont enfuis. Il comprend, d'un coup, pourquoi les rues lui ont semblé désertes. Le soleil n'est pour rien dans cela. Jean s'approche d'un pas. Il a ce fin sourire qui en dit tellement plus que sa voix.

— Le conseil ou ce qu'il en reste s'est brusquement rappelé notre existence, mon ami.

Henri fronce les sourcils. Un geste de menton demande à en savoir plus.

— Nos bons amis pensent que vous connaissez le duc.

— Ils pensent trop. Je ne l'ai vu qu'une fois, au siège de La Rochelle, et de fort loin.

Mais Jean garde son petit sourire de coin où l'ironie le dispute à l'amitié.

— Cela vaut mieux que rien. Ils disent que vous connaissez assurément certains de ses capitaines.

Yrvoix connaît quelques Gascons, en effet, en compagnons de route. Rien de plus. Il va le dire, quand la voix presque tremblante d'Isaac Chevilly le rend à la gravité de l'instant. La ville peut se refuser à celui qui vient en prendre possession, se mettre en état de siège.

— Je vous prie de votre aide, maître Yrvoix.

Henri soupire, secoue d'un geste la poussière qui rend son feutre gris.

— Eh bien, voyons si je puis être utile.

Derrière ses remparts étouffés de chaleur, la ville est comme morte. La peur est revenue, elle s'est glissée partout, derrière les porches clos, au travers des cours fermées, sous les huis barrés de fer. Le duc d'Epernon arrive... Les trois hommes traversent la place déserte, Chevilly en soufflant un peu, Jean Chambaud en trottinant. Ils entrent dans le vestibule, passent dans la grande salle d'où s'élève une effervescence de voix. Devant les bancs du présidial presque vides, le chevalier de Méré s'emporte.

— Vous n'allez pas lui céder la ville ! Le roi vient de le chasser. En lui ouvrant les portes, vous violez l'édit de l'Union. C'est le duc de Guise, désormais, qui est le lieutenant général des armées du roi. Pensez à sa colère si vous donnez Angoulême à l'archimignon !

Sa voix monte, glapissante, une voix d'ordres

donnés à des laquais. Etienne de Villoutreys s'insurge au point que son bonnet en menace chute. Le gros homme est si courroucé que la chair flasque de ses joues en tremble.

— Vous nous la baillez belle, messire, avec vos conseils. Le duc de Guise est loin et le duc d'Epernon fort proche. Il a, dit-on, quatre compagnies avec lui et plus de dix enseignes de gens de pied. Sans parler des canons.

Desmoulins gémit, la tête dans les mains.

— Il va assiéger la ville si nous n'ouvrons pas...

Méré jette sur tous des regards de mépris. Quelques gentilshommes, derrière lui, le soutiennent de la voix et du menton.

— Elle tiendra. Vous avez une belle hâte, à chaque fois, de la donner sans combat. Vous savez pourtant ce qu'il en coûte. Plus un clocher n'est debout, dans cette ville !

— C'est pourquoi elle ne tiendra pas deux mois.

C'est Henri d'Yrvoix qui vient de parler. Tous le regardent, hagards. Jean Puygrelier l'apostrophe, furieux de l'intervention.

— Nous sommes remparés, la ville est forte.

— Pas au sud. La porte de Saint-Martial ne tiendra pas.

— Si le duc d'Epernon nous assiège, le duc de Guise viendra nous secourir.

— Il ne le peut. Le Navarrais tient l'ouest de la province. C'est à lui que le roi fait la guerre et non au duc d'Epernon.

Méré s'enflamme, au point d'ôter à ses frisettes leur bel alignement.

— Aubeterre viendra à notre secours !

Henri soupire, jette son feutre sur un banc et s'assoit, gris de la poussière de la route. Un silence blanc l'entoure.

— Avec quoi ? Cinquante chevau-légers ? Vous pouvez me croire, j'ai vu prendre assez de villes. Celle-ci ne tiendra pas, pour bien des raisons.

— Peut-on savoir lesquelles ?

— Je n'en donnerai que deux, outre celles que je vous ai dites. La ville n'a pas de provisions. L'hiver a été terrible, les greniers sont vides, vous le savez comme moi. La moisson se fait en ce moment. Si elle nous assiège, soyez-en sûr, l'armée commencera par brûler les champs.

— Et la seconde ?

Ce pauvre Puygrelier cadet a tout d'un roquet à mordre les ânes.

— C'est vous. Si vous ne savez que faire avant le péril, que ferez-vous pendant ?

Jean Chambaud s'avance. Sa voix est si calme qu'elle rend le silence profond.

— Nous sommes désunis, c'est vrai. Aux nouvelles que j'ai, le duc d'Epernon est en grande disgrâce. Mais ce serait bien la première fois qu'un roi et son favori ne se puissent réconcilier. Notre roi est d'humeur changeante et nous ne savons au juste ce qu'il en est.

Souchet ricane en considérant le politique.

— Même vous, qui savez toujours tout !

— Le bougre vient se mettre à couvert, voilà ce qu'il en est. Et vous, lâches que vous êtes, vous allez lui ouvrir les portes, le prier d'entrer, lui donner vos filles, peut-être ?

Derrière les Puygrelier et Souchet, le greffier Ravaillac ne se maîtrise plus. Il hurle. Un nouveau tumulte s'ensuit. Dans moins d'une heure, avant la nuit,

Epernon sera devant la ville. Des voix crient au silence, à la raison. Isaac Chevilly étend les bras.

— Le duc est gouverneur de l'Angoumois. Le roi ne lui a retiré que le gouvernement de la Normandie.

— Pour l'instant !

— Je ne puis deviner ce qui adviendra, ni prétendre connaître la volonté du roi s'il ne l'exprime. Aurez-vous cette audace ?

François Nesmond hoche gravement la tête.

— Comme lieutenant général, je ne peux m'opposer au gouverneur du roi.

Des cris répondent aux deux hommes, des insultes. Ce sont des pourris, des lâches ! Une populace qui n'est ni du conseil ni de l'échevinage s'est introduite dans la salle. Les gardes ont grand mal à la repousser et à clore de nouveau les portes. On crie, on va bientôt se battre. L'air lourd de l'orage agace les esprits d'un échauffement animal.

— Tu n'es qu'un chien, Nesmond ! Et toi, Chevilly, on sait bien ce que tu es ! N'aie pas peur, on te crèvera !

Henri monte sur un banc. Il attend, on se tait, peu à peu.

— Ce que je vous dis n'est que l'évidence, que vous le croyiez ou non. Si Epernon assiège la ville, il la prendra et pendra tous ceux qui l'auront empêché. Il le fera d'ordre du roi. Cela cassera à jamais vos titres et privilèges. Vous ne serez plus rien, ni vous, ni vos enfants.

Un souffle passe dans l'air corrompu de chaleur.

— Il reste la garnison. Pour moi, je ne crois pas que le capitaine Bordes s'opposera à un gouverneur en titre.

Les bourgeois se regardent. Le maire Puygrelier soupire en s'épongeant.

— Il est vrai que nous n'en savons pas assez...

Plus personne ne parle. Des regards de haine se

posent sur Henri, des regards de respect, aussi. Le maire considère son frère, le chevalier de Méré, tous les siens, d'un air à demander pardon. Il sait que le conseil n'acceptera qu'un avis.

— Nous ne pouvons aller contre le roi.

Méré scrute les bourgeois d'un air dédaigneux.

— Le roi ? Vous le faites aisément entrer dans vos vues !

Le petit Jean Chambaud lui répond doucement.

— Moins que vous, cependant.

Les cloches sonnent, une fois de plus. Un bourdon de liesse s'abat sur le peuple amassé, à grand fracas de plomb. Le conseil de la ville, l'échevinage, les confréries, tous attendent au grand soleil, alignés et soumis. Le duc d'Epernon entre dans sa bonne ville d'Angoulême, par le Palet, la porte des triomphes. La foule muette le laisse passer. Il va, sur un grand cheval bai, en costume de brocart d'argent, lumineux et quasi désarmé. Il chevauche, droit et haut, à côté du carrosse doré où sont entassées les dames. On voit par instant la duchesse, qui regarde à la portière dont le rideau n'est pas abaissé. Elle a l'air doux, jeune blonde joliment parée de dentelles. Mais elle ne s'attarde pas à respirer la poussière étouffante qui s'élève des sabots frappant le pavé des rues. Dans un nuage suffocant, trois cents gentilshommes entourent le duc, pour la plupart gascons à larges feutres emplumés. Leurs pourpoints de satin brillent moins que l'acier de leurs rapières. C'est un grand flamboiement de brocarts verts et bruns, aux couleurs d'Epernon, de drapés d'étendard, de manteaux d'écarlate. L'on veut frapper le peuple d'émerveillement, le contenir par l'évidence de son abaissement. Les pauvres gens voient tout cela sans un murmure. Pas un cri, pas un souffle sur cette foule clouée par la peur. Tant de richesse, bien loin de l'éblouir, la confirme dans son opinion. Le diable est entré dans la ville.

Il a pris les traits anguleux de Jean-Louis Nogaret de Lavalette, duc d'Epernon. Le grand seigneur, du haut de son destrier, regarde s'abaisser la vague des fronts courbés sous son regard. Un regard très brun, enfoncé et perçant, que renforcent l'arc dégagé des sourcils, le front haut et bombé. En dehors des yeux, lumineux, ardents, rien ne distingue l'homme des autres Gascons qui l'entourent. De taille moyenne, bien pris, le cheveu et la barbe bruns, le nez un peu long, bien dessiné, les lèvres fines. Il n'a pas trente-cinq ans et déjà cet air de mépris que donne l'habitude de croiser des regards rampants. La faveur du roi l'a placé, si jeune, si haut. Il sait, pour autant, ce que cela vaut. Ses ennemis l'ont emporté, Henri III s'est détourné de lui et le peuple le hait. Partout, en France, les mêmes libelles ont traîné son nom dans la boue. Il a beau étaler la puissance où la fortune l'a porté, il ne peut se cacher à lui-même qu'il vient se réfugier dans cette place. Un mouvement d'amertume tient son âme. Il est trahi, s'il n'est vaincu. Dissimuler n'est pas son fait. C'est pourquoi il redresse le buste, dans un geste de morgue et de défi inconscient, élève la main et arrête son cheval au milieu de la place abattue de silence.

Le duc met lentement pied à terre, ainsi que ses gentilshommes familiers. Les autres cavaliers sont au front de la populace, méprisants, prêts à charger au moindre mouvement. Epernon, cependant, n'a pas voulu effrayer les gens de la ville. Ses compagnies et enseignes de pied sont restées en contrebas, à une lieue de la cité. Il suffit qu'on le reconnaisse. Le gouverneur ne veut apeurer les bourgeois qu'il regarde s'avancer vers lui. Le conseil de la ville, en longues robes noires, les manches bordées de rouge, les échevins, en noir, à collet blanc, les confréries des marchands, immobiles, sous leurs enseignes que ne soulève le moindre vent, tous s'inclinent, les uns après les autres, tels des danseurs avant le branle. Le maire se prosterne plus bas que tous les autres et tend des clefs peintes d'or posées sur un coussin de soie. Epernon remercie d'une inclinaison de tête, à peine sensible, et fait un geste brusque à un gentilhomme qui s'empare du coussinet sans plus de façon. Puis il s'approche du maire, toujours courbé, le prend civilement par le bras, se fait présenter le conseil et les notables assemblés. Ses yeux noirs considèrent un instant les hommes qui se courbent, tous semblables, professant un honneur extrême et un indéfectible dévouement. Nogaret de Lavalette, premier duc d'Epernon, les écoute à peine. Il faut pourtant feindre de les croire, fût-ce un instant. Tous s'aplatissent devant sa force. Elle est son dernier rempart.

Un discours de bienvenue, qu'il faut essuyer, auquel il faut répondre en quelques mots fort simples. Le gouverneur entend que la ville soit en paix et vive au très grand honneur du roi. Le roi, qui l'a abandonné aux chiens... Puis tenant toujours le bras de Normand Puygrelier, le duc entre dans l'hôtel de ville où sera donné le repas de fête qu'il offre aux corps de la cité. Les robes noires suivent les brocarts de feu, les hautes collerettes armées, les dentelles et la soie la plus fine. La noblesse d'Angoulême est du régal et le beau monde se presse devant la porte que domine une salamandre portant couronne.

Les soldats sont restés sur la place, le peuple se disperse, silencieux. Henri rentre chez lui. Il a repoussé l'invitation qui lui a été faite d'assister au festin. Il ne veut pas être conseiller de la ville, se jeter sur une place encore chaude. La robe de la confrérie des maîtres mazeliers, qu'il a dû revêtir en cette occasion solennelle, le gêne à chaque pas. Il n'a pas la coutume de marcher dans un tel flottement d'étoffe, sans épée ni éperons. Il va à pas de charge dans les rues mornes et tristes. La paix d'Angoulême est lourde au cœur des habitants. Yrvoix est inquiet, ne peut se le cacher. Il serait sage et doux d'aller passer l'été à Naigremûre. Mais il repousse cette tentation en refermant sa porte. Tout son monde est allé voir le cortège du gouverneur. La maison est vide, silencieuse. Il monte chez lui quatre à quatre, enlève enfin sa robe de maître mazelier, sans trop la malmener, c'est celle de son père. Puis il descend à la cuisine. La pièce est vide. Il a chaud d'être resté trois heures planté sur la place, tout empaqueté de drap noir. Il va à la pierre de l'évier, boit de l'eau au filet. Une fraîcheur douce emplit sa gorge desséchée quand il sent soudain sa présence. Il se redresse, stupide, ému. Laure est au seuil de la pièce, un panier au bras. L'instant les surprend tous deux et les cloue sur place. Ils ne pensaient pas se voir. Ils sont seuls, pour la première fois depuis des mois, car ils s'évitent maintenant, d'un commun assentiment. Ils se regardent dans la chaude lumière qui tombe des fenêtres mi-closes, et n'osent se parler. L'air palpite de leur silence. Henri pose doucement le pichet, va vers elle, qui ne bouge pas, tend le bras et ferme sa main sur l'anse d'osier. Elle ne bouge pas davantage. Il pourrait la prendre dans ses bras, la saisir enfin et sentir contre lui l'odeur si douce de ses cheveux. Il voit une petite veine bleue qui tremble à son cou. La porte de l'entrée s'abat, rompant le charme fragile qui ne reviendra pas. D'un mouvement presque fautif, il pose le panier sur la table. Il est empli de poires rabougries, celles du jardin interdit. François est entré. Il les regarde, dédaigneux, prend une poire au panier, mord dedans et la jette dans l'âtre vide. Puis il sort sans un mot et ils restent tous deux à écouter son pas blesser le bois de l'escalier.

20.

La nuit est enfin tombée et la chaleur passe mais il est trop tôt. François garde les yeux fermés bien que l'impatience lui presse la poitrine. Son cœur bat, cogne et galope. Comme il a attendu cette nuit ! Il faut attendre encore, il se morfond, se débat. Il s'effondre sur son lit de fatigue, au noir de chaque nuit, mais rien ne parvient à chasser l'instant où sa pensée se tord comme un serpent blessé. Il se revoit alors, son livre à la main, qui marche en souriant dans un couloir trop long, débordant d'affection, plein de ce respect stupide qui l'emprisonne encore. Il est vrai qu'Henri ne lui a pas menti, qu'il ne savait pas. Mais il n'est pas son frère ni l'homme qu'il croyait. Ce beau capitaine n'est qu'un lâche tombé sous l'emprise ridicule du cousin Chambaud, un traître qui écoute sans cesse les fielleuses paroles des ennemis de la Sainte Union. Aimer le roi, ce tyran incapable de se battre pour Dieu, le beau conseil ! Déçu, le gamin s'acharne à détruire l'image qu'il s'était faite, un jour d'automne, en marchant dans la ville. Il est presque heureux qu'Henri d'Yrvoix ne lui soit rien.

Il se tourne, agacé, et une fois de plus, entend la voix murmurante qui le cloue contre le plâtre, et le gémissement de sa mère. Il ne veut plus la voir. Il ne supporte plus ses sourires, ses gestes tendres, tout cet arsenal hypocrite dont elle prétend le ligoter. Ecœuré, révolté de haine, il lui semble n'avoir jamais rien connu de vrai dans cette maison. Son dépit s'aiguise soir après soir. Si on l'avait laissé aller, il n'en serait pas là. Il se battrait, il montrerait à tous ce qu'il est, ce qu'il vaut. Son honneur est loin, bien loin d'ici.

Le garçon écoute ardemment la nuit. La garde de guet remonte la rue puis il entend le pas de la milice décroître dans le silence. C'est l'heure ! Il rejette le drap qui le cache, s'étant couché vêtu, la dague à la ceinture. Il va sortir, comme toutes les nuits. Il rit sans joie de savoir si sots, si confiants, ceux qui croient l'enfermer. Il se glisse par la fenêtre, enjambe son rebord, longe le mur, passe au-dessus du balcon en retenant son souffle. Sa mère n'entendra rien, elle ne verra rien, comme toujours. Il saisit enfin le tronc noueux de la liberté, se laisse doucement glisser et pose un pied léger sur le sol de la cour. Quelques pas et il s'élève au-dessus du mur de l'écure. Les rues de la ville sont siennes. Il court, il vole, libre et presque heureux, tant il est doux de les tromper, nuit après nuit. C'est à chacun son tour.

Charles Noguère et son père l'attendent, à la croix de la Monette, enveloppés de capes grises, le feutre rabattu sur l'œil. Ils longent les ruelles, sans un mot, passent devant les gardes de l'Arc, qui sont des leurs. La lourde porte s'ouvre sans bruit. Dire que le duc est là, au château, qui ronfle d'aise et se croit fort. Qu'il dorme ! Il ronflera moins quand s'abattra leur main. L'aventure danse dans la tête de François et la fierté de son courage. Il n'a pas hésité un instant quand le père de Charles Noguère lui a parlé. Il est des leurs, comme tout ce qui a un cœur dans la ville.

En quelques pas prudents, les trois hommes ont dévalé la pente. Ils enfourchent les bêtes qui les attendent et partent à plein galop. La lune les éclaire, l'air de la nuit s'ouvre devant eux comme une eau de rivière. Il semble au garçon que le vent le porte. A une demi-lieue, sortant du taillis, un groupe de cavaliers les rejoint. Ils sont une dizaine, armés d'arquebuses, le chevalier de Méré à leur tête. Ils vont à petit trot, sans un mot, jusqu'à une bâtisse sombre, allongée au bord de la route.

L'auberge de la Crève-Ceinture est petite, fumeuse dès que la porte est fermée. La salle basse est si emplie d'hommes qu'ils ne peuvent s'asseoir et attendent debout. Les flammes de la cheminée allument sur les visages cet air de mâle fierté que donne le parfum du danger. Assis à une table, François reconnaît les capitaines de la milice de Saint-Jean et de Saint-André, plusieurs magistrats, des échevins, le greffier Ravaillac. Le maire Puygrelier est assis à la longue table, aux côtés du conseiller Souchet, tout couvert de poussière. Geoffroy Noguère glisse à l'oreille de son fils que le parlement de la ville l'a envoyé en grand secret à la cour. Un remous se fait pour faire place au sire Noguère, les garçons approchent quand le père d'Aubigny s'avance d'un air tout paternel.

— Jeunes gens, il semble qu'il serait prudent de monter la garde. Je sais pouvoir compter sur vous.

Ils sortent, gonflés de leur importance, sans penser un instant que l'on puisse se défier de leur jeunesse. Aubigny les considère, le petit Yrvoix n'est pas aussi assuré qu'il le croit mais l'entreprise a besoin d'hommes et le gamin, dit-on, sait tenir une épée.

— Villeroy vous a donc reçu ?

Méré en doute mais Souchet acquiesce du chef, tout auréolé par la grâce de celui qui a entrevu la porte du paradis. Un lourd silence se fait, dans lequel il explique le dessein du ministre. Empêcher le duc d'Epernon, par tous les moyens, et se saisir de lui.

— S'il est vif, la chose est bonne.

D'un geste de théâtre, le messager remet au maire Puygrelier un parchemin épais, cacheté de rouge, le mandat d'amener iceluy duc d'Epernon par-devant le roi. L'ordre est signé de Villeroy et d'Henri III lui-même. Le pli passe de main en main, qui convainc les plus mesurés. Puis le maire s'en saisit, le plie soigneusement, le glisse dans son pourpoint.

— Il nous faut donc le prendre.

Ce qui est plus aisé à dire qu'à faire. Souchet sourit et baisse un peu le ton.

— Vif ou mort, m'a dit M. de Villeroy, la chose est égale.

Ils se taisent, songeurs. Sur la table traînent des pichets d'étain, les quelques restes d'une repue modeste. Puygrelier fait main basse sur deux pots, les place en face l'un de l'autre avec la fermeté d'un capitaine d'artillerie. L'un figure le château, la résidence du gouverneur, ouverte, mal remparée, qui ne contient qu'une vingtaine de Gascons, la garde du duc d'Epernon, et l'autre le châtelet où se tient la garnison de la ville. Peu de soldats mais des canons. Quelques couteaux, pour les remparts d'enceinte, des croûtons pour les portes, un quignon écarté pour l'armée d'Epernon qui campe à une lieue de la ville. Une dague brille faiblement à la chandelle, elle remplace la rivière.

— L'affaire doit se faire au château. Si le gouverneur n'est plus, le châtelet se rendra. Il ne sera que de montrer au capitaine le pli du roi.

— Et s'il ne se rend pas ? Bordes est un imbécile, un âne d'entêtement. S'il fait donner le canon, les compagnies du bougre l'entendront. Ils assiégeront la ville.

— Il suffira de tenir les portes.

Le chevalier de Méré a beau mettre dans son propos la fougue de son sang, les bourgeois se méfient. Un chien de laisse n'est pas un loup. Si le canon donne sur la ville, elle brûlera. Ils pensent à leurs maisons, ça se lit dans leurs yeux. Le père d'Aubigny sourit, s'approche de la table, met sa main blanche sur le pot le plus rebondi et le renverse très simplement.

— Il faut donc prendre le châtelet.

C'est un fort imprenable, impénétrable, un monstre pierreux venu du temps passé.

— Il est un moyen aisé d'en faire ouvrir les portes. Si le peuple croit les huguenots à nos murs, il se mettra dans un tel branle qu'il faudra bien lui donner protection. Le châtelet s'ouvrira à nos bonnes gens, nous serons dans la place. Une rumeur et quelques cloches suffiront.

Souchet tend son visage de fouine à la lueur qui vacille.

— Le ministre m'a dit que le roi saurait nous récompenser à hauteur du service rendu.

Ils se taisent un instant, perdus de tentation.

— Et puis, c'est notre ville, non le terrier d'un rat !

Ravaillac le dit et tous l'approuvent. Les voix montent, les visages se penchent, on mesure du doigt entre les lames et les assiettes. Chacun se voit pourvu d'un rôle, d'une mission, dans ce plan de vaisselle.

— Combien faudra-t-il au vicomte d'Aubeterre pour arriver à nous ?

— Deux jours. Trois, au plus.

Méré l'affirme, il faut tenir trois jours, au pire des cas. Ils parlent tous, à présent, et s'échauffent. Le jésuite, fatigué de braillements, n'écoute pas les explications fiévreuses qui l'entourent. Il s'écarte et contemple par un reste de fenêtre l'immense cloutage d'étoiles qui scintille au ciel. La nuit est claire, la lune luit, et Dieu aidera les siens.

21.

Le jour est déjà haut. Henri se rase dans la garde-robe quand il entend un petit coup. Il croit l'avoir rêvé, écoute, l'entend à nouveau. Il ouvre, le cœur battant. Laure est devant lui, dans l'ombre grise, les cheveux aux épaules.

— Il n'est pas dans sa chambre.

Elle a un pauvre geste, un pauvre sourire, et il devine le mot avant qu'il n'ait franchi ses lèvres.

— La glycine...

Ils se regardent, éperdus de leur sottise, conscients d'être joués tous les deux par les tours moqueurs du destin. Elle tremble malgré la douceur de l'été et il ne sait ce qu'il peut faire. L'oiseau a su trouver la porte de la cage. Il dit qu'il va le retrouver, une fois encore, pour la rassurer.

Le voilà qui court derrière le garnement par les ruelles étroites. Loin de la colère d'autrefois, il a peur, sent l'angoisse lourde qui colle aux pavés. Il passe par le rempart. Malgré l'heure avancée, les portes sont toutes fermées. Au Palet, au Secours, à l'Arc ! Il redescend par la croix du Châtelet, plein d'une intuition confuse. Les gens qui le croisent ont les yeux aux murs. Ils vont en un autre sens et il a l'impression de nager à l'encontre d'un courant violent. Il passe devant la cathédrale, close malgré la Saint-Laurent qui est un jour d'offrande. Quelque chose ne va pas. Le collège est fermé, lui aussi. Yrvoix se pend à la cloche à laquelle nul ne répond. Il entend le son grêle qui se perd dans le bâtiment et revient d'un coup, énorme. Il se tourne tandis que le bourdon s'abat sur la place. L'air vibre du tocsin, la cathédrale semble hurler la menace, la jeter sur la ville. Henri ne comprend pas ce qui peut se passer. En un éclair, les rues s'emplissent d'hommes qui courent, avec des piques, des haches, des couteaux à la main.

— Les huguenots ! Les huguenots nous attaquent !

D'où viennent-ils ? Sont-ils arrivés pendant la nuit ? Yrvoix saisit un homme au bras, le retourne.

— Où sont-ils ?

— A la porte du Parc ! Ils ont pris le château !

Saint-André carillonne et Saint-Jean. Dans la confusion qui l'emporte, Henri voit des gens glisser des chaînes à leur ceinture, d'autres déchausser les pavés. Il reconnaît l'homme qui donne l'ordre d'aller sur le Châtelet. C'est ce maudit greffier, Jean Ravaillac. La rue s'emplit de gens et il suit le flot grouillant qui court. La citadelle est close, remparée à la foule qui se jette sur les portes de fer. Henri pâlit. Deux hommes tiennent le capitaine Bordes, un poignard sur le cou, cependant que Macqueville hurle sa menace aux soldats des créneaux.

— Si vous tirez, on le saigne !

Le châtelet reste fermé. Les huguenots ne sont pour rien dans l'affaire. Yrvoix le comprend dans l'instant, il se dégage à grand-peine de la cohue, court chez lui, se jette à l'escalier, quatre à quatre. Laure est seule, Louise étant aux comptes, en boutique. Il va vers elle, la serre dans ses bras.

— La ville est à l'émeute. Ferme toute la maison !

Il se rue dans sa chambre, fourrage dans son coffre, se redresse, livide. Son arquebuse n'y est plus. Il prend son épée, redescend, tombe sur Bertrand et ses fils.

— Ce sont les huguenots ?

— Non. On entendrait le canon, au moins le leur. Vous tenez la maison et la boucherie closes. Vous n'en bougez pas ! Pas un couteau ne doit être volé ! Vous m'avez bien compris ?

Il hurle, les pousse de son passage et sort. Les rues déversent sur le pavé un flot humain, des hommes, des femmes et des enfants, qui crient : « Tue ! Tue ! » Henri se sent vibrer de colère. Où est le jeune imbécile dans cette folie ? Il se perd dans un groupe qui court vers le château. Les gens s'engouffrent dans la ruelle et se lancent sur la porte. D'autres la tiennent, la repoussent à grand mal.

— Coyouls ! Fermez, Diou biban ! Fermez !

Des Gascons hurlent, de l'autre côté de la porte. On entend des cris dans la cour, des ferraillements.

— A la tour de la courtine ! On peut brècher la tour !

Il voit passer de main en main des tonnelets de poudre. Il faut qu'il retrouve François. Est-il au dedans, avec les assaillants du duc ? Il sait si mal se fendre, les Gascons vont le percer de part en part ! Une explosion fait vibrer l'air et le sol. Les attaquants se sont engouffrés par la brèche ouverte. Ils jettent des pierres, pleins de fureur et de cris. Ce ne sont pourtant que des marchands, de petits bourgeois. Sont-ils devenus fous ?

Henri fait demi-tour, se trouve nez à nez avec un des gardes de la milice de Saint-Jean.

— Où tu vas, toi ?

— Chercher de la poudre !

L'homme ne le remet pas, le croit, et prend un grand air de commandement.

— Va chez Vabre, il a ce qu'il faut.

Henri se dégage, court sur la place autant que la presse le lui permet. Un vacarme de bruit, de pierre à fusils éclate, se répercute sur le haut de la rue. On tire sur Epernon depuis la grande maison, en face de la cour, celle que l'on appelle le château de la reine. Henri entend des cris, des hurlements de blessés. Du haut du donjon, on jette un homme sur la populace assemblée. Le corps tournoie un instant et s'abat dans un long craquement. C'est Jean Puygrelier, la face défoncée d'un coup d'arquebuse. Le sang inonde le pavé. Les gens se reculent pour la première fois. Henri ne sent plus son cœur cogner d'inquiétude. Si François est dans la cour, comment le sortir de là ? Car il ne doute plus que le gamin ne se soit jeté dans la folle bataille. Il court, contourne la muraille qui entoure le château mais la ruelle qui descend à la barbacane est barrée. Henri reconnaît Noguère, de loin, qui gesticule au milieu de ses soldats d'emprunt. Il ne passera pas.

Il rebrousse chemin, le cœur lourd, et va atteindre la place de Saint-André quand il entend des hurlements, tout près du châtelet. On ferraille devant la porte. Des hommes ont été poignardés que l'on foule au sol, que l'on achève à coups de pied. Ils sont vêtus de vert et de brun, les chiens du bougre. Dans le tumulte qui l'entoure, Henri aperçoit une coiffe, un voile qui vole, saisi, déchiré par des mains. Deux femmes sont portées par la foule, tirées, poussées, échevelées, pitoyables. C'est la duchesse d'Epernon et sa dame d'honneur. Une mégère crie en montrant son cou.

— Mettez-la au gabion !

— Qu'on y jette madame ! On verra bien s'il ne sortira pas !

Le greffier Ravaillac tord le bras de la jeune dame, la courbe jusqu'à ses genoux, écrasant sa cuisse contre son visage.

— Ecrivez au duc ! Qu'il se rende sur l'heure !

Mme d'Epernon se débat, se redresse. Elle a vingt ans à peine, blonde, fine, il n'est rien, dans son aspect, sa mise, pour dévoiler la force de son âme.

— Je mourrai plutôt.

Henri entend le mot, la suit des yeux, traînée par la foule au pied du château. Il ne peut continuer, repoussé par un flot humain qui frappe le pavé d'un lourd raclement de sabots. Toutes les rues sont maintenant fermées de barriques et pour passer il faut connaître un mot qu'il n'a pas. S'il tente de forcer le passage, ils se jetteront sur lui. Il hésite, va reprendre sa course quand le canon fait entendre son premier grondement. Les soldats de la citadelle tirent sur la ville. A deux brassées de lui, une maison s'éventre dans un râle de pierres. L'affolement, en un instant, est général. Les gens courent en hurlant, des femmes le bousculent, sortant Dieu sait d'où, les jupes relevées. Un bruit emplit la rue. Le duc ne se rendra pas, il fait donner le canon ! Yrvoix ne peut passer dans le désordre de la foule qui reflue vers la place. Les barrières, en un instant, sont vides. Le canon tonne, une seconde fois, les pierres volent, une maison brûle, en contrebas, couvrant la foule affolée d'une fumée noirâtre. Une femme pleure au milieu de la rue, le visage inondé de sang. Des hommes lèvent la tête, comme arrêtés dans la course. Le duc ne se rendra pas.

Ses soldats, en contrebas des remparts, vont entendre le canon. Ils vont venir, fondre sur eux. Yrvoix avance vaille que vaille, malgré la foule, les hurlements, la poudre. Il passe devant l'hôtel du Tillet, porte béante, éventrée. Il court, atteint enfin la sienne, cogne à grands coups et entre, une eau de fatigue aux épaules. Il titube d'épuisement en voyant la cuisine emplie de gens. Ce sont tous les bouchers de l'écorcherie, les garçons et les ouvriers, des voisins que rien ne rempare, qui ont trouvé là refuge, car sa maison est en pierre. Le canon fait entendre un long sifflement de colère et s'abat tout près. Un silence accablé suit le tremblement qui secoue les murs et les gens. Henri se sent plus las qu'au soir d'une bataille. La Narde qui le devine se lève et lui tend un pot de vin.

— On est venu vous chercher tout à l'heure, maître Henri. On vous attend au conseil de la ville.

Il hoche la tête, incapable de parler. Il va y aller. Mais il monte d'abord à la salle haute. Louise est devant la fenêtre murée de volets gris. Elle le voit à peine et semble observer le reflet du passé sur le bois clos qui lui fait face.

— C'était une bonne ville, jadis.

Laure le regarde, perdue au milieu de la pièce, immobile comme une statue revêtue de noir. Ses yeux mangent son visage et lisent son échec dans les siens. Que lui dire, pour la rassurer ? Il n'a pas retrouvé son enfant qui se bat quelque part dans l'émeute. Henri sent le poids de son impuissance peser sur lui au point qu'il ne peut marcher vers elle, lui prendre simplement la main. Présent ou absent, l'enfant les sépare. Soudain le canon reprend, assourdissant, faisant trembler le plancher et les meubles lourds, frappant la ville de son impitoyable punition. Henri se souvient du canon d'autrefois, quand Laurie s'accrochait à lui sur le balcon de bois, quand elle avait peur et qu'il croyait pouvoir la protéger de tout. Comme elle est loin, désormais, cette pauvre illusion.

22.

Le bruit claironnant des trompettes a percé l'aube grise d'un son aigre, inquiétant. Yrvoix remonte la rue de l'Ecorcherie, couverte de pierres roulantes et d'un suaire de fumée. Le canon a repris, pour la seconde nuit. Il ne sent plus sa fatigue tant l'angoisse le tient. En ces deux jours d'émeute, il a cherché partout l'enfant. En vain. Il ne sait plus que faire pour les deux femmes qui attendent, dans la salle haute, muettes, recroquevillées devant le feu éteint. Il leur a dit le peu qu'il a glané, au conseil de la ville. Deux jours après l'arrivée du duc d'Epernon, le maire Puygrelier a reçu un message du roi, lui demandant de fermer les portes de sa ville. Mais le Gascon était déjà dans la place. Il était trop tard. Ne sachant que faire, le petit conseil a envoyé Jean Souchet en ambassade secrète. Le ministre Villeroy lui a confirmé l'ordre du roi, lui donnant mission d'arrêter Epernon, par la force, et plus encore, dans le besoin. Un ordre du ministre, ligueur mangeant dans la main du duc de Guise, ou un ordre du roi ? Les bons conseillers n'y ont pas vu de différence. Bien au rebours, leur esprit étant tout travaillé de haine. Aubeterre, prévenu par les soins qu'on devine, a promis de leur prêter main forte et cela a suffi à les jeter dans la rue.

Henri a pu parler de ce qui est su de tous et clabaudé à longueur de mur, mais comment dire ce qu'il pressent, ce qu'il redoute, en entendant résonner les trompettes d'une armée aux portes de la ville ? Le duc bataille toujours, dans le château. Si c'est Aubeterre qui est là, ainsi qu'il l'a promis, Epernon est perdu. La Ligue triomphera et se revanchera sur les quelques bourgeois qui ont eu le front de s'opposer à elle. Sa vie n'aura pas plus de prix que celle de Jean Chambaud. Et il a peur pour les deux femmes terrées dans sa maison. Le peuple, poussé à bout, s'en prendra à son bien. Il a déjà vu cela, dans d'autres villes, les pièces d'argenterie jetées par les fenêtres, les coffres éventrés, les maisons ravagées et la mort au ruisseau. Si ce sont les Gascons qui sonnent le clairon, la ville entière souffrira. Les assaillants du duc seront pendus haut et court. S'il est encore vivant, si ce carnage l'a épargné, que deviendra François ?

Yrvoix agite tout cela, le cœur déchiré, en marchant vers le centre de la petite ville. Le canon s'est tu. Sur la place, le peuple est amassé, voulant savoir, malgré le feu et la terreur, quelle est l'armée qui vient. Henri se fraie péniblement un passage et parvient à avancer jusqu'au seuil du bâtiment. Les gardes, le reconnaissant, lui entrebâillent la porte et il se glisse dans la salle du conseil, emplie jusqu'à l'étouffement. Les conseillers qui sont encore là entourent Méré et un capitaine d'arquebusier portant au bras les armes du Périgord. Henri reconnaît Touvérac et n'a pas le temps de penser que la Ligue a vaincu quand il entend s'élever la voix du baron.

— Le sénéchal d'Aubeterre m'envoie à vous. A l'aube, il sera là, avec trois cents chevaux et cinq cents hommes de pied. Sur mon honneur, je vous le jure. Il n'est que de tenir.

Ce ne sont pas les soldats du vicomte qui sonnent en contrebas. Un bruit se fait à la porte. Les gardes repoussent à grand mal le peuple qui veut entrer. Deux hommes pénètrent dans la salle, tout ruisselants de sueur. C'est la milice de Saint-Martial qui les envoie.

— Les Gascons sont là. Ils sont au moins trois cents !

— Ils montent des couleuvrines.

Touvérac se retourne vers la foule pétrifiée.

— Il faut tenir, Morbleu ! Le vicomte est à moins de huit lieues.

Mais les Gascons sont là. Le canon reprend dans un long roulement continu. Jean Chambaud hausse les épaules, semblant parler pour lui seul.

— A l'aube, il ne restera plus rien de cette ville.

Isaac Chevilly regarde les gens assemblés, les envoyés du vicomte d'Aubeterre, ceux de la Ligue, les derniers conseillers de la ville. Et il dit ce que chacun sait.

— A cette heure, nous pouvons encore négocier. Le duc doit être à bout, s'inquiéter de sa femme retenue en prison. Il ne sait quand le vicomte d'Aubeterre arrivera. Si les Gascons prennent la porte avant que nous ne nous décidions, nous n'aurons plus de salut.

Villoutreys est à côté d'Henri, à demi affaissé contre la porte. Il a un geste d'épuisement.

— Aubeterre devait être là ce matin.

Comme si elle entendait leur doute, la citadelle tire maintenant à feu portant. Le sifflement des boulets déchire la nuit, les vitres tremblent, puis tout se tait. La menace de ce silence est telle que les gens continuent de serrer leur cou dans leurs épaules.

— Il faut arrêter le canon. Qu'allons-nous faire si le feu prend ?

Un mouvement se fait, un homme pousse les gardes, jeté par un élan. Il est en souquenille mais sa voix résonne dans la salle muette comme celle du dernier jugement.

— Les Gascons tiennent les portes. Nous ne pourrons pas sortir. Nous n'aurons pas d'eau si le feu prend.

Les maisons des pauvres sont en bois et la Charente derrière les murs. Si le feu prend, ils ne pourront atteindre la rivière. Les gens se dévisagent, hagards, dégrisés. Que leur font les promesses du chevalier de Méré, celles du vicomte d'Aubeterre ? Si l'incendie se jette sur la ville, poussé par le vent d'août, ils n'auront plus rien.

— Si vous cédez maintenant, Epernon vous pendra.

Méré tremble de colère mais nul ne lui répond et c'est une réponse. Les hommes du vicomte d'Aubeterre sortent en poussant de la main ce troupeau humain qui les trahit. Se fier à des bourgeois, quelle folie ! Ils prennent leurs chevaux, la rage au ventre. Les Gascons encerclent la place, ils n'ont que le temps de fuir par la dernière porte.

Isaac Chevilly et François Nesmond descendent vers le château, menés par la garde de la ville qui les entoure de flambeaux. Le petit peuple suit. La barrière de la rue du palais s'ouvre devant eux et l'énorme porte que nul n'a pu forcer. Ils disparaissent dans le château. Le canon se tait, le silence est de plomb. Le temps dure, l'aube grisaille, puis les deux conseillers sortent avec un prêtre. C'est l'abbé d'Elbène que le duc a chargé de négocier la reddition de la ville. Voyant les visages des gens levés vers lui comme des masques de pierre, Isaac Chevilly leur jette quelques mots.

— Nous allons négocier avec le capitaine Tagent, qui commande les compagnies, sous les remparts. Il a ordre de ne faire nulle violence s'il entre sans forcer la place.

Le lieutenant Nesmond regarde tristement ce pauvre peuple qui ne sait plus où il en est.

— Retournez chez vous.

Les trois hommes disparaissent dans l'ombre de la rue Saint-Martial. Le peuple reste immobile, les gens découvrant leur défaite au vacillement incertain des torches. On les pendra tous, demain. Le désespoir lutte sur les visages avec l'étonnement. Ils croyaient bien faire, on leur avait dit que c'était la volonté du roi. Ils se séparent enfin, le dos courbé de peine. Henri va droit aux barricaux qui hésitent encore en se jetant des regards perdus.

— Noguère !

Le ligueur s'appuie au mur d'une maison. La tête basse, il semble incapable de lever les yeux sur celui qui l'appelle. Yrvoix est devant lui en deux pas.

— Où est mon frère ?

L'homme ne répond pas. Qu'est-ce que ça peut lui faire qu'Yrvoix cherche son frère ? Une main d'acier le saisit aux épaules.

— Tu vas me mener à lui !

L'échevin lui jette un regard de haine et de peur mêlées. Henri n'a qu'une carte qu'il abat d'une voix lourde.

— Tu as un fils de seize ans, je crois.

Noguère lui fait un signe d'abandon, il est vaincu

de toutes façons. Ses yeux se font suppliants, eux qui n'ont eu pitié de personne. Henri suit son ancien compagnon, le cœur rassasié de dégoût. Les rues se sont vidées, la peur et la détresse suintent aux pavés branlants, aux pierres disjointes. Ils arrivent ainsi devant la maison qui fait face au palais, le château de la reine. Les portes sont grandes ouvertes. Elle semble vide, pleine de verre brisé, de tuile éclatée, puante de poudre. Noguère fait un geste du menton, montrant la bâtisse blessée. Il veut s'en aller mais Yrvoix le retient au collet.

— Où est Aubeterre ?

— Sur la route de Chalais...

Yrvoix lâche d'un geste le lieutenant d'occasion et s'engouffre dans la maison, saisi, dès l'entrée, par l'odeur de la poudre et du sang mêlés. Des gens ont été jetés au travers de l'escalier sans une main pour clore leurs yeux. Il regarde à peine les morts, étant harcelé de crainte, et monte à l'étage en quelques enjambées. Cinq hommes sont assis là, appuyés aux murs lézardés, blessés, abandonnés par ceux qui ont déjà détalé. L'un a la tête dans les bras. Dans la lumière blafarde qui tombe des fenêtres béantes Henri reconnaît des cheveux de cendre blonde.

— Tu peux dire que tu m'as fait courir.

Le gamin relève la tête. Il est noir de poudre. Un peu de sang séché lui barre la joue, venant d'un éclat de pierre. Sa voix tremble, pleine de défi, enfantine et têtue.

— Je ne rentre pas !

— Tu as raison, animal. Tu vas partir, et vite !

François le fixe avec un tel air de surprise que le soldat s'attendrit à le voir cacher si mal tout ce qu'il pense. Ses yeux semblent perdus dans un masque charbonneux. Henri relève le drôle et le soutient dans l'escalier. Il est épuisé au point de ne pouvoir marcher. Cela fait plus de quarante heures qu'il tient une fenêtre. Et il n'a rien, si ce n'est une éraflure à la tête. Mais il est vrai qu'il a la tête dure.

— Je ne rentre pas à la maison.

— Si tu veux partir, il faut bien que tu rentres.

Le gamin se raidit, Henri le porte presque.

— Il te faut un cheval.

François s'écarte de l'homme qui le retient, la gorge serrée, pris par un sentiment qu'il ne peut dominer. Il en pleure de colère.

— Je ne veux pas les voir...

Henri voit mal le visage buté du garçon. Les mots qu'il parvient à dire arrivent de fort loin.

— Pour se sentir libre, François, il faut dire adieu.

Le gamin ne répond pas. L'a-t-il seulement entendu, au fond du brouillard de fatigue où il se débat ? Ils vont en titubant, anéantis d'épuisement, à travers les rues vides où fument des murs éventrés, arrivent tant bien que mal rue de l'Ecorcherie. Henri repousse d'un œil impérieux les gémissements de la Narde. Ils n'ont pas le temps. Les deux femmes sont en haut de l'escalier, si heureuses et si pitoyables. Laure a une sorte de sanglot, s'approche d'un pas craintif et se jette sur son garçon en caressant ses cheveux. Elle pleure et elle rit, l'embrasse avec de tels yeux qu'il les emportera où qu'il aille, qu'il le veuille ou non.

— Nous devons faire vite, tant que les Gascons ne tiennent pas toutes les portes.

Henri écarte Laurie et traîne le gamin dans sa chambre. Les deux femmes les suivent et restent au pas de la porte.

— Lave-toi et change tout ça !

Il ouvre le buffet, saisit une plume et noircit un

papier. Puis il fourrage dans son coffre, en arrache son pourpoint de buffle, son manteau de bure et un feutre épais qui n'est pas de velours bleu. Il ôte d'un geste sec son épée et son baudrier. Le gamin le regarde sans bien comprendre.

— Si tu veux aller te battre, mon arquebuse n'y suffira pas. Par le diable, presse-toi ! Je vais seller le Roux.

François se lave le visage, change de chemise et les voit toutes les deux, qui le regardent à le manger des yeux. On l'embrasse à nouveau, on lui dit tous les mots tendres qu'il ne faut pas croire. Henri est revenu, le garçon serre les dents, s'écarte. Mais elles ne veulent rien comprendre et l'accompagnent dans la cour pour agiter de pauvres mains.

— Fais attention à toi...

Ils passent par la petite rue qui longe le rempart et qui est déserte. Henri tient le Roux à la longe. Une aube rose teinte le ciel, un voile vaporeux monte des collines arrondies qu'ils ne voient ni l'un ni l'autre. Ils s'arrêtent en avant de la porte. Henri met les rênes du Roux dans la main du garçon. Et une bourse.

— Tu caches ça dans ta botte. Et tu n'en dis mot à personne.

Yrvoix s'approche des gardes, trois braves ribauds qu'il connaît pour être de la milice de la ville.

— Nul ne passe !

Yrvoix s'approche de celui qui semble être le chef. Il prend un sac, à sa ceinture, le détache et l'ouvre innocemment. Les hommes jettent un œil aux pièces d'or. De quoi réchauffer leur hiver de vin et de femmes. De quoi changer de bottes et de manteau. Une main se tend, le sac disparaît et la chaîne glisse. Henri retourne au gamin, immobile devant le Roux.

— Le vicomte d'Aubeterre est à Chalais. Tu prends la route de Vœuil. Cette lettre permet ton engagement.

Les yeux dorés de l'enfant le dévisagent. Henri sent son cœur se serrer d'inquiétude et d'un sentiment nouveau, puissant, qui balaie le néant où se débattait sa vie d'homme. Que dire à l'enfant qui ne tient plus debout ? De veiller à lui, à sa garde de tierce, qui est trop faible. De n'oublier jamais qu'il a une famille, une maison, tout ce qu'il a cru pouvoir oublier. François a retrouvé son petit sourire de coin.

— Vous serez bien en paix de n'avoir plus à me courir aux chausses.

Henri ne peut trouver sa voix, il ne sait s'il parvient à sourire. Le gamin lui montre son cheval, son épée, et sa voix tremble un peu.

— Je n'oublierai pas.

Il est tant de choses à dire pour lesquelles ils n'ont plus de temps. Une embrassade d'hommes, émue, maladroite, et voilà le loupiot en selle. Henri n'a pas de mots, sa voix s'enroue.

— Nous sommes là, François. Nous sommes là.

L'enfant est parti, les portes se referment. Henri reste seul, au milieu de la rue, inquiet, immobile. Il n'a pas su lui en dire plus.

23.

C'est un matin très chaud, fait d'une paix futile. Tout le château bourdonne et ses gens s'affairent, l'armée des domestiques a reconquis la place. Des valets ouvrent des coffres, étalent sur le lit de Monseigneur son manteau d'apparat en lui jetant des regards de coin de paupière. Epernon se sent las, ce déploiement rouge blesse ses yeux.

— Laissez-moi !

Les laquais s'inclinent et sortent, plus obséquieux que jamais. Les émeutiers viennent de les libérer. Le duc étouffe à retrouver cela, les gens et leurs façons serviles, la pompe qui l'entoure, l'apparat de cet appartement, tout ce qui lui est rendu, ce matin, et qui n'a plus le moindre sens. Il n'est rien. Il est seul. Qu'on le laisse enfin devant le repos que contient cette froide évidence.

Jean-Louis de Nogaret de La Valette, premier duc d'Epernon, un nom interminable pour couvrir quelle dérision ? Des bourgeois, en petite ville, ont osé l'attaquer, s'en prendre à lui, qui gouvernait la France hier encore. Il n'en éprouve pas de colère tant il est fatigué.

La soie brochée de son habit, la pourpre de son manteau, tout lui pèse étrangement. La chaleur enfermée dans les vieux murs l'assaille, elle l'emporte. Il va chercher un peu d'air à la fenêtre de sa chambre d'ancien donjon. Il contemple une fois de plus la cité répandue à ses pieds, l'écoulement tuilé des toits, et ce ciel bleu étendu sur la ville qui l'a accueilli en juillet pour l'assassiner en août.

Son regard s'abaisse sur la petite cour pavée, perdue à l'aplomb de la muraille. Des servantes la balaient à grands seaux d'eau. Le sang se dilue de rose et disparaît lentement dans un oubli de pierre. Il suffirait de peu de choses pour que ce soit le sien. Sans ce sale papier, venu de Paris pour le souiller et qu'il a voulu lire en privé, il ne se serait pas retranché dans sa garde-robe et on l'aurait poignardé en un rien de temps dans son cabinet. Il voit le maire venir à lui, tout souriant, l'hypocrisie au front, la dague sous le manteau. Si cet homme avait réussi, il serait étendu dans cette cour, crevé comme un chien. Il frissonne de dégoût, de peur différée et s'en irrite. Il est le duc d'Epernon, il ne le doit qu'à son courage. Il n'a jamais connu la peur.

Un souffle d'air monte lentement jusqu'à lui. Il s'essuie le visage de ses mains. C'est un geste bien triste mais il n'est personne pour le voir. Il est seul et n'a plus rien à se cacher. C'est vrai, il a eu peur. Pour tenir le château, ils n'étaient que huit. Si Aubeterre était arrivé avant Tagent, c'en était fait de lui. Tant d'années de lutte, d'ambition, de servitude et de grandeur pour tomber sous de tels coups. C'est de cela que vient sa peur. Mourir comme Joyeuse, à Coutras, la belle affaire, mais être dagué par des bourgeois enhardis, au siège de son propre gouvernement ! Qu'on ne l'ait jugé digne d'une autre fin, le coup le blesse plus que tout. Il voit clairement ce que l'on a prétendu faire. Le tuer, une nuit, devant l'hôtel du Tillet, c'était chose facile. Il sort seul et ne s'entoure pas de soldats pour vivre à son plaisir. Mais un meurtre de coin de rue ne pouvait fleurir les libelles, l'avilir, précipiter sa mémoire au trou. Qu'une ville entière se ligue et l'attaque, une ville dont il était le gouverneur, c'était le jeter une fois de plus à la face du roi, dire clairement à Henri III qu'il ne peut gouverner un peuple qui le hait.

Il est plus las qu'il ne l'a jamais été, fatigué de ce qu'il voit, en contrebas, et de ce qu'il devine. Jean-louis de La Valette lève les yeux et suit un instant le vol capricieux des hirondelles. Le temps sera beau, ce jour. Par Dieu, que va-t-il faire de cette ville, de cette vie qui s'ouvre devant lui ?

Les servantes ont cédé la cour aux soldats. En contrebas, c'est un piétinement de vert et de brun. Il se souvient de sa fierté naïve à avoir ses propres couleurs, à être pair de France, en regardant sortir ses tambours chamarrés de verdure. Ils vont porter son ordre à chaque angle de rue. Ses soldats ont la main sur la ville. Ils vont et viennent, tenant les portes, la muraille, les places. Ils sont partout, l'arme au poing. Il ne lui reste que la force. Elle est son dernier rempart, il en usera jusqu'au bout. Mais elle n'est rien. Songeur, il se détourne de la fenêtre, va à sa table, met ses bagues, attache sur sa poitrine le grand collier du Saint-Esprit que lui a remis le roi, il n'y a pas si longtemps. Il revoit les yeux tristes de celui qui l'a abandonné, leur profondeur italienne. Il sait qu'il n'a pas donné l'ordre de le tuer. Le coup vient de moins haut. Guise tient Villeroy à la longe et le ministre le hait depuis leur dispute, à l'automne passé. C'est un renard sournois qui a dû promettre aux ligueux de la ville monts et merveilles.

Laisser faire la besogne à ces imbéciles puis exhiber son cadavre, y montrer le doigt de Dieu, quel dessein admirable ! Il reconnaît si bien ses ennemis dans tout cela, dans cette manipulation de bourgeois assottés dont on pourra toujours prétendre qu'on l'ignorait totalement. Il s'en est fallu de si peu que le beau plan ne réussisse. Le duc se sent trembler à nouveau de fatigue et de colère confondues. Il pouvait mourir dans ce reniement, sans avoir revu l'ami qui lui souriait, autrefois, quand il entrait, pauvre gascon, en son palais. Celui qui lâchait un chiot pour lui tendre un livre, qui reprenait patiemment la rocaille informe de sa voix. Celui qui lui a tout donné, son titre et sa fortune, pourvu qu'il ne le trahisse pas, cet homme fragile que la Ligue a vaincu, à Paris, et qui n'est plus qu'une absence de roi. Epernon le sait bien, il ne doit pas penser à Henri III, à l'amère solitude où il se débat. La tristesse qui l'accable, s'il y pense, lui ôte sa force dernière et il veut oublier ce passé vain, cette gloire incertaine et frivole, tout ce qui l'a attendri, désarmé. Il doit arrêter son esprit au jour qui se lève et ne pas l'oublier pour s'en fortifier l'âme. Une poignée d'hommes a tenu, à son côté, contre une ville entière. De pauvres gascons, tels que lui autrefois, qu'il couvrira d'or, car il est riche et paiera chacun à l'aune de son mérite. Il n'oubliera jamais ce combat, aussi longtemps qu'il vivra. Dans l'entoisement de cette fenêtre, devant cette cour lavée d'eau, il en fait le serment. Il est un homme, entre tous, qui recevra de lui tout ce qu'il lui doit. Aubeterre, chien léchant d'Henri de Guise, Aubeterre, sans lequel ces bourgeois n'auraient jamais osé s'en prendre à lui ! Le vicomte leur a promis son appui, ses soldats, les a grisés d'or espagnol et de belles paroles. Il a armé leurs bras, deux jours et deux nuits durant. Pour tenir contre cela, il avait huit hommes, vingt cartouches de poudre, un demi-pain gris et deux litres de vin. Rouge, heureusement ! Dieu ne lui a pas ménagé son soutien.

Sa lassitude le quitte soudain. Le soleil brille, les ténèbres de la nuit sont en fuite. Plus clair dans l'adversité, c'est sa devise. Il l'a longtemps destinée à un autre, il est grand temps de la faire sienne. Il a crié au peuple d'Angoulême de s'assembler à la dixième heure et ne veut pas le laisser attendre. Le peuple est une chose incertaine. Trois cents hommes ne peuvent en contenir cinq mille. Epernon boucle son baudrier, les incrustations de rubis de sa garde d'épée jettent des feux pourprés dans la lumière trop chaude de ce matin d'été. Sa main, songeuse, la caresse doucement et il sent monter, brûlante, la flamme lourde de sa colère. Il n'est pas mort, il luttera jusqu'à ce que s'élève l'aube sereine d'un autre matin.

On frappe à sa porte. Il ne peut donc jamais être en paix. Le jeune Guez, son secrétaire, pénètre timidement dans la chambre. C'est un jeune homme blond et frisé, à l'accent chantant du sud, calme et dévoué, de grand courage pour s'aventurer de la sorte.

— Le conseil de la ville vous attend, Monseigneur.

Un geste de lassitude lui répond, un air de mauvaise résignation. Mais le jeune homme insiste, d'une voix paisible, une voix de rien.

— Souvenez-vous que vous l'avez fait mander au plus tôt.

Il est vrai, ce qui ne l'empêche pas d'en être fatigué d'avance. Pourtant, il faut en savoir davantage sur la folie de cette ville. Ceux qui viennent le voir ont demandé sa grâce. Par eux, il saura tout des autres. Le duc soupire de trop bien connaître semblable commerce. Il aimerait une autre vie, en cet instant, bercée au chant bleu de la Tramontane. Mais il prend sa toque et ses gants, son manteau rouge roulant à ses épaules tandis qu'il descend vivement le grand escalier du château des Valois.

La salle du conseil est couverte de tentures alourdies, de dorures épaisses, moulurées sur les murs, caissonnées au plafond. Cette profusion écrase les six hommes vêtus de noir qui l'attendent debout, tête nue. Il les prie de s'asseoir, leur fait porter des chaises, tenant cette politesse des façons douces d'Henri III, de leur paisible intelligence. Il n'est pas assuré, d'ailleurs, qu'elle soit pleinement entendue par d'arrogants imbéciles. Puis, les considérant mieux, il sourit dans sa barbe, car si les conseillers de la ville sont des imbéciles, ils n'ont rien d'arrogant. La peur se lit ouvertement sur leurs visages.

— Monseigneur, nous vous prions humblement et supplions...

L'homme qui parle est brun et n'a rien de très humble. Il a cet air de distance morale si agaçant des fils de la Réforme et sent étrangement le calviniste repentant. C'est, se souvient le duc, le procureur du présidial. La voix s'enfle et les phrases s'enroulent mais Nogaret de La Valette, premier duc d'Epernon, n'a pas de temps à perdre en semblables propos.

— Je n'ai qu'une parole et je n'y reviendrai. Mais je veux tout savoir de cette affaire.

Il les écoute, le menton dans la main, il les regarde qui parlent longuement, pompeusement, s'assurant de leur importance par des mots ronflants. Le discours est poussé jusqu'à la péroraison. Un silence se fait enfin qui les accable. Un gros homme frisé et rouge secoue péniblement ses joues.

— Nous n'avons rien fait.

— Vous avez laissé faire.

Que peuvent-ils répondre ? C'est ainsi si souvent.

— Cet homme, celui qui est roux, qui a fait prendre la duchesse et qui l'a insultée, je ne sais quel est son nom ?

— Jean Ravaillac. C'est le greffier de notre tribunal.

— J'entends qu'il ne le soit plus.

Les yeux du duc sont devenus sombres, brûlants. Les conseillers, gênés, baissent le front.

— Par ailleurs, qu'il soit établi que nul ne peut rester dans cette ville qui ait commerce, petit ou grand, avec le vicomte Bouchard d'Aubeterre. Quiconque est des siens sera de mes ennemis. Sans pardon, sans rémission, à compter d'aujourd'hui. Faites-le dire à ceux qui n'ont pas fui. Je ne leur laisse que ce jour pour le renier ou quitter la place.

On s'observe du coin de l'œil, avec une façon de soulagement.

— Je veux enfin que ce château soit fortifié par une enceinte double. Il n'est que trop exposé, surtout au sud, et n'offre pas de sûreté. Ou pas assez, à ce que j'ai pu voir.

Les mentons tombent bas sur le drap noir. Epernon pourrait en sourire s'il n'était aussi triste.

— Je ne veux faire attendre nos bonnes gens d'Angoulême. Vous me suivez, messieurs, je pense.

Le duc se lève, n'entend pas de nouvelles et éternelles protestations de fidélité. Ses hommes l'attendent dans la petite cour lavée. Il sourit à ses Gascons et enfourche son cheval, puisqu'on le lui a rendu, avec ses gens, sa femme et sa maîtresse. Il calme l'animal qui sent la rage qu'il contient et sort lentement de la tombe qu'on lui avait faite. Le soleil brille, les rues sont dévorées de monde. Jean-Louis de La Valette considère froidement cette foule immobile. Qu'a-t-on pu dire à tous ces gens pour qu'ils risquent ainsi leur vie, celle de leurs enfants ? La place d'arme est noire, encerclée de soldats. Toutes les portes des églises ont été ouvertes. Il n'est nul asile. Dans le silence épais, les roues d'une charrette grincent, celle où l'on a entassé les corps des frères Puygrelier, de Jean Souchet, de quelques autres. L'été vibre à peine mais les mouches bourdonnent aux plaies des morts.

Le conseil s'est aligné au bord de la foule. Une chaleur de peste monte du sol et de la charrette. Jean Chambaud cherche Henri des yeux et voit sa haute silhouette parmi la confrérie des mazeliers. Le pauvre Yrvoix est gris d'épuisement, d'incertitude et le brave Jean se sent plein de pitié. Il ne sait que penser. Le duc s'est engagé envers le conseil mais beaucoup promettent dans la nécessité qui sont tout autres dans la victoire. La place est entourée d'hommes d'armes. Que va devenir le petit François d'Yrvoix ? Et tous ceux que l'on a entraînés dans cette folie ? Une compassion amère broie le cœur du petit homme. Immobile sur son cheval, le gouverneur lève une main gantée de rouge. Il demande à être entendu. Le geste est inutile car le silence coule sur les épaules des présents.

— Gens d'Angoulême, sa majesté le roi m'a donné la charge de votre ville, et de vous. Elle m'a nommé gouverneur d'Angoumois. D'aucuns vous ont cependant trompés, vous racontant, par de fallacieuses paroles de haine, que Notre Sire demandait ma mort, ce qu'il n'a jamais fait. Ils vous ont menti et trahis, vous assurant d'un soutien qui n'est jamais venu. Ceux qui vous ont entraînés dans cette folie sont couchés ici devant vous. Les autres sont en fuite. Ils ne peuvent attendre de moi nul pardon. Ils connaîtront un jour le poids de ma main, je vous en fais serment, sur Dieu qui n'a pas permis au mensonge et à la forfaiture de l'emporter.

Le duc se tait, les mouches font grincer leurs ailes. Un regard de feu s'abaisse sur la foule muette et Jean Chambaud, qui n'a rien à se reprocher, ne peut le soutenir.

— Notre sire roi m'a remis cette ville pour y voir régner l'ordre et la paix. Je tiens à mon honneur de lui obéir. En conséquence, je veux et ordonne que nul d'entre vous ne soit poursuivi ou puni. Je rends les corps des hommes qui sont morts à leur famille, j'en permets l'ensevelissement. A tous les habitants de la ville d'Angoulême, je fais ce jour pleine et entière grâce, pour que règne la paix voulue par le roi.

Jean ne sait pas s'il a bien entendu. Il cherche Henri des yeux, ne le voit pas. Il est caché par une forêt, un océan de bras. Un cri vibre autour de lui, un sanglot repris ici et là, partout. La place hurle de joie. Les gens pleurent et rient, trépignent, crient, lèvent les mains vers Dieu ou vers cet homme qui s'en va et dont on ne voit plus que le manteau rouge au bout de la rue. Cet homme qui ne pendra pas les pères, ne prendra pas les enfants et qui appuie la force du vainqueur sur celle du pardon.

24.

Roulé dans son manteau, François voudrait dormir. Il ne peut pas. Quelques heures d'épuisement l'emportent, le soir, et tout revient. La douceur du logis et celle des regards, avant que le chuchotement de sa grand-mère ne revienne à son oreille. Une flambée de haine l'embrase alors, toujours semblable et si amère qu'il se sent brûlé par un feu d'entrailles. Il n'est qu'un bâtard. Cette pensée l'emporte sur toute autre, l'écrase de dépit, de révolte. Il ne sait plus, d'ailleurs, vers qui tourner sa haine. Tous ont menti, sa mère, cette vieille femme qui ne sait pas se taire, qui n'est pas sa grand-mère, cet homme mort qui n'était pas son père. Il porte un nom qui n'est pas le sien. La voix de Louise tue son enfance, nuit après nuit.

Des bruits l'entourent, des pas grinçants cherchent du bois. Il entend la marmite qu'on roule et les soldats qui crient.

— Debout, Yrvoix !

Lemercier le secoue. Il rit toujours, celui-là. Petit, trapu, avec le poil raide d'un chat brûlé et des taches de son à plein nez. Si jeune qu'il soit, le rouquin l'est moins que lui, le cadet des chevau-légers du chevalier d'Aubeterre ! Une fierté le tient qu'on l'ait si vite reconnu pour cavalier. C'est grâce au cheval d'Henri et aux leçons du bord de la Charente, il le sait bien. Il ne peut pas oublier, il pense souvent au grand cavalier, mettant sans le savoir un baume sur sa blessure. Henri n'est pas de ceux qui l'ont trahi pendant quinze ans. Il ne savait rien. François le revoit, debout devant les portes. Agacé, il se lève d'un mouvement souple qui étire son corps de jeune loup, se frotte des plissures de la nuit et rassemble son équipement. L'ample pourpoint de buffle, le baudrier, l'épée, tout ce qui l'aide à affronter la lourdeur épaisse de ce qui l'entoure. Chaque jour l'écarte de ses compagnons, de leurs plaisanteries grasses. Il n'est des leurs que du bout des dents et ils le sentent, le prenant pour quelque fils de bourgeois égaré. Ils ne croient qu'à l'argent. Ce sont des mercenaires venus d'autres pays. Il peine souvent à comprendre les mots écorchés que hachent les lèvres de ces hommes sans terre et sans famille, venus à la guerre par une misère dont il n'a pas le soupçon. Et cette différence pèse sur lui, de plus en plus lourde. Dès l'aube, l'air sent la litharge de vinasse et l'oignon que les bandiers frottent sur tout, vert, arraché au dernier jardin de leur route. On n'achète rien, on prend. La soupe sent la poule maigre qu'ils ont rapinée la veille. « Faut bien manger », telle est la parole la plus entendue dans les armées de la Sainte Union. On avale le liquide chaud, on rêve d'autres ripailles, on en parle sans cesse. Le jambon sert de fond de conversation.

Ce jour, ils doivent aller en éclairade, jusqu'à dix lieues à l'ouest. On ne sait pas où sont cachés les réformés. La guerre est mouvante, le pays incertain. Ils sont une bande de sept, sous les ordres du sergent Gontaud, un homme froid et silencieux, qui a des yeux très bleus. La Lurette est leur second. Il débusque l'ennemi comme un renard les poules, du moins le prétend-il. François le croit car il a un air de fouine mal lavée, étant puant comme un blaireau. C'est un petit brun sec et sale. Dutheil, Marlaud, Dissirier, tous les autres ne valent pas mieux. Comme il serait bon de se laver ! François rêve d'une rivière.

Ils ont repris la route. Le soleil monte déjà dans le ciel sans nuages. L'été est beau et sa chaleur s'insinue peu à peu jusqu'à leurs bottes. Un sillon roule dans leur dos, auquel nul ne s'arrête car ils sont tous coulés dans du cuir retrempé. Dès son engagement, pour se battre au plus vite, le gamin a voulu suivre une cornette de chevau-légers. Eh bien, par Dieu, qu'il suive ! François songe que tout cela est bien loin de ce qu'il croyait. Depuis plus d'un mois qu'il chevauche avec ces gens, ils n'ont combattu qu'un cochon ou quelques poulets. Le Béarnais a pris Marans sans que le garçon sache si l'on a seulement porté secours à cette place. Les ordres du chevalier d'Aubeterre sont de tenir le terrain, c'est là tout ce qu'il sait et ils le tiennent en une errance vague qui ne sert qu'à terroriser de pauvres gens. Les huguenots sont au nord, dans les marais. Il aimerait se porter contre eux, combattre enfin, mais l'ordre est de laisser les crapauds où ils sont.

Le soleil cogne sur leurs bourguignottes, enserrant leurs crânes dans un étau étouffant. Il sent la sueur perler à ses sourcils et l'essuie parfois quand elle descend trop. Ils traversent une lande pourprée de bruyères. Les fleurs s'étendent comme une mer, le parfum âcre des arbustes pressés se mêle à celui de l'herbe filante. François s'étonne de voir le temps rester si beau. Un ciel pur et lisse couvre les cavaliers de son drap de lin bleu et le jeune homme a le sentiment d'être seul devant cette beauté offerte à perte de vue. Ce pays est plat comme une main tendue. Une lieue, une autre encore, le temps lui dure. On parle peu ou de si peu de chose, on couvre le terrain. Une fumée blanche s'élève au loin. Si un toit fume, c'est à cuire quelque soupe ! Les cavaliers s'emportent dans un galop sauvage qui piétine un monde dont ils n'ont nul souci. Ils se ruent dans une cour de ferme, vide, se jettent dans le logis. Le chaudron pend encore à la cheminée, cuisant une mauvaise soupe de rave. Il n'est de pain, de pommes, de poules, et l'on éventre les portes à grands coups de pied. On les a entendus, les paysans ont fui. La pauvre ferme sent la misère, la résignation et une sorte de réprobation muette qui leur met la rage aux tripes. Il n'y a qu'un peu de paille dans l'étable qu'ils fouillent à grands coups de hallebarde. Ils n'auront rien que la faim au ventre et renversent un chaudron d'eau bouillie sur le sol de terre battue.

Ils reprennent leur route plate et ennuyeuse. Au bout de quelques lieues, le pays change. Les herbes sont devenues fibreuses, crissantes au pas des chevaux. Des mares brillent par endroits, bordées d'osiers sifflants. Des villages abandonnés rasent le ciel, fils gris qui dépassent à peine la ligne bleue de l'horizon. Un souffle traîne jusqu'aux hommes quelques oiseaux de mer, blancs et criants. Les sabots de leurs bêtes soulèvent une eau de terre, trompeuse, et ils avancent lentement, avec une crainte au ventre, vague et insidieuse. L'Aunis leur est inconnu. Ils remontent vers le nord et ne savent où l'ennemi se tient. Gontaud lève la main pour qu'ils se taisent. L'éclairade est à grand risque, maintenant. Une mare de pré leur fait face, découpée de fossés d'eau, où s'effondre une hutte de roseaux. Le silence pèse sur cette eau tiède, écaille verte d'un monstre assoupi. Si l'ennemi est là, embusqué dans les joncs, ils sont perdus. Une peur froide les dévore, tirant leurs traits, marquant leurs durs visages d'un masque de pierre. Ils vont passer en bordure du fossé quand La Lurette arrête son cheval et lève la main. Il fait signe qu'il y a des gens. On ne les voit pas, mais il les devine, proches et tapis, dans l'air qui vibre à peine du long sifflement des ajoncs. Ils sont là, au couvert des fossés. Les argoulets prennent leurs arquebuses à la hâte et tirent à l'aveugle sur l'eau miroitante et muette. Les balles giclent sur l'étendue glissante, l'éclaboussant de blessures grises, quand on entend s'élever un cri déchirant. C'est un cri de femme. Rendus en un instant à la vie, les cavaliers entourent la mauvaise rivière où s'enlise cette eau mourante, la fouillent à coup de piques jusqu'à ce que deux femmes sortent en criant des roseaux. Ce sont des paysannes cachées sous des bonnets plats, courbées, dégoulinantes d'eau. Tous les hommes ont retrouvé leur rire. Ils les entourent, les pressent au poitrail de leurs chevaux, leur relevant la tête d'une crosse de fusil, jetant pour mieux les voir leurs bonnets à la boue. Deux femmes, ni jeunes ni belles, mais qui feront l'affaire. Ils descendent, tous, les saisissent à la taille et lient leurs mains. Elles sanglotent de peur tandis que La Lurette renifle en riant.

— Pourtant, nous n'allons leur faire que du bien !

Comme ils rient, François regarde le sergent qui ne dit rien. On pousse les paysannes vers la masure sans toit. Un peu de foin au sol, ça suffira. La plus jeune pleure, les mains jointes, balbutiant des mots de patois.

— Et si elles n'étaient pas de la religion ?

Le sergent regarde François comme s'il n'existait pas. La Lurette foudroie de l'œil la petite crevure qu'il leur faut endurer. Dissirier tape sur son épaule, la bouche fendue d'un rire de gourmandise. Il a un geste évocateur.

— On s'en fout. Ça fait un mois que j'ai la trique !

Ils sont pressés, pressés et impatients. Il faut faire vite, ils tiennent là une belle occasion. Elles sont couchées sur le foin sale, leurs jupes sur leurs têtes. Pour qu'elles ne crient pas, on a enfoncé leurs tabliers dans leurs gorges. Deux hommes, accroupis, les tiennent aux jambes pour qu'elles s'écartent, des jambes blanches, nues, ruisselantes d'eau, qui s'agitent en soubresauts désespérés. On frappe lourd sur ces tas d'étoffe pour qu'elles se tiennent un peu tranquilles. Les hommes s'allongent et vont sur ces deux corps livrés, les forçant les uns après les autres, se secouant sur ces pauvres sexes muets. Les deux femmes ne sont plus que ces ouvertures béantes qu'ils besognent avec des grondements sourds. Lemercier se relève, et tenant ses chausses d'une main, pousse François de l'autre. Le garçon titube, il ne peut pas. Il voit sa mère, il l'entend pleurer, debout contre le mur vers lequel son oreille est tendue. Il la voit, attachée, tremble de sueur mauvaise et claque des dents au point que ceux qui se relèvent en hurlent de rire en rangeant leur guilleri. Il est puceau ! Le bougret est puceau. La Lurette ricane, les jambes écartées.

— Sois un homme et tu verras comme c'est bon !

Dissirier rit, en replaçant ses génitoires dans un lent hochement d'échine.

— La guerre, petit, c'est pas tous les jours si mal.

C'est son tour, foutre dieu, et il reste là, planté comme un conneau ! On le pousse au côté car d'autres en veulent encore, qui sont des hommes. Les sacs bruns se tordent, on entend des sanglots monter de ce pauvre tissu et François, livide, ne peut s'empêcher de regarder ces coups de rein, ces genoux ronds dont pend une chair flasque. Il veut crier, vomir, il est là qui ne fait rien. Gontaud lui frappe l'épaule.

— Tu n'en veux pas ? Alors va garder les chevaux !

Les hommes s'esclaffent à s'en éclater la ceinture. Un petit puceau, sous de grands airs. Il sort et court vomir au fossé. La bile arrache sa gorge, la honte lui brûle les yeux. Il s'en veut, il les a laissés faire ! Il pense à sa mère et vomit de nouveau, s'arrachant le ventre en soubresauts de fiel. Il se dit qu'il pourrait les tuer, là, tous, et il attend qu'ils sortent en gardant leurs chevaux. Ce sont des ordures mais il ne vaut pas mieux. Ils sortent enfin sans les deux femmes. Lemercier lui flanque une claque dans le dos, en riant, comme toujours, car le gamin est vert.

— Une autre fois, ça ira mieux.

Les hommes ricanent, l'appellent le petit puceau, et il n'ose pas les regarder en face. La Lurette s'approche, le fixe d'un œil lorgnant.

— Peut-être qu'il n'aime pas les filles, le petit mignon !

Tous gloussent de plus belle. Gontaud fait un signe à son second en caressant d'un doigt son cou. La Lurette hoche la tête, considère les hommes et s'arrête à François.

— Viens montrer que tu es bon à quelque chose.

Le garçon le suit sans comprendre, hébété, jusqu'à l'abri de paille où se tordent deux corps couverts de serge brune. La Lurette prend sa dague, l'affaire ayant coûté assez de balles. Il fait un signe au morveux qui ne bouge pas plus qu'une bûche tandis qu'il rabat à grands coups les jupes d'une femme. François comprend enfin, l'aide à libérer la seconde, voit leurs visages violets, défigurés de larmes, leurs cheveux collés et leurs yeux, quand d'un geste sec La Lurette arrache à l'une sa petite médaille ferrée, la jette au sol et s'amuse devant l'imbécile qui ne comprend plus rien. L'argoulet saisit la femme aux cheveux et l'égorge d'un geste précis. La lame s'est enfoncée sans peine dans ce cou offert. François ne bouge plus, ne respire plus, ne croit pas ce qu'il a vu. Mais le trait rouge s'élargit et le corps brun s'affaisse, dans un curieux gargouillis. Le sang inonde la poitrine de la morte, emplissant l'air d'une odeur chaude, fade et douce. L'autre femme s'est mise à hurler. Sans paraître l'entendre, avec un sourire satisfait, La Lurette tend sa dague au gamin.

— Au travail, morveux !

François ne peut plus supporter ce cri de bête nue. Il se rue au dehors, des larmes plein les yeux, et se retrouve face aux hommes de sa bande qui le dévisagent, méprisants et muets. Personne ne rit plus. Derrière lui, la malheureuse s'est tue. La Lurette sort, tranquille, essuie sa lame rouge à son fond de chausse, la passe à sa ceinture et considère le foutu gamin.

— Il faut croire qu'il n'est bon à rien.

Les routiers se détournent et s'enlèvent en selle. Dans le ciel bleu crient de grands oiseaux blancs.

25.

Henri sent l'air froid de l'automne rouler sur lui. Il voudrait voler sa force vive, il en a tant besoin. Il descend droit vers la rivière. Il a hâte de jeter la Grise au galop. Elle est jeune, plus rapide que son lourdeau de guerre, mais le Roux lui manque. L'enfant aussi. C'est dimanche, ce jour, mais il est seul dans le matin froid, devant la rivière. Où est François, en cet instant ? Il voit un bout de botte qui se balance près de son lit, un sourire de chenapan, une toque de velours bleu, des yeux pleins de rire. Que peut-il faire, en ce moment ? Se souffle-t-il les doigts à un feu de campagne ? Grelotte-t-il dans un fossé pour tenir une route ? A-t-il essuyé le premier feu ? L'inquiétude ne le quitte plus depuis qu'il l'a envoyé au combat. Comment a-t-il pu faire cela ? Par quelle hâte imbécile a-t-il enfermé cet enfant dans la guerre ?

François est parti pour rien. Le duc d'Epernon a pardonné, les ligueurs repentis vont par les rues de la ville, libres et heureux. Angoulême est devenue paisible et sûre, calme comme un cheval qui accepte la bride. La force du gouverneur est simple et absolue, sans la moindre tolérance, le moindre écart. Est-ce là le prix de la paix ? C'est fort loin des espoirs anciens, du souffle généreux qui voulait penser, croire et prier librement, qui secouait toute contrainte. Henri entend son père deviser avec l'oncle Paul et s'emporter, disant qu'il est du droit de chacun d'être libre et que la pensée ne s'attache pas. Il disait vrai. Mais chacun a voulu imposer sa vérité. Et ce n'est pas la liberté, c'est la violence qui a vaincu. Les hommes ont peu de sagesse et ce n'est pas à lui de leur en faire reproche.

Le vent devient plus froid. Une bise dure secoue les arbres, arrache leurs haillons. Henri enfonce son chapeau et pique des deux sur le chemin qui longe le fleuve. Derrière son haleine brumeuse, la Charente semble une coulée de lait. Il va à pleine course puis bifurque soudain, se jetant au hasard des champs retournés. Des grives s'accrochent aux halliers et crient éperdument avant de s'envoler. Toute la terre sent l'hiver. De longues traînées blanchâtres montent d'elle, exhalées comme un râle dernier. Le cavalier affermit ses poings sur les rênes et pousse la jument au grand galop comme si le vent de la course allait emporter son tourment. Il écrase les feuilles mortes qui bordent sa route, pétales fanés d'une jonchée flétrie. Il va, courbé en avant, couché sur l'encolure, passe un champ, un bois et s'arrête enfin, calmant la bête écumante d'un tapotement. Il est tard, il doit rentrer. Sa liberté se borne là.

Lorsqu'il arrive à son logis, il est vide et il en est heureux. Il panse la Grise, s'y attarde un peu. Puis il se change, s'étrille à son tour et explique à la Narde qu'il doit aller voir maître Jean avant qu'il ne parte. Il ne faut jamais désespérer des hommes, pour parler comme celui que le conseil a élu pour le représenter aux Etats-Généraux. Maître Chambaud est député du Tiers, lui que l'on voulait pendre il y a peu. Henri, que plus rien n'étonne, sourit de l'émerveillement du petit homme apprenant la nouvelle.

— Je vais voir le roi, à Blois ! C'est... C'est... !

— C'est loin, c'est dangereux ou bien ne l'est-ce pas ?

Le cousin Jean a fait un petit signe pour le gourmer de se moquer de lui. Puis il a ajouté, les yeux brillants d'espoir :

— C'est une telle chance ! Il nous entendra, Henri. Il faut qu'il nous entende et qu'il donne à ses villes de libres parlements. S'il s'appuie sur le Tiers-Etat, il l'emportera.

— Le Tiers est à la Ligue, presque entièrement.

— Le Tiers connaît son intérêt, qui est la paix.

— Le duc de Guise tient Paris.

— Paris n'est pas la France.

Rien ne peut entamer l'espoir du cousin Jean. Henri voudrait penser de même, vaincre la tristesse logée au fond de lui. Mais il va perdre son seul ami, sa maison d'escapade, et ne peut se défendre de le regretter tandis qu'il avale à grands pas la rue des Bouchers. La petite pièce dévorée de livres lui est devenue chère. Sans elle, il serait assurément devenu fou. Ce n'est qu'une brève séparation, quelques mois tout au plus, mais chacun sait que les gens de robe ne sont jamais pressés.

— Je pense être revenu pour le printemps.

— On dit pourtant que les corbeaux, lorsqu'ils s'assemblent, aiment à rester de compagnie.

— Vous n'avez pas de respect, Henri.

Ils rient, se promenant une dernière fois dans la cour minuscule de la vieille maison.

— Promettez-moi de faire attention à vous.

— C'est vous qui me donnez ce conseil ?

— C'est pour l'avoir trop entendu.

Ils ne rient plus et se regardent, il faut bien l'avouer, avec un peu de peine.

— Ils sont mauvais. Méfiez-vous...

— Le vent tourne, Henri, et les temps changent.

Le vent tourne, en effet. La perte de la flotte espagnole en mer anglaise en est peut-être la cause. C'en est fini de l'Invincible Armada. Les ducats ne pleuvent plus sur la Ligue et certains commencent à entendre que Dieu n'appartient à personne. Jean apprend à Henri que le roi a chassé Villeroy, Pinart, Brulart, tous les ligueurs de son conseil.

— Les regards se tournent vers notre ville, m'a-t-on dit, à nouveau vers M. d'Epernon.

Cette girouette politique prêterait à sourire si la guerre ne pointait son museau à chacun de ces virements. L'hiver arrive sans que la moindre trêve n'ait été signée. Les armes déposées, François rentrerait-il ? Henri se dit que son père a dû se poser dix fois la même question. C'est lui, désormais, qui porte ce fardeau. Les enfants sont d'innocents bourreaux. Jean, qui ne voit pas sa mine, parle de son départ, demain, à la pique du jour, sous bonne escorte. Quelle aventure ! Henri essaie de lui répondre, lui parle de l'auberge des Trois-Fours, à Blois, de la tenancière, qui est avenante, mais il se tait brusquement. Il pense à Espeville qui est mort au début de l'été.

— J'irai donc loger aux Trois-Fours !

Jean va et vient, pousse le feu, se tourne, voit le visage de son ami.

— Avez-vous... des nouvelles de notre garçon ?

Aucune. Un silence de neige.

— Passé l'hiver, si le roi le veut, nous aurons la paix.

Mais l'hiver arrive, le froid lamentable, les lances

qui gèlent, arrachant la peau. Henri voile ses yeux, il est si malheureux que le petit homme se jette à l'eau.

— Ce n'est pas de votre faute, Henri. La guerre attire les jeunes gens. Il serait parti de toutes les façons.

Comme tous ceux qui ne se sont jamais battus, Jean ignore tout de la misère que cachent les drapeaux. Un monde froid, brutal, un monde où pour survivre on se tue soi-même.

— On revient toujours quand on est attendu.

Henri se souvient du cri de papier qui l'a ramené chez lui. Mais il a jeté un enfant à la guerre, un jeune chiot qui va devenir un animal blessé et veule, un croque-mouton, un loup sans la dignité de l'instinct. Le cousin Jean ne sait pas qu'il est bien des façons de mourir.

— Comme vous êtes revenu, il reviendra.

Henri croise les yeux indulgents de son ami, ne peut les soutenir. Jean ignore ce qu'il a été, au bord des routes, quand il avait seize ans, quand il avait faim. Le petit homme se penche, pose sa main à son épaule d'un geste paternel.

— Vous devez garder espoir.

Henri le regarde sans un mot. Pour être muette, la confidence les accable.

— Il le faut. Du moins pour sa mère...

Ils se taisent tous deux. Le bois craque en étincelles légères. Jean saisit un pot de grès, d'apparence grossière, posé sur le bord de la cheminée. Il en tire une bourse de velours noir qu'il ouvre avec des airs de conspirateur. Trois oignons de tulipe emplissent sa main, renflés et noirs, vernissés de mystère.

— Ils viennent des Flandres mais je ne saurais vous dire par quel chemin ils sont arrivés jusqu'ici. Vous les lui donnerez pour moi.

26.

Henri défait prestement son manteau dont le tissu frôle les murs comme une aile trop longue. Sa maison l'entoure de chaleur. Le froid s'est épaissi, dehors, il gèle déjà et la ville se resserre, frileuse, dans l'ombre bleue d'une tombée de nuit. Il a quitté Jean à regret et n'a rencontré en chemin que de rares passants emmitouflés jusqu'aux yeux.

— Par Notre Dame, le vent d'octobre n'est pas celui de mai.

La Narde porte un panier de figues. Ce sont les dernières. Elle enclot la porte et lui rit de l'œil. L'air sent la bonne soupe et l'affection. Henri voudrait s'attarder avec elle et ne le peut tant il est heureux de la surprise qu'il va faire.

— Les dames sont dans la salle ?

La Narde range son bien au légumier et se retourne, l'air de rien, un plat vernis de brun dans la main.

— Dame Laure y est.

Les yeux de la servante le suivent dans l'escalier. Elle soupire en souriant, renverse son panier dans le plat et écarte doucement les figues les unes des autres afin de ne pas les laisser gâter.

Laurie a entendu la porte du bas. Son cœur cogne, elle est seule ! Louise est à vêpres. D'un mouvement de biche elle s'est enfuie de la salle haute. Elle ne veut pas rester seule avec lui. Le désir qu'elle éprouve est si grand qu'elle rêve de lui la nuit. Elle est allongée contre lui et il la tient serrée dans l'absolue sécurité de ses bras. Il monte, elle entend crier l'escalier. Elle se jette dans la première chambre, celle de François, et reste là, immobile, le cœur malade de coups tandis qu'elle entend résonner son nom.

— Laure, es-tu là ?

Henri, d'un regard, a embrassé la salle bleue, le feu se pourléchant dans l'âtre, les lumières assourdies et douces que jette sur la table le grand chandelier d'étain. La pièce est vide mais il aperçoit sur un fauteuil le carré de linon d'une broderie abandonnée. Une déception fugace le saisit, l'emporte. Laure ne le fuira pas, ce soir encore. Il faut qu'il la voie. Il passe par sa chambre, jette son chapeau sur son lit, sort dans le couloir et fait ce pas, ce seul pas qui l'a tant tourmenté. Il frappe à la porte qui ne s'ouvre pas. Il frappe de nouveau, conscient d'aller trop loin sur un chemin de ravine. Mais une force noire le tient qui n'a d'autre souci que de se calmer. C'est une angoisse violente où le petit sac qui pend à sa ceinture n'a pas vraiment de place. Il ne peut se contenter d'une éternelle dérobade, voilà tout.

— Laure ?

La voix d'Henri est lourde, pressante. Elle ne peut l'ignorer, feindre de ne pas entendre et elle ouvre la porte, lamentable, immobile. Henri la voit, la rejoint en deux pas. Elle se sent petite, écrasée, et recule comme il s'approche d'elle, lui infligeant une blessure de plus.

Il repousse la porte qu'elle a entrouverte, la ferme derrière lui. Cette chambre sombre est celle de François mais une présence plus lourde pèse encore sur ce lieu. Henri revoit son père ouvrir l'armoire ferrée, lui tendre un petit livre fauve. Laurie est là, qui tremble comme une feuille. Un désir sauvage le prend, si soudain, si terrible qu'il lui fait plier les bras. Il faut qu'il ait cette femme. Il avance, elle s'écarte, pleine de peur. Peu lui importe ! C'est à peine s'il reconnaît sa propre voix.

— Le cousin Jean t'envoie cela.

Il fouille dans le sac, lui tend fébrilement les oignons sombres. Elle ne leur porte aucune attention. Le bras tendu, imbécile, il sent une violence de torrent lui battre les tempes. Il la maîtrise si mal qu'il va en crever.

— Tu n'en veux pas ?

Elle secoue la tête, comme si elle ne pouvait parler. Le bras d'Henri retombe. Elle lève enfin ses yeux vers lui, si pleins d'une détresse tendre qu'il n'est plus rien pour le retenir.

— Je ne peux pas.

Mais ils savent, l'un comme l'autre. Ils se regardent en un instant trop long, ils sont un homme et une femme et ils connaissent ce qui les lie. Ils ne peuvent se mentir plus longtemps. Les yeux de Laure ne disent pas ce que dit sa voix. En un pas, il s'est approché d'elle. Il sent monter vers lui la griserie blonde de ses cheveux. Sa gorge se noue, ses lèvres tremblent. Il les pose à son cou. Elle reste sans bouger. Un lit est étendu tout proche. Deux mains fragiles repoussent sa poitrine.

— Il ne faut pas...

Mon dieu, que lui importe cela ! Il va la prendre, la jeter sur ce lit, la faire sienne, enfin. Une fureur sourde fait battre son cœur. Elle est à lui depuis toujours.

— Je ne peux pas. Laisse-moi...

Elle pleure. Il sent tomber ses bras. L'armoire brûle sa vue, et cette femme, si belle, si tendre, qu'il ne doit pas aimer. Une rage le tient qui lui coupe le souffle. Ses mains, ses genoux sont envahis par un désespoir qui le courbe.

— Laisse-moi, je t'en prie !

Il ne peut répondre, déçu, furieux, trahi jusqu'au fond de son ventre. D'un mouvement amer, il jette au plancher les pauvres oignons de tulipe qu'il était heureux de lui apporter. La vague qui déferle dans son âme le jette dans l'escalier. La porte de la rue claque derrière lui, abattue comme une hache sur une nuque offerte.

Le froid de la rue, le vent haineux ne le calment pas. Il va, sans savoir où le portent ses pas, si plein de fièvre et de folie qu'il n'entend plus que le grondement épais de son sang. C'est un désir palpitant et sauvage, qui sent le viol et le meurtre. Il ne peut pas le dominer. Il la frapperait, s'il le pouvait. Rien n'apaise sa marche ardente. Les murs de cette ville l'étouffent depuis trop longtemps. Son corps n'y tient plus, ne supporte plus les contraintes où le soumet son âme. Il descend la rue de la Cloche Verte, passe en ricanant presque devant le parvis mutilé du couvent, se revoit, au devant, jeune et amoureux. Mais son âme est au diable, ce soir. Ses pas, du fond de sa déraison, ont trouvé pour lui leur chemin. Il est devant cette gargote immonde où il a retrouvé le gamin, le soir de la victoire du duc balafré. Il entre sans pousser de porte dans la salle basse, enfumée, se jette à une table. Une servante s'approche. Il veut du vin, et davantage. Il ne sait que trop ce que sont les servantes d'auberge. Son poing retient durement la main un peu grasse qui pose devant lui le pichet. Son regard montre clairement l'escalier à la fille.

— Tu montes à combien ?

Elle est encore jeune, un peu fraîche. Elle veut faire semblant d'hésiter mais il n'a pas de temps à perdre à flatter l'amour-propre d'une putain. Deux pistoles. Il n'ira pas jusqu'à marchander. La fille lui jette un regard de biais. Il se lève, sans boire son vin, elle rit, il faut que cela presse. Elle balance ses hanches larges dans l'escalier devant lui, triomphante, sûre d'elle et de ce qu'elle sent en lui. Une petite chambre de plâtre mal blanchi et sale, une paillasse de son, obscène, où il la jette sans attendre. Il arrache son corset d'une main, saisit un sein, lui arrache un cri de douleur.

— Mais attends, tout de même...

Les gémissements de la fille augmentent sa colère. Il se défait en hâte, sans lâcher le corps épais qui se débat sous lui. Ses mains remontent la jupe, broient le haut des cuisses nues, les écartent d'un geste. D'un grand coup de rein, il est dans cette femme, s'acharne et se débat. Raidie de peur, elle ne bouge pas, ne vit plus, attend que ça passe. Elle tourne lamentablement la tête, l'enfouit dans la paille du galetas. Il bouge, encore et encore, se lève et recommence, plein d'une hargne brute qui le pousse en avant. L'idée d'une vengeance ne l'effleure même pas. Il veut assouvir ce qu'il sent monter en lui de rage et d'impuissance, de déception trop grande, d'amour déçu. Enfin, crevant la lourdeur de cet accouplement, un plaisir de bête monte en lui, le saisit et le traîne au bout de son bref accomplissement.

C'est fini. La tête vide, le corps insatisfait, il se laisse retomber sur cette femme au fond de laquelle il a voulu enfouir sa misère. Ils sont silencieux, tous deux, si tristes qu'il s'en faudrait de peu qu'ils ne se parlent enfin. Mais ils se taisent. Elle n'a pas un geste pour lui, il n'a pas une attention pour elle. Il se relève rapidement, la laissant là, inerte et pâle. Et pour payer cela, il jette deux pièces dans un repli d'étoffe sale.

Il descend l'escalier, croise les regards complices et paillards des premiers buveurs de la nuit. Il se sent si méprisable qu'il ne s'attarde pas à boire le vin qui l'attend. Il sort dans l'air froid du crépuscule où une lassitude amère l'interroge. Ne voulait-il que cela, tout à l'heure ? Il se déteste. Sa colère est partie, balayée. Il lui semble d'avoir plus qu'un creux douloureux à la place du cœur. Il revient lentement sur ses pas. Les rues sont désertes. Les vagabonds sont partis, chassés par les soldats. La paix de cette ville est fondue de plomb. Il remonte vers la rue de l'Ecorcherie sans rien voir des fenêtres closes où tremblent des chandelles. Il sait désormais ce qu'il en est. Il ne peut plus se bercer d'une confiance stupide et fausse. La chair l'emporte. Plus il se dit qu'elle est la veuve de son père et plus la voix du diable lui chantonne qu'elle est libre, qu'elle est seule et que son père est mort. Il n'en peut mais. Cette lutte sans fin le condamne. Elle tue lentement son honneur d'homme. Il se revoit, maltraitant cette servante, cette victime mal offerte. La honte l'étreint, se mêlant à l'amère désillusion de n'être qu'un animal. Il n'est pas capable de respecter Laure, de l'aimer comme autrefois quand ils étaient blottis sous les branches du figuier dans un abandon simple et confiant. Ce temps ne reviendra pas. Il ne cesse de se mentir à lui-même depuis qu'il est revenu. Demain, s'il la trouve seule, pourra-t-il retenir ses mains, ses bras, son désir fou ? Il la voulait tant, tout à l'heure, qu'un flot de haine brûlante se mêlait à son amour et lui parlait de la prendre de force sur le lit où il a vu le jour.

Il se hait jusqu'à l'écœurement. Il poursuit sa marche lente et s'arrête devant le porche du couvent. Il hésite, reste longtemps immobile dans la vapeur brumeuse qui monte du sol. Les flots grondants de son âme s'apaisent peu à peu. Il sait ce qu'il doit faire, pour la première fois. Il reprend sa marche lourde, arrive enfin chez lui et pousse sa porte. Tout est simple et tranquille, comme si de rien n'était. L'air sent bon le civet et le thym mais il ne veut pas s'attarder près de Narde et monte d'un mouvement. Louise est seule dans la salle haute, au coin du feu, rêvant la main dans le menton. Elle se tourne vers lui, machinalement, puis le regarde mieux. Il est livide, ses yeux ont la dureté du fer. Sait-il une mauvaise nouvelle ? Est-il arrivé quelque chose à l'enfant ?

— Que se passe-t-il, Henri ?

Il a un geste d'accablement et reste là, debout devant elle, pitoyable et lointain.

— Je pars demain.

Elle est debout, des larmes plein la voix.

— Pour la guerre ?

Il a un hochement de tête, surpris de la trouver si éloignée de lui, le devinant si peu. Il l'observe, tremblotante. Un fond de pitié s'émeut en lui. Comme elle a vieilli, en peu de jours, depuis le départ de l'enfant. Tant de choses le retiennent. Une impulsion le prend, une douceur ancienne, et il s'entend parler avant de savoir ce qu'il dit.

— Je ne pars pas si loin. Je vais à Naigremûre.

La nouvelle entre dans l'âme de la vieille femme et l'apaise. Ce n'est pas vraiment partir. Elle se rassoit et baisse les yeux. Elle ne veut pas qu'il devine tout ce qu'elle a compris.

— Mais tu reviendras aux fêtes carillonnées. Il faut que tu sois à l'église avec nous. Je ne sais pas, sinon, ce que diront les gens.

Il s'en soucie peu mais accepte d'un signe de tête. Il a besoin d'être seul, il n'en peut plus d'envie de gagner sa chambre. Il se sent sale, honteux sous son regard confiant. Il est si loin d'être ce qu'elle croit. Ses mains ont gardé la trace d'une odeur de femme.

27.

La pluie tombe, impitoyable. C'est une neige fondue, collante et douloureuse, qui gèle les doigts et les yeux. François sent ses paupières gonflées s'abaisser malgré lui. Son cabasset le protège mal. L'eau froide ruisselle sur son visage et roule en sillons sur ses joues. Cela le tient éveillé, tremblant dans l'obscurité. Il est de garde, petite sentinelle gelée qui s'appuie sur un pied, un autre, et n'en peut plus de misère et de froid. De sommeil. C'est un combat sournois, le seul qu'il parvienne encore à mener. Il ne dort que quelques heures, celle du dernier feu de nuit et doit se relever à l'aube, engourdi de fatigue, désespéré. Il est au point que tout se mélange de gris, la nuit, le jour. Il ne sait plus où il en est et s'appuie à sa pique comme à la limite de son épuisement. C'est ainsi depuis qu'il n'est pas un homme. Ses compagnons l'ont ri, moqué, insulté chaque jour davantage et se sont pris, peu à peu, à le considérer comme un page de misère. Quand on le pousse du pied, après trois heures de pauvre sommeil, c'est lui qui fait le feu, cherche le bois, rince les pots et nettoie les chevaux. Cela s'est fait sans qu'il puisse rien contre la lente déchéance d'un mépris quotidien. Il n'en peut plus. Il voudrait être mort pour s'allonger à un fossé de route.

Tous ses rêves ont fui, il ne peut pas partir, il n'a pas où aller et il n'a plus d'argent. Un soir, à Saintes, il a payé son écot, voulant croire à une fraternité d'auberge et au choc lourd des godets contre le sien. Il s'est éveillé, au matin, les poches vides. Depuis, il est devenu leur valet et il crève de peur. Car les insultes ont changé, le puceau est devenu le bougret, le petit bougeron, le giton. Il n'est d'heure où il ne reçoive le coup de ce surnom et la blessure que tout cela appelle qui le brûle de honte et de peur. Il se sent faible et veule. Il sait, dans l'angoisse où il se débat, qu'ils peuvent tout faire de lui. Lemercier est mort le mois dernier, dagué parce qu'il avait gagné La Lurette aux dés. Le gamin hait cet homme qui le lui rend, ne supportant, à ce qu'il dit, les mâles enfemellés. Il se révolte d'y penser, a l'impression qu'une boule amère lui gonfle la poitrine. Il n'est pas un bougret. A moins qu'ils n'aient raison ? Il ne sait pas. Sa honte est si grande qu'elle ne le quitte pas, comme s'il était coupable de l'attirance trouble qu'il sent parfois peser sur lui. Il pense à sa mère, à ce qu'elle a subi et il se dit, parfois, qu'il est comme elle. Il ne peut plus croire qu'il a du courage, qu'il est comme Henri. Il n'a pas sa force, il n'est qu'un bâtard, huguenot pour moitié. Et pour l'autre, il est Merceron, de ceux que l'on poignarde dans le dos ou que l'on force sans danger.

— Tu ne sais pas ce qu'on peut faire de toi.

Henri disait cela devant le feu de ce camp, à Jarnac. Il voulait lui ouvrir les yeux et il refusait d'écouter. Ce souvenir le déchire lentement alors que redouble la pluie. Le vent du matin tourbillonne en rafales dures autour du garçon debout qui serre le manteau de son frère. Des nuages moutonnent dans le ciel comme un flot hasardeux. François retient sa pique entre ses jambes pour souffler dans ses mains perdues d'engelures. Il n'a pas de gants. Sans le manteau d'Henri, il serait déjà mort de froid. Une étrange voix, une foi d'enfant lui dit de ne pas s'en défaire, qu'il le protège du mauvais vent.

Comme l'hiver est long... Un an nouveau a pris naissance, la nuit passée. Tous les bandiers de son enseigne ont bu et ri. François n'était pas de la fête, il était de garde. Il l'est encore, cette première nuit de l'an de grâce de 1589, comme on dit. Mais que lui importe le temps s'il ne passe pas. Il a tellement sommeil, cette nuit n'en finira donc jamais ? Une pesanteur monte vers ses épaules, gagne son front. Il va s'endormir et somnole sur la hallebarde dont le fer engourdit la blessure de sa main. Il va sombrer quand un pas d'éperon le retient.

— Va dormir, je prends le tour.

C'est Dissirier. L'ombre est encore épaisse, François ne voit pas son visage et ne devine pas que sans le dire, le mercenaire le plaint. L'enfant ne répond pas. D'un seul coup, sa hallebarde pèse à son épaule le poids de la croix. Il titube jusqu'au feu qu'il entrevoit entre le gel de ses paupières et s'abat devant, la botte au bord de la cendre. Il défait son cabasset dont le cordon de cuir mord ses gerçures, le jette Dieu sait où. Il se roule d'un mouvement dans la bure du manteau qui le couvre, le manteau d'Henri, se recroqueville et s'endort, replié sur lui-même comme un enfant mort-né.

— Va panser les chevaux, petit bougret !

Il a vaguement l'impression qu'on le pousse. Il se replie davantage, s'agrippe à quelques coulées de rêve, la douceur d'un lit blanc, le matin d'une journée tranquille, un sourire de femme, tendre et lumineux. Il entend des bruits, rue de l'Ecorcherie. Puis tout disparaît, il se redresse et voit danser des ombres en armes. Il sent vaciller ses yeux, les écarquille.

— Tu bouges, où je m'occupe de ton cul ?

C'est la voix de Marlaud. Il se lève, malgré l'eau du sommeil, poussé au fond de lui par un instinct tenace, un désir de seize ans. Il veut vivre, éviter le faux pas qu'ils attendent pour s'amuser de lui. Des hommes grognent autour du feu. Les soldats frottent leurs barbes dures, jurent et crachent car il fait trop froid pour continuer de la sorte.

— C'est grand temps d'arrêter.

Depuis le grand froid, la bande s'est réfugiée dans une ferme abandonnée. Le sergent a envoyé des messagers au camp pour dire qu'ils ne pourront tenir le terrain bien longtemps, poursuivre cette errance de gel et de boue. Le temps de guerroyer est fini et les argoulets ne savent pas ce qu'attend Aubeterre pour les rappeler. Peut-être d'avoir de quoi les payer ? Le coffre espagnol ne chante plus, dit-on. La colère gronde parmi les hommes qui attendent leur solde, elle monte chaque jour le ton. Mais François ne les entend pas. Il lutte pied à pied pour éviter de se rendormir.

— Tu harnaches, foutriquet, ou faut que je m'en mêle ?

François baisse la tête pour cacher ses yeux. La Lurette est toujours sur son dos. Sans cet homme, il ne serait pas tombé si bas. *C'est qu'il n'aime pas les filles, le petit mignon...* Le mercenaire lui jette par dérision des regards en coin, des sourires faux, et l'accompagne, lorsqu'il marche, d'un déhanchement grotesque. En cet instant, le soudard le dévisage salement, sa langue pourléchant la chair de sa lèvre. La haine réchauffe François, d'un coup, mais il obéit, craignant la dague s'il ne le fait. Lemercier est mort sans qu'on ait seulement songé à l'enterrer. Le gamin s'éloigne, à bout de forces, fait ce qu'il peut et monte, en serrant les dents, les lourdes selles qui déchirent ses reins. Il a froid, il a faim. Pas assez pourtant pour s'approcher du feu. Il voit d'un œil ceux qui s'y chauffent et se tourne vers le Roux, misérable, n'ayant personne d'autre. La bonne bête lui souffle sur les mains un voile de chaleur, une étonnante bénédiction. Le gamin pose son visage contre la crinière de son cheval, il y plonge sa peine et s'y oublie d'épuisement quand un martèlement sourd le réveille, dormant presque debout. Des cavaliers arrivent, cognant la terre gelée de leur galop. Ils sont pour le moins trente, enveloppés d'écume blanche. Un enfer de sabots ferrés secoue l'espace, les bandiers, près du feu, sont debout.

— Où est Gontaud ?

Les cavaliers de l'ordonnance du Périgord ont mis pied à terre. Leurs casques sont blancs de givre et leurs voix couvertes d'une même froidure glacée. Voyant deux officiers, deux capitaines, François s'approche, le cœur soulagé par leur présence. Le plus grand dévisage les routiers, reconnaît La Lurette et reprend la question de l'autre officier. Cet homme est immense, il semble un Goliath vivant. Son visage est couturé d'une large balafre blanche qui se tord et s'insinue sous les chairs boursouflées de sa face. François sent son cœur bondir car il reconnaît le second cavalier pour l'avoir aperçu, à la messe de Saint-Paul. Long, un peu voûté, assez jeune, il a un regard clair et cette aisance sans aménité que donne la naissance. Jean d'Aubeterre n'aime guère les coureurs de lisière mais il faut faire la guerre avec ce que l'on a. Il toise la bande tandis que La Lurette s'incline devant lui, obséquieux et bas.

— Le sergent est dans la ferme.

Le chevalier considère un instant ce qui a pu être une ferme, autrefois, et ne présente plus qu'une carcasse informe de granges éventrées et noircies. Il fait signe qu'on le suive dans le corps du logis qui a gardé un semblant de toit et une cheminée. Cent pas ferrés raclent le plancher de gros bois, les visages rougeoient à la chaleur soudaine qu'offre la salle basse. Gontaud accueille son capitaine du mieux qu'il le peut, proposant de la soupe, du vin, et rageant d'être surpris en chausses, l'aiguillette quasi délacée. Mais les arquebusiers du chevalier semblent avoir d'autres soucis que sa mine et tenue. Une fureur étrange tient leurs yeux, serre leurs lèvres et ils ne s'attardent pas en saluts inutiles. Le géant, courbé sous les poutres trop basses, leur jette un ordre, un seul.

— Vous nous suivez dans l'instant !

— Où ça ?

— Nous descendons sur Nontron !

Le sergent s'incline, La Lurette a une gaieté de regard facile à expliquer. Ça sent la ville, la solde et les filles.

— C'est la trêve d'hiver ?

Les cavaliers du petit matin se regardent d'un air contraint. La voix du chevalier barbu se répercute dans la pièce et bute en écho dans la tête vide de François, planté devant la porte.

— La trêve est morte.

28.

Les arquebusiers du vicomte baissent les yeux. Ils ont, de si grand matin, un air de tel désarroi que les bandiers en ont froid dans le dos. Aubeterre a un geste las. Il sort, ne pouvant supporter la pièce fumeuse et les brutes épaisses qui l'entourent de trop près. Tous le suivent au dehors, sous une pluie de suaire. Un gamin blond se tient devant la porte.

— Le duc de Guise est mort.

Les bandiers restent stupéfaits, immobiles devant la ferme à demi crevée. Le vent pluvieux agite les plumes du capitaine, les capes des soldats. Tous se dévisagent, incrédules, jusqu'à ce que la nouvelle s'accroche à leur entendement. Le chevalier d'Aubeterre parle d'une voix morne comme pour se convaincre lui-même.

— Il a été poignardé.

Les hommes ne parviennent pas à le croire. C'est un piège, une fausseté répandue par les hérétiques pour les affaiblir. Ils se regardent, se sentent trahis. Dieu n'a pu vouloir la mort de celui qui portait son étendard. Le chevalier essuie l'eau qui lui trouble la vue. Il se tait et son silence l'emporte. Les hommes hurlent à présent dans le déchaînement d'une violence qui leur est familière. Une folie de vengeance, une envie de meurtre brillent dans leurs yeux. Ils veulent savoir qui. Qu'on crève ce chien, qu'on le leur donne !

— Le roi l'a fait tuer avant la Noël.

Les mots tombent sur les hommes, lourds comme des pierres. François observe les soldats pétrifiés sous la pluie, leurs visages déformés de rage et ne sent monter dans son esprit confus que le pâle étonnement de son indifférence. Le duc de Guise est mort, il croyait en lui, en la Sainte Ligue. Mais c'est si loin. Les hommes, fatigués d'eau glacée, ont descendu le pré et rejoint le feu. Ceux qui savent la nouvelle la disent à ceux qui l'ignorent avec ce délice qu'engendre le récit d'une mort horrible. Le gamin, méfiant, est resté en retrait, il ne perçoit que quelques bribes apportées par le vent. Le Balafré était à Blois, aux Etats-Généraux, où la Ligue allait vaincre et renverser enfin le Valois. C'est pour ça qu'il a été tué, avec son frère, le cardinal de Lorraine. On les a démembrés et brûlés pour jeter leurs cendres à la Loire. Ce sont les Gascons de la garde du roi qui ont fait le coup, les Quarante-cinq, placés là par le duc d'Epernon.

— Le roi va retrouver son bougret, maintenant.

Aubeterre et Maumont se regardent, attendant pour reprendre la route que soit passée la première colère. Les hommes font des gestes obscènes et crachent leur haine quand La Lurette s'avise soudain du plus important.

— Qui va nous payer, maintenant ?

Un vide remplace le moindre braillement. L'évidence a saisi les routiers aux cheveux. Ils sont soldats d'un drôle de régiment. Le vicomte payait, étant sénéchal du roi, avec l'or d'Henri III ou celui de l'Espagne, selon le temps. Mais l'Espagne est vaincue, le duc de Guise est mort et le roi n'a que faire des guisards de fortune, dorénavant. Chacun regarde le bout de ses bottes. François s'approche, voulant savoir et n'entendant plus rien.

— Pourquoi aller à Nontron ?

La voix du capitaine Maumont est un grondement, une voix d'ordre qui passe sur les hommes et heurte le feu.

— Nous devons joindre le vicomte.

Les mercenaires hésitent, ennuyés. Le vicomte est leur chef mais de qui tient-il son commandement ? Seul, sans appui, il n'est qu'un petit baron sans le sou vaillant. Les bandiers secouent leurs épaules, passent d'une jambe à l'autre et détournent les yeux. Un silence plane et s'étend dans l'air froid de janvier. Est-ce que ce sont les mêmes qui hurlaient à l'instant ? On les entend presque réfléchir en de grands grincements de leurs esprits épais. Aller à Nontron, c'est passer la Charente, marcher sur les terres du duc d'Epernon et le fleuve est une barre d'interdiction. Lentement un bruit s'insinue et murmure jusqu'à ce qu'une voix en jette l'écho.

— Et si nous rencontrons les Gascons ?

— Nous les crevons !

C'est facile à dire. Les bandiers reniflent, essuyant d'un bras la pluie qui tombe de leurs fronts. Epernon a juré sur Dieu qu'il les tuerait s'ils venaient chez lui. Il a quatre compagnies, plus de mille lances, et ils savent ce qu'il peut faire. Le silence pèse le poids d'un canon. Aubeterre s'impatiente, lassé de telles gens.

— Nous allons en Périgord. En êtes-vous ?

Pas un bruit. La pluie venteuse gifle les plastrons à longs traits. La Lurette répond le premier.

— Le duc de Guise est mort. C'est à lui que tenait mon engagement.

Maumont considère de haut le triste grenouillot.

— Tu jurais pourtant Dieu de défendre la cause !

Le bandier n'est pas de ceux qui se démontent. Bien au rebours, il a toujours raison.

— Parce que je tiens à bonne cause d'en savoir davantage avant de me jeter dans la gueule du loup.

Maumont s'emporte en hurlant d'une voix terrible. Le cabasset au bras, il est hirsute, énorme, semblable à quelque barbare des temps anciens.

— Tu n'es qu'un lâche ! Une pourriture !

— Je ne veux pas finir pendu. Je remonte sur Saintes.

— Le Navarrais est à six jours de marche de Saintes. Tu vas là-bas pour y crever !

— Peut-être, mais c'est l'hiver, la ville appartient au roi. Le Béarnais voudra y voir plus clair avant d'attaquer. Et je fais comme lui !

Les hommes de la bande se regardent, ébranlés. L'éclaireur leur jette son sourire de moribond, sûr de lui, avant de cracher par terre. Leur chef est celui-là et non celui qui se tait. François le sait depuis longtemps. La gorge purgée de son fiel, la Lurette reprend de sa voix aigre, moqueuse, si pénible à entendre.

— Vous me ferez pardon, mais j'aime mieux rencontrer les Gascons du Navarrais que ceux du duc d'Epernon. Il a fait porter une belle promesse au vicomte, si je ne m'abuse, et a juré de se venger. Je n'étais pas à Angoulême. Je n'ai que faire de me mêler de ça.

— Pauvre crevure que tu es !

— Une crevure qu'on était bien content d'engager.

Et qu'on n'a pas payée. Je ne prends pas de leçons d'honneur de pipeurs de dés.

Maumont s'avance, les poings fermés. Il va les abattre sur la Lurette, l'assommer comme un bœuf. Tous les bandiers reculent, le poing à la garde. L'air blanc de l'hiver sent soudain la ferraille.

— Il suffit !

Le chevalier d'Aubeterre a lancé sa bourse sur le sol. Il est livide de contrainte mais ne peut perdre ses hommes en de telles échauffourées. Il n'en a pas assez. Les bandiers se sont jetés sur son or quand il élève la voix.

— Nous ne forçons personne. L'armée de Guyenne est à Nontron. Se joigne à nous qui veut !

Les bandiers grognent en partageant la solde. Le sergent Gontaud hausse les épaules, la voix conciliante et les yeux fuyants.

— On ne se bat pas en hiver.

Aubeterre se redresse, son mépris est si grand qu'il n'est pas besoin de paroles. Les rats ne sont pas longs à quitter le plancher qui brûle. Sans perdre plus de temps avec cette racaille, furieux de s'être abaissé à venir la chercher, il retourne à grands pas vers son cheval quand il entend un cri monté trop haut.

— Monsieur d'Aubeterre !

Un landier court vers lui à travers la pluie, un jeunet perdu dans un manteau qui traîne. La Lurette hurle de rire en haut du pré.

— Voyez le bougret qui va se faire foutre !

Aubeterre distingue au travers de la pluie de longues cicatrices brunes sur un visage d'enfant.

— Tu as un cheval ?

Un signe de tête et le gamin court à tomber dans la boue. Il détache le Roux, l'enfourche, le pousse du talon vers les soldats qui marchent lourdement et qu'il ne voit plus, emportés par la pente. Pourvu qu'ils l'attendent ! Dans la lumière rayée d'eau, les chevaux immobiles semblent dessinés au bord de leur haleine. François les rejoint qui l'entourent et l'entraînent. La fatigue désespérante qui l'enveloppait tout à l'heure s'est envolée. Une confiance lumineuse le tient. Dieu lui a fait un signe, Dieu a voulu cela. Le garçon n'a pas un regard pour ceux qu'il laisse devant la ferme basse et le feu qui meurt. Il les oubliera. Un cercle orange s'élève lentement au-dessus des arbres gris qui bornent l'horizon, semblable à un fruit rond. François a oublié son cabasset, il n'en a cure. Ses cheveux blonds se collent d'eau tandis que vole son manteau dans l'air pétri de soleil et de lait.

29.

La pluie n'a pas cessé du jour. Pour elle aussi, François remercie Dieu. Les larmes du ciel l'ont gardé éveillé jusqu'à la limite extrême de ses forces. Il tient, il entend le cliquetis familier des brossettes, le souffle régulier des chevaux qui l'entourent. Il s'affaisse parfois sur sa monture, ses mains tavelées de gerçures ne sentent plus le cuir des brides. Mais le Roux sait tout cela. Il berce sa torpeur d'un trot patient qui évite les ornières et les heurts du chemin. Le jeune homme lutte depuis quatre lieues. Il ne va pas tomber et décevoir ceux qui l'ont pris parmi eux. Il pense à l'arrêt de la midy, au regard franc des hommes, à leur gentillesse bourrue. Beaucoup sont Charentais comme lui. On lui tend du pain, une barde de lard et il essaie de ne pas dévorer le tout.

— Tu es d'Angoulême ?

Le gamin déglutit difficilement. Les hommes se regardent, se comprennent. Des croûtes noirâtres cachent ses mains.

— Comment t'appelles-tu, gamin ?

— François d'Yrvoix.

A ce nom, Maumont s'est approché, cachant mal une mine de rien.

— Tu es de la famille du capitaine d'Yrvoix ?

— C'est mon frère.

Que ce mensonge lui est doux ! Le géant hoche la tête. Il connaît Yrvoix. C'est un bon soldat. François raconte son histoire, ce qu'il peut dire, du moins. Il a été du coup de main d'Angoulême contre le duc d'Epernon. Il a dû s'enrôler, après. La pensée de ce qu'il tait serre sa gorge, le lard se coince qui ne veut plus descendre.

— Bois un coup, petiot !

Il avale le vin, le liquide mord la plaie de sa bouche, ses lèvres éclatées par le gel. Peu importe, il guérira de cela aussi. Les hommes de Gontaud sont loin. Une reconnaissance naïve le presse qu'il ne peut pas cacher. Sa voix s'enroue.

— Merci...

Maumont échange un coup d'œil avec ses hommes et bougonne tandis qu'une frappe d'épaule permet au gamin d'avaler son lard, un bras à moitié démis.

— C'est bon. Tu es des nôtres !

La phrase lui chante au cœur, elle est toujours dedans, lieue après lieue. Il est des leurs et il le restera. Il n'est rien qu'il ne fasse pour mériter cela. C'est pourquoi il ne tombera pas. Il se raidit, se mord au dedans des joues et le souffle perfide du sommeil s'écarte doucement de lui. Le chemin se rétrécit. François est à la botte avec un garçon aussi jeune que lui, qui lui sourit.

— Je m'appelle Charles Granier. Je suis de Mareuil.

Un visage très simple, des yeux bleus, François veut lui parler, se montrer amical à son tour et s'entend murmurer quelques mots. Il ne peut en faire davantage, le lent courant de sa fatigue le submerge à nouveau. Il reste en selle, livide, toute sa volonté portée dans ses genoux. Une lieue, une autre, quelqu'un le surveille qu'il ne voit pas : Maumont fait un signe discret à un cavalier plus âgé qui rejoint le gamin et chevauche à sa botte.

— Nous arrivons...

Les deux petits mots se balancent d'un sabot du Roux à un autre. François s'efforce désespérément de rester éveillé. La nuit tombe, rapide et bleue. Les cavaliers passent au long d'une rivière dont l'haleine monte en écharpes humides jusqu'aux naseaux de leurs chevaux. Cette confusion de brume se mêle à celle de son esprit. Il voit, au flanc de l'eau tranquille, de hauts rochers blancs et gris. La rivière s'éloigne un peu, ils passent des prés d'eau, verts et pataugeants, pendant que les falaises les guident doucement. Enfin, après un tournant de pierre, des murs étroits se dressent, construits sur cette masse épaisse et s'y accrochant. Un château s'élève d'un nuage flottant, un haut donjon de pierre, semblable au cou d'un monstrueux serpent dont le corps serait la rivière. Le garçon rêve cela et le voit tout ensemble. Son compagnon d'amble lui glisse un nom.

— C'est Bourdeilles. Le vicomte nous attend là.

Il croyait aller en un autre endroit mais ne s'étonne pas du changement. Il lui suffit que l'on s'arrête. Ils longent l'eau, passent devant la caresse ronde de l'aube d'un moulin, arrivent à une maison blanche, neuve, posée au travers d'une muraille ancienne. Ils contournent ce mur, s'approchent d'un pont-levis qui s'abaisse dans une longue protestation de chaîne. Les sabots frappent le bois, cognent le pavé d'une vaste cour. Des gens en armes accourent, des valets tiennent leurs chevaux, les cavaliers descendent. François se retient à la crinière du Roux. Il n'a plus de jambes, il va tomber lorsque la main de Goliath le retient.

— De la soupe et un lit, pas vrai ?

Maumont crie dans la confidence.

Le capitaine laisse ses hommes au feu d'une salle à double cheminée qui en contiendrait cent, une salle immense venant du temps d'autrefois. Il sait leur fatigue, leur souci, il le partage amèrement. Que vont-ils devenir, maintenant ? Pour lui, il a donné son cœur au géant balafré qui l'appelait mon cousin, à la cour d'Amboise, autrefois. Le duc de Guise savait se faire aimer. Si grand soit-il, il n'y avait rien de haut, en lui, rien d'humiliant. L'idée qu'il est mort n'a pas trouvé de crédit dans la tête épaisse du vieux soldat. Maumont se sent lourd, incertain de l'avenir pour la première fois. Il descend l'escalier raide du donjon, sachant qu'on l'attend, dans la maison neuve, éclairée de grandes fenêtres à croix de pierre. A la porte, un homme le salue et le conduit en lui confiant que le maître des lieux n'est pas là. Pierre de Bourdeilles, seigneur de Brantôme, est l'oncle du vicomte d'Aubeterre qui est ici comme chez lui, pour ce jour. Le majordome s'incline, cérémonieux à l'extrême. Maumont se dit qu'un toit suffit, pour l'heure, et entre sans plus de façon dans une salle de réception magnifique. Accablé de cette soudaine profusion d'or et de chandelles, il ne voit de prime abord que le vicomte, debout devant le feu. Maumont le connaît depuis son jeune temps, peu après son retour de Genève. David Bouchard d'Aubeterre est droit, les bras croisés, l'air profondément ennuyé. Il l'ignore mais conserve dans son maintien une façon de rigidité huguenote qui ne convient pas à cette pièce chaude, saturée de couleurs. Les panneaux de bois peint, l'immense cheminée, tout prétend à une richesse molle, incongrue. Le lieutenant salue le vicomte et croise les yeux du chevalier qui est assis sans façon à l'ombre de la cheminée, les pieds posés sur un landier.

— Il faut les prévenir que nous partons demain.

La voix est sèche, amère. Maumont lève un œil incrédule tandis que les mots tombent sur lui comme des pierres s'écroulant d'un mur.

— Notre cher oncle n'entend pas nous donner une hospitalité plus large.

Que dire de plus ? Un silence s'installe, rompu par les craquements du bois. Il fait presque trop chaud. Maumont sent un poids lui peser aux épaules. Le vicomte le fixe gravement.

— Combien nous restent ?

— Peut-être trente...

Hier encore, le chevalier commandait plus de cinquante cavaliers. Le sénéchal considère son cadet et s'étonne malgré lui.

— Où sont les autres ?

Jean d'Aubeterre soupire sans se détourner du feu.

— Partis au diable.

Il supporte avec peine l'ignorance que son frère semble avoir de la situation. Ne sait-il pas où ils en sont, sans argent, ne pouvant tenir des gens de guerre, des gens de solde. S'ils étaient venus, comment les nourrir tout un hiver ?

Le vicomte examine les plafonds peints, les torsades compliquées qui entourent les caissons, deux lettres qui s'entrecroisent, le chiffre de la reine-mère peint sur la porte qui lui fait face. On dit Catherine de Médicis fort malade. C'est la vie. Celui qui a tout, un jour, n'a rien le lendemain. Il regarde enfin son frère. Ils n'ont plus de soutien, ils ne sont plus rien, eux aussi.

Sa voix prétend cacher sous une indifférence glacée la profondeur de son découragement.

— Notre cher oncle a donné l'ordre à ses gens de nous loger une seule nuit. Il m'a laissé un méchant papier en excuse.

Ce n'est pas tellement surprenant. Brantôme le hait depuis qu'il a reçu du roi le titre de sénéchal du Périgord. L'abbé prétend qu'il a pris sa place. Il est l'oncle de sa femme et un lien d'alliance ne vaut pas grand-chose quand il s'affronte à une ambition.

— Il n'a pas envie de se heurter au duc.

Maumont s'étonne ou fait semblant.

— Au duc d'Epernon ?

On le disait défait, sans crédit. Le ton du vicomte ne peut cacher son amertume.

— Il l'emporte, au contraire. Epernon est riche, couvert d'hommes en dépit de tout. Le roi doit trouver un appui, il le rappellera avant qu'il ne soit peu. Chacun à la cour crie au meurtre qui lui sourit déjà.

Le feu craque en un long déchirement d'étincelles.

— Nous avons été trahis. Les meilleurs des nôtres sont morts ou en fuite.

Ces mots l'emportent un instant et ils se taisent tous trois. Jean d'Aubeterre regarde le front un peu haut de son aîné, ses yeux las où brille la flamme d'un feu de cheminée.

— Dès lors, où irons-nous ? Les hommes qui nous restent s'en sont remis à nous.

David ne lui répond pas.

— S'en séparer serait une folie. Il faut les garder, l'hiver durant, mais je ne sais où ni comment.

Le vicomte soupire, s'assoit à son tour et jette en pâture à ses compagnons la seule solution qui reste.

— Nous n'avons pas où aller. Nous irons donc chez nous.

Tous deux le regardent comme s'il était devenu fou. Il sourit, répète l'évidence.

— Nous partons demain pour Aubeterre.

David a si bien coutume de cacher ses blessures que l'ironie de sa voix pourrait passer pour gaie.

— Où se sentir mieux que chez soi ?

Jean s'enflamme, excédé d'ironie.

— Aubeterre est à moins de dix lieues d'Angoulême. Tu es devenu fou ?

— Epernon n'est pas gouverneur du Périgord. Il s'en tiendra à l'Angoumois. Sa position n'est pas pleinement rétablie, il doit ménager le roi s'il veut retrouver son crédit.

Les deux frères se sourient. Maumont ne sait que penser de ces finasseries-là, de ces méandres compliqués de politique. Le duc d'Epernon commande à quatre compagnies, il a de la cavalerie, des canons.

— C'est dangereux, sénéchal. Aubeterre est une petite place, mal remparée. Le duc d'Epernon étant si proche, nous nous mettons sous sa main.

Le vicomte lui adresse un sourire sans joie. Maumont a des naïvetés de soldat. Il ne connaît pas la cour, son hypocrisie souterraine. Il songe un peu, sait que nul ne bougera ses pions sur cet échiquier instable. Sa voix a chassé jusqu'au moindre doute quand elle s'élève à nouveau.

— C'est justement ce qui montre notre bonne foi. Nous n'avons pas à nous enfuir en coupables. A Angoulême, nous avons agi sur l'ordre du grand conseil du roi qui demandait l'emprisonnement du duc d'Epernon. L'ordre de Villeroy était signé. Nous allons en appeler au roi sur notre différend. Tant qu'il ne l'aura pas tranché, le duc ne pourra rien contre nous. Cela nous laisse un peu de temps.

Jean considère son frère avec une sorte d'admiration. Henri III est connu pour ses infinies tergiversations. Le vieux Maumont, moins convaincu, grommelle.

— Je ne sais s'il est sage. Le duc vous hait ! On dit qu'il se vante, s'il vous rencontre, de faire coiffer le voile des veuves à votre femme.

— Nous viderons cela un jour. Pour l'heure, je vais lui écrire, lui expliquer que l'affaire d'Angoulême n'était pas de mon fait. Il devra recevoir mon cartel. Et l'on saura, à la cour, que j'ai fait amende honorable.

Les deux chevaliers se regardent, interloqués. Leurs paroles s'entrechoquent.

— On le prendra pour une lâcheté !

— Vous ne pouvez pas !

David d'Aubeterre leur sourit. Ils sont devant lui comme des enfants.

— L'hiver passera. Au printemps, les Espagnols seront de retour.

Au jeu d'échecs, celui qui recule ne perd pas forcément.

30.

Le printemps est revenu. Une nuée fragile s'étire dans le ciel, l'air a cette douceur de plume qui met le bonheur au cœur des oiseaux. Henri descend vers Naigremûre, tenant à la main une arquebuse désarmée. Il aime cette paix matinale, ce moment de virginité du jour. La rosée étend ses voiles sur les prés, couvre la toile des araignées d'une coiffe emperlée si précieuse qu'elle semble un rêve de reine. Il est seul et tranquille au milieu de tout cela, il se trouve à sa place. Il feint de chasser et s'en soucie fort peu. Un repos le baigne dont il a besoin. Il passe le bois des coudriers. Les fleurs longues et mousseuses des noisetiers sont tombées au sol, remplacées par un tendre frémissement. Il va à hautes foulées, évitant les talus mangés de primevères. C'est le matin d'un temps nouveau. Il ne pense pas, ne se souvient pas. Les jours ont suivi les jours et il a enfermé sa peine, en a fait don à un coin de feu.

L'hiver a été rude, le grand gel a tenu la ferme éloignée des chemins de la ville pendant deux longs mois, puis la pluie douce de février a fait fondre la glace. La charrette est revenue, le carême passé, et Henri a des nouvelles de la rue de l'Ecorcherie, par Bertrand et Louis, chaque vendredi. Tout va à l'habitude. Les mazeliers lui ont apporté des lettres charmantes de son vieil ami Chambaud qui est revenu de Blois après la mort du duc de Guise et qui se languit de lui. Henri lui répond longuement, le soir, devant l'âtre, dans la salle basse du logis des maîtres. Il remet ses lettres à Bertrand, de semaine en semaine, et se dispense ainsi de toute visite. Il n'a pas le courage de retourner là-haut.

Le soleil monte et le chemin blanc se couvre peu à peu d'une ombre légère. L'aube d'avril mousse en rayons mêlés et fondants, tous les buissons tremblent de nids. Henri contourne les barrières qui enclosent les prés où paissent déjà les bœufs. Si tôt qu'il sorte, son fermier le devance toujours. Yrvoix a faim et pousse le pas quand il entend le grincement régulier d'une charrette qui brinquebale au loin. Il s'arrête, plisse les yeux, reconnaît le Bertrand qui tient les brides. Une femme est assise à côté de lui, vêtue de bleu. Un long pincement lui parcourt l'échine puis meurt dès qu'il aperçoit un bonnet de toile, un tablier. C'est la Narde ! La surprise le cloue un instant sur place puis le plaisir de la revoir le saisit en longues bouffées d'affection. Il presse le pas vers ceux qui viennent vers lui et ouvre pour eux le grand portail de la ferme.

— Le bonjour, notre maître !

Narde descend et le salue sans plus de façons, comme quitté de la veille. Elle contemple Naigremûre avec une joie de jeune fille. Cela fait si longtemps qu'elle n'est venue ! Le Bertand se prend à tout lui montrer, avec la Guillette, accourue, toute heureuse de l'aubaine d'une compagnie de femme. Toutes deux jasent déjà, ravies. Les enfants sautillent au milieu de leurs jupes et tout ce petit monde entre sans hésiter dans la salle de la ferme, laissant le logis des maîtres à sa froidure close. Des bols de soupe, des tranches de pain frottées d'ail nouveau, un pot de gros grillons apporté par la Narde, le printemps est dans la cuisine de la Guillette aussi sûrement que l'aubépine aux haies vives des bois. Henri s'étonne un peu.

— Nous ne sommes pas vendredi...

Le Bertrand s'en explique d'une voix mesurée où perce cependant le plaisir d'un secret.

— Louis me remplace. Enfin, je l'espère... Dame Louise nous a donné notre jour.

La Narde pose sa fripe de pâté. Il faut bien dire ce qui les amène.

— Nous avons besoin de vous, notre maître.

Henri s'est raidi malgré lui. La bonne femme le sent, rougit un peu et lui jette la grande nouvelle.

— Nous marions le Louis.

— Diable ! Avec qui ?

— Avec la Marguerite, pardi !

Henri revoit la petite servante, son corps potelé, cette façon de marcher dans un gentil balancement qui disait que le fruit était mûr et doux. C'est dans l'ordre des choses, tout cela.

— Il faut votre consentement, notre maître.

— Vous l'avez.

La Narde, qui a pourtant la langue bien pendue, s'embrouille un peu, dit que la petite n'a pas de parentèle, le regarde, se tait. Il ne saisit pas bien la raison de son embarras.

— Je paierai donc la noce.

Ils paraissent plus confus encore. Ce n'est pas ce qui les soucie. La Narde fixe la couche rosée qui couvre son pain, hésite, ne sait comment commencer. Le Bertrand l'aide enfin.

— La petite voudrait que vous la meniez à l'église, notre maître. Et nous aussi.

— C'est la coutume. Cela montre que c'est une bonne petite, une honnête fille.

Yrvoix ne répond pas. Les braves gens se guignent, ennuyés, puis l'observent, les yeux pleins d'un espoir insistant. C'est de leur fils qu'il s'agit. Il ne peut pas leur refuser cela.

— Avec plaisir...

Un soupir heureux lui répond. La Narde n'ose plus parler, ni son homme.

— A quand la noce ?

— Dame ! Avant le mois de Marie !

Ce qui ne laisse guère de temps. Henri considère ses serviteurs qui lui renvoient un regard appuyé et un peu entendu.

— Il nous faut aller un peu vite. Les petits ont déjà mis la soupe au feu.

La Guillette rit en posant la sienne sur la table.

— C'est pour le dimanche de la Saint-Georges. Si vous le voulez bien, notre maître...

Dans dix jours. L'ennui le prend de revenir rue de l'Ecorcherie. Mais il ne peut se mettre à jamais au dehors de chez lui. Cela touche au dernier ridicule. Des paroles vont et viennent d'un bout à l'autre de la table, qu'il entend à peine. Il se dit que ce sera pour une journée, qu'il pourra régler quelques papiers, revoir Jean Chambaud, tout savoir du royaume de France et de celui d'Aragon. Il regarde la Narde, son bonnet penché dans l'écuelle, sa gentillesse. Les deux petits Coutelle sont debout contre elle, avec cet instinct si sûr des petits enfants. Elle étale le bon pâté sur des tranches égales, avec une application de justice et d'amour. A côté de sa jupe est posé un grand panier à fond plat qui contient de la viande. De bons et beaux morceaux pour ceux de Naigremûre. Il ne peut faire moins que d'aller marier son enfant.

Yrvoix a dû assister à la messe, traîner à l'église la jeune épousée, mignonne et ronde, toute rougissante à son bras. La frimousse de Marguerite est alourdie d'une couronne de fleurs de pommier. Cela lui va bien et Henri ne sait pourquoi lui est venue cette idée saugrenue du bœuf gras, traîné par les rues, couronné, lui-aussi, avant le dernier sacrifice. Il est des idées qui ne se commandent pas. Est-ce le monde curieux des rues, les saluts infinis qu'on lui fait auxquels il lui faut répondre ? Il se sent l'âme morose. C'est ainsi depuis le matin. Tout l'ennuie, le tourneboule d'efforts de sourire et d'amabilité contrainte. Il ne voit pas finir cette messe. Saint-Jean regorge de fleurs et de gens. Le soleil brille, tout semble si clair. Pourquoi faut-il que cette rage bouillonne en lui ? Il se contraint à joindre les mains, à prier pour le bonheur des jeunes époux, pourtant fort évident. Louis arbore un sourire en permanent croissant de lune. Il est si heureux qu'on ne peut en douter en le voyant poser des yeux gorgés de fierté sur la femme conquise. Elle lui jette, sous ses rubans, de doux regards pleins de promesse. Est-ce cela qui ennuie si fort maître d'Yrvoix ? Ce bonheur simple et évident, ce droit donné aux autres d'être heureux ? Il s'en exaspère mais une confusion trouble se cache sous le triste dédain qu'il traîne depuis le matin.

Quand il est arrivé, à l'heure dite, la rue bourdonnait d'un monde qu'il n'avait pas prévu, Dieu sait pourquoi, car Bertrand et Bernarde Moreau sont de la paroisse depuis toujours. Les voisins, les amis, tout le petit monde de l'écorcherie, les meilleures pratiques de la boucherie, tous étaient là, endimanchés et joyeux. Dans cette presse, il a vu avec plaisir le cousin Jean et dame Louise pendue à son bras. Sa grand-mère, comme rajeunie, l'embrasse et rit en lui expliquant que le cousin lui servira de compagnon puisque, derrière les fifres, c'est lui, Henri, qui mènera la promise à l'autel.

— A la revenue, vous mènerez Laure, Henri !

C'est la coutume. A l'aller comme au retour, il faut suivre la tradition d'un cortège nuptial, établie de toute éternité. Il est le maître de la maison et se doit d'avoir au bras sa maîtresse. Le mot s'accroche à lui avec une dérision grossière. Il ramènera Laure, tout à l'heure. En cet instant, elle est agenouillée à côté de lui. Il se sent le jouet d'un destin capricieux, torturant. Que n'eût-il donné, il y a quelques mois, pour voir se poser sur son bras la main si fine qu'il ne regarde plus ? Une tristesse le prend, pesante, désespérée, qu'il ne peut repousser dans ce silence d'église. Elle tourne autour de lui depuis le matin. Dans la cour envahie de gens, il attendait la mariée que préparaient les femmes tandis que Jean lui rebattait les oreilles d'une lettre écrite par Henri de Navarre.

— Vous l'ignorez quand on ne parle que de cela ? A-t-on idée de s'enterrer ainsi aux champs ! J'irai chercher cette lettre, après les noces de nos promis. Il faut que vous la lisiez. Les deux rois se sont réconciliés. C'est la paix qui revient, Henri ! La paix !

La paix... Le mot roulait comme un rire d'ironie. L'odeur douceâtre de la glycine flottait dans l'air, entêtant et doux. Après la froidure de l'hiver, il n'avait pas gelé, c'était un printemps de fleurs. Le mur des deux maisons disparaissait sous un nuage mauve, une vendange renversée. C'était une fausse promesse, un vin trompeur. Il y puisait son amertume quand Laure est sortie du logis telle qu'il ne l'avait jamais vue, vêtue d'une robe de velours bleu s'évasant autour d'elle en lourds replis ondulants. Sa taille est ceinte d'une chaîne dorée où pend un long chapelet à grains de nacre. Son corsage de guimpe couvre un dénudement sage, un voile de dentelle fine retrouvée aux poignets. Ses cheveux relevés sont retenus par une templette emperlée, un peu penchée, qui ombre son front d'un friselis doré. Elle porte des perles à ses oreilles, des gants parfumés de jasmin. Son deuil est passé, elle a de nouveau le droit de vivre. Elle s'est approchée des deux hommes, tranquille et souriante.

— Bonjour, cousin Jean. Bonjour, Henri. Il fait beau, nous avons de la chance.

Puisqu'elle le dit... Henri s'est incliné sans répondre, incapable de mieux. Et maintenant, dans cette église, éloigné de Dieu autant qu'on peut l'être, il frémit de colère et de frustration. Dès la fin de tout cela, il rentrera à Naigremûre. Il va finir par détester cette femme s'il reste davantage auprès d'elle, il ne supporte plus son parfum de blondeur et de fleurs emmêlées. Pour se contrôler un peu, pour s'en donner l'apparence, il contemple une fois de plus ses éternels compagnons de messe, bien rangés et faussement soumis, heureux de leurs plumes et de leurs chapeaux. Ils sont toujours semblables et différents, mannequins changés d'habits par une main fantasque. Il est fort peu de cavaliers dans leurs rangs. Le duc d'Epernon, revenu en faveur, est parti rejoindre le roi. Jean le lui a dit, entre autres nouvelles, d'un air de gourmande satisfaction. Mme de Mézières n'est pas là et, au premier rang, c'est Mme d'Epernon qui se recueille. Elle est escortée du comte de Brienne, un muguet de cour dont Henri surprend le regard posé à côté de lui. Les femmes d'Angoulême sont bien jolies, au printemps.

La grand-messe s'achève enfin, les rangs se vident et la noce attend. C'est ainsi pour marier les petites gens. La cérémonie se déroule enfin, simple et agaçante. La Narde renifle, Louise porte un mouchoir à ses yeux, Laure sourit et Henri étouffe dans le pourpoint de velours noir de son père, le seul qu'il ait. Il ne s'est pas fait tailler d'autre habit et semble une corneille perdue parmi des pigeonneaux. Jusqu'à Jean Chambaud qui arbore un justaucorps gris gansé de vert et une fraise en roue de carrosse. Sur le parvis, tandis que sonnent les inévitables cloches, on se presse et on rit. Les gens embrassent la Marguerite épanouie. On serre la main d'Henri d'Yrvoix, le congratule presque autant que le Louis. Il a doté la petite servante, il a été un bon maître, un bon bourgeois de bonne ville. Les gens n'ont pour lui que de chauds regards d'amitié. Il est maître d'Yrvoix et il lui semble qu'il remplace un peu trop son père dans cette farce-ci.

— Allons à noce, mes amis !

Louise a parlé et le ballet se met en place. Henri calme sa colère et tend un bras légèrement replié, comme on lui a appris qu'il doit être. Une main se pose dessus. Il sent les lourds plis de velours qui balayent le chemin à côté de ses jambes. Le froissement du tissu caresse les pavés. Il ne veut pas regarder Laure, lui parler moins encore, et marche sans souci de son pas trop long. Le chemin est court, heureusement. Les fifres, devant la noce, égrènent des notes aigrelettes et légères et tous suivent, enchantés, dans le fond, de le voir hâter le pas. Il fait grand faim, à cette heure, et l'on va bien manger.

Bertrand et Narde n'ont pas ménagé leurs efforts. L'air mêle un encens de glycine et de rose, de cannelle, de chair rôtie parfumée de gingembre. Toutes les pièces d'en bas sont pleines de l'incessant va-et-vient des marmitons, la cour s'est couverte d'une grande table dressée sous le marronnier. Les convives s'égaillent en attendant de prendre place sur les bancs. Devant le puits, sans un regard, Henri baisse son bras. En deux enjambées, il rejoint Jean, lui dit n'importe quoi, l'écoute à peine lui confier que Jérôme de Noyon sera gouverneur pendant l'absence du duc d'Epernon. Il prend l'air de s'y intéresser cependant que l'on parle et rit tout autour d'eux.

— Je pense que Noyon n'aura pas de peine. La ville est calme comme elle ne l'a jamais été. Le duc a été fort sage en se montrant clément. Les gens lui font confiance, maintenant.

Le petit homme lève vers son ami sa barbiche maigre perdue sur son énorme fraise, et lui adresse un petit clignement des yeux.

— Le duc a réuni la noblesse d'Angoumois, en février, à Confolens, pour aider à la réconciliation du roi et de son héritier. Toute la noblesse, Henri, sans y mêler la religion, et beaucoup sont venus. Je le tiens de notre ami Chevilly qui s'entremet fort dans tout cela.

Ce qui n'étonne guère Henri, le procureur ayant assurément des amis très proches parmi les réformés. Il jette à Jean quelques mots de réponse vague. Mais le brave homme n'en demande pas davantage pour poursuivre, la voix basse et les yeux brillants.

— Tout cela sent la paix. C'est le premier printemps qui fleure ce parfum-là. Mon Dieu, Henri, comme je regrette de n'avoir sur moi cette lettre du roi de

Navarre ! Ne prendrez-vous le temps de passer me voir pour que je puisse vous la montrer ?

— Je crains que non. On m'attend ce soir, à Naigremûre et les portes se ferment à la cinquième heure.

Ils savent, tous deux, que le banquet sera interminable. Jean soupire, toujours à son idée.

— C'est une si belle lettre. Elle demande la paix à tous ceux qui s'acharnent à la guerre, de tous les partis, de toutes les religions. La paix, par pitié pour la France.

La paix, par pitié, c'est tout ce qu'Henri demande, lui aussi. Le cousin Jean va poursuivre son envol de paroles quand une voix douce l'interrompt.

— Pardonnez-moi, cousin Jean...

Laure est derrière eux, débarrassée de sa toque. Un voile léger encadre son visage, elle est charmante dans son aisance familière.

— Henri, il me faut te montrer une chose qui ne peut attendre.

Elle sourit d'un air joyeux pendant que Jean Chambaud s'incline. Henri se sent stupide, les bras ballants. Laure laisse s'attarder un sourire poli sur sa bouche mais les yeux qu'elle lève vers lui sont graves, presque suppliants. Le cœur surpris, il la suit et s'étonne de la voir traverser la cour emplie de monde sans la moindre gêne, dans un élan qui semble tout naturel. Que lui veut-elle ? Elle monte les trois marches, se retourne un peu, toujours souriante. Elle le mène dans l'autre jardin, leur jardin... Il a soudain le cœur lourd. Le pampre de la vigne a été coupé, sagement attaché à un arceau, et les branches s'écartent aisément devant eux. Ils entrent sans le moindre secret dans un pré carré où les vignes anciennes ont été taillées, les buissons de lauriers rabattus. Il ne reste que les vieux poiriers pour se dresser au milieu de cette mutilation. Leur ombre légère joue sur l'herbe, y dessinant des oiseaux mouvants. Laure et Henri sont seuls et il la suit, sachant où elle l'entraîne et ne comprenant pas le jeu cruel qu'elle se plaît à jouer avec lui.

Au bout du jardin, les lilas mauves et blancs s'entrelacent. Leur parfum tendre embaume l'air. Les noisetiers s'embrument de vert, les cytises laissent crouler leurs grappes d'or dans l'infini désordre d'un trésor familier. Le grand figuier verdit à peine, au bord du mur. Laure l'y conduit tout droit. Que veut-elle de lui ? A-t-elle oublié qu'elle l'a repoussé ? Une joie hésitante monte dans son cœur, son âme s'emplit de trouble à se voir seul avec elle, justement là. Elle passe devant le figuier et soudain s'accroupit. Dans un recoin du mur, dans son ombre légère, trois tulipes balancent leurs corolles roses. Le soleil les a légèrement entrouvertes. Laure écarte du bout du doigt un pétale, dévoile ingénument un cœur noir barré d'or. Elle regarde Henri, debout au-dessus d'elle, et lui montre tendrement l'étamine de chaque fleur. Il a le sentiment d'assister à une caresse intime, troublante et innocente à la fois. Son cœur bat à la charge comme elle se relève.

— Elles sont si belles. Je ne t'ai pas remercié pour cela.

— Mais si.

Sa voix est amère, brutale. Il est las de l'aimer, de la désirer, de voir qu'elle ne comprend pas le chagrin où elle le met. Que veut-elle, à présent, avec ces histoires de tulipes, cette fade équivoque de fleurs ? Il est furieux, voudrait la planter là mais aussi la prendre dans ses bras, l'étendre sous leur arbre. Il voudrait que le passé revienne, le temps du figuier qu'ils ont à jamais perdu. Fatigué de lui, il va s'en aller quand monte la voix de Laurie, si faible qu'elle arrête son pas.

— C'est de ma faute, Henri.

Il ne peut pas répondre.

— J'aurais dû tout te dire. Je voulais tant que tu restes avec nous. Mais je ne pouvais supporter que tu saches.

Sa voix se brise. Elle se tait, oppressée, tête basse et reprend doucement son pauvre aveu.

— J'ai construit une barrière entre l'enfant et moi quand il est né. Je pensais que c'était de sa faute si tu étais parti.

Elle se tait, il ne sait que dire, heureux et malheureux à la fois. Ils se regardent enfin, immobiles, face à face.

— S'il revient, je ne veux pas qu'il doute de moi. Ni de toi, de tout ce que tu as fait pour lui. C'est pour ça que je ne peux pas, Henri.

Elle baisse le front, il ne voit plus que le voile fin qui frémit sur ses cheveux. Elle le regarde à nouveau, l'émotion serre sa gorge, noue son cœur. Il hoche péniblement la tête pour lui dire qu'il comprend. Ils restent ainsi un moment avant de s'en retourner vers la noce des autres qui les attend.

31.

Des nuages d'encre s'amoncellent dans le ciel gonflé comme un ventre près de l'enfantement. L'orage s'accroche aux feuilles des coudriers, palpite dans l'air lourd. Il faut se hâter. Henri est debout devant la charrette et Pierre en haut du gerbier. Tout le monde aide à rentrer la moisson, même la Guillette et les enfants. Les bœufs blancs tournent leurs têtes lourdes vers le ciel en poussant de grands meuglements. Ils ont peur. Henri pousse de la fourche, jette la paille liée qu'ils ont eu tant de mal à faire venir. Il partage l'angoisse lourde de ceux qui ont semé ce blé. Il ne sent plus la sueur coller sa chemise, ni le picotement de la balle qui irrite la peau d'une poussière mauvaise. Il faut rentrer la moisson. Encore quelques gerbes ! Un long grondement de monstre réveillé courbe un instant l'échine de la forêt. Un souffle passe sur le bois, un vent se lève.

— Hue ! Hue !

Le fouet de Pierre claque dans l'air, le ciel le renvoie en échos grondants. Les bêtes beuglent de peur. Henri lâche sa fourche, prend la bride du gros blanc, la lourde charrette s'ébranle en grinçant. Les champs sont en haut de la ferme, posée en contrebas comme un gâteau de tuiles. La Guillette a pris l'autre bête au licou. Il ne faut pas verser à la pente mais aller tout ensemble vite et lentement. Le ciel tremble, le noir s'épaissit, de grosses gouttes s'écrasent autour de l'attelage. Les enfants courent au devant. Encore deux cents pas, en poussant et tirant, en hurlant aux bêtes des mots de paix. Les bœufs avancent bravement, la pluie arrive. Un fil d'épée déchire le ciel d'une couleur de fer. Il faut aller plus vite.

— Aide-nous, mon Dieu ! Aide-nous !

C'est la prière quotidienne de la Guillette. L'entendra-t-il ? Les gouttes tombent aux pieds des bœufs, rondes comme des grelots. Ils passent les barrières, arrivent devant la porte. Il pleut maintenant à grande eau.

— Allez ! Hue !

Les portes sont passées, la grange s'ouvre comme un trou d'ombre. Ils sont couverts d'eau, trempés, tandis que l'orage éclate de fureur au-dessus de leurs têtes. L'eau roule sur leurs joues, leurs yeux se plissent d'un grand rire. Ils sont rentrés.

Dans l'ombre de l'étable, on se pousse et on rit. L'eau s'acharne sur le toit, couvre leurs voix d'un long chant de rivière. Une cascade s'abat sur la tuilée. On se contemple avec au fond des yeux l'amitié d'un travail partagé, et pendant que gronde le feu du ciel, on s'essuie tout bonnement les joues. Les premières gerbes pourront sécher, la moisson est sauvée. L'air sent la poussière qui se pose au dehors et ce long souffle tendre de la paille coupée. Henri considère Pierre, son bonheur simple le rend heureux. Au pas de la porte, la Guillette s'en prend aux petits qui ne sont pas rentrés, sautent sous la pluie et vont prendre la mort à se mouiller ainsi.

Puis elle redresse son bonnet, attentive à une nouvelle misère.

— Qu'est-ce que c'est ?

Le grondement du ciel s'enfuit et revient. Ils écoutent, éperdus, l'eau qui roule du toit et le lent gonflement d'un bruit sourd, continu. Henri regarde ses gens et sort de l'étable, sans souci de la grande pluie. Les cloches frappent l'air d'un mugissement lent, inexorable. C'est le tocsin.

Les coups cadencés ont chassé l'orage. Il écoute, pensif, leur long tremblement s'abattre sur la plaine. L'église du village pousse maintenant la même plainte. Il est un feu, quelque part, un malheur qui s'est abattu. Une inquiétude le mord, soudaine et absolue. Il écoute, dans l'air qui vibre, d'où vient le bruit. Il ne sait pas. Il traverse la cour précipitamment, va dans son logis. Il ne peut rester sans savoir. Le souvenir le prend, brûlant, de l'été passé. Il y a un an, à quelques jours près, le tocsin déchirait l'air de la ville et poussait les gens dans les rues. La ville est-elle folle, à nouveau ? Il court tant de bruits. Le duc d'Epernon n'est pas dans la place. Les deux femmes sont seules, là-haut. Il ne peut s'arracher à cette peur.

— Notre maître ?

Pierre est devant la porte du logis des maîtres, le chapeau bas malgré la pluie, n'osant entrer. Henri a déjà pris sa cape.

— Je vais voir ce que c'est !

Ils courent tous deux jusqu'à l'écurie, sortent la Grise qui craint l'orage et encense de peur. L'air se fend sous les chocs répétés du plomb. Henri se hâte, il faut qu'il sache. Il fait signe à Pierre de pousser toutes les barres après avoir fermé toutes les portes. C'est le tocsin qui sonne.

En rabattant son feutre pour ôter la pluie de ses yeux, Yrvoix pique des deux. Le chemin blanc est couvert de flaques, les branches fouettées lui envoient de grandes gerbées d'eau. Il n'en a cure. Elles sont seules, là-haut. Il galope du plus vite que le peut la Grise, dans un sifflement d'air et d'eau, et ruisselle d'angoisse. Il les a laissées seules, là-haut. Des phrases simples, évidentes et folles, se collent au bruit des cloches, se mêlent à leur refrain lourd. *Qu'il ait à cœur de protéger ma femme... Tu ne me laisseras...* Et celle qui est si douce qu'elle a rendu la paix à son cœur. *Je voulais tant que tu restes.* Tout cela s'entrechoque dans un brouillard de cuivre et d'eau. Il passe le pont, voit dans une ombre fluide les murs voûtés des deux abbayes, jette le cheval à l'assaut ruisselant de la pente. Le bourdon de toutes les cloches martèle son pas, couvre le son des sabots et la traîne bourdonnante de l'orage qui s'enfuit. Il arrive au Palet, se prend au lourd cortège de ceux qui veulent entrer dans la ville, lui demander sa protection. Est-ce la guerre qui est revenue ? On disait, pourtant, que la paix était faite entre les deux rois ?

— Qu'est-ce que c'est l'ami ? Le sais-tu ?

Personne ne sait. C'est peut-être la foudre, le feu ? Mais comment le croire, avec toute cette eau tombante ? Les cloches, toutes les cloches, continuent pourtant à sonner. Les gens courent dans la ville, affolés d'ignorance. On se jette vers la place de la mézée. Le conseil doit savoir qui les fait sonner. Le flot des gens empêche la Grise de passer. Yrvoix avance contre lui, voulant s'assurer d'abord de sa maison. Il descend, ne pouvant passer, prend la jument à la bride et la guide par le chemin du rempart. Il arrive à la ruelle, la contourne, se jette dans la rue. Tous les mazeliers sont au devant de la boutique, ne sachant que faire. Henri voit Louis, lui demande s'il sait.

— Je ne sais, maître Henri. Le père est à la halle.

— Ferme tout, Louis !

Le jeune homme a un tel air de soulagement à le voir revenu qu'Henri en sourirait s'il avait le cœur à cela. Il se rassure un peu, entre dans le vestibule, trouve la Narde dans la cuisine baignée d'un aigre parfum de prunes cuites. Il ruisselle d'eau, s'approche du feu qui brûle toujours, même au cœur de l'été, ôte son chapeau, s'essuie le visage. Elle est si inquiète qu'elle ne proteste pas de toute l'eau dont il inonde le sol. Louise entre dans la pièce, suivie de Laure.

— Henri, que se passe-t-il ?

Il embrasse sa grand-mère, sourit à Laure. Un soulagement l'étreint de voir sa maison si tranquille. Il n'a rien vu, dans la ville, pour lui donner peur. Mais les cloches hurlent toujours leur appel.

— Fermez les portes et les volets. Je vais au conseil de la ville.

Dans les rues ruisselantes d'eau, il ne voit nulle part de fumée. Ce n'est pas le feu. Il ne reste, dès lors, que la guerre ! Une fois de plus ! Une rage le prend à la pensée de cette folie qui ne veut pas mourir, qu'il a partagée, pourtant, il n'est pas si longtemps. Son cœur se noie d'inquiétude pour François. Si c'est la guerre, les forces du Béarnais vont redescendre en Poitou. Que pèseront les lances d'Aubeterre contre l'armée du prince ? Le souvenir de Coutras bourdonne dans son crâne. Où peut être l'enfant ?

Henri a parcouru sans les voir les quelques centaines de pas qui le séparent de l'hôtel de la ville. La petite place est noire de monde. D'un coup, les cloches se sont tues. L'air vibre encore d'un dernier grondement qui se prolonge et se perd dans un silence sans fond. Le conseil est sur la place. Tout le conseil. Par sa haute taille Henri peut voir les échevins frileusement groupés, les conseillers de même, la tête basse, comme accablés. Il aperçoit Jean Chambaud aux côtés de M. Chevilly. Le maire s'approche des gens, les deux mains en avant. C'est le gros Etienne de Villoutreys qui tient désormais cette charge.

— Mes amis, mes enfants...

Il fait une tête à ne pouvoir parler, et la secoue, tout affolé. Enfin, d'une voix tremblante, il leur jette quatre mots :

— Le roi est mort.

Une stupeur saisit la foule. Le roi est mort ? La nouvelle se fait lentement chemin, se teinte d'un peu de soulagement. Ils n'ont pas la guerre à leur porte.

— La paix de Dieu soit sur lui...

Les gens paraissent plus surpris que peinés. On leur a dit tant de choses de ce roi. Il a fait tuer le duc de Guise. Beaucoup, au fond de leur cœur, pensent que c'est un juste châtiment. Le maire reprend simplement.

— Nous sommes en grand deuil. Tout devra rester clos, pendant trois jours. Rentrez chez vous...

On murmure, à nouveau, on s'étonne. Le roi était-il malade ? Mais le conseil n'en dira pas davantage. Les robes noires s'agitent un peu, veulent s'en retourner à l'abri de leur salle. La foule se délie en groupes étonnés quand une voix monte jetant le silence sur toutes les autres.

— Qui est notre roi, maintenant ?

Nul ne répond. Le peuple se regarde, comprenant soudain l'étendue du mal qui s'ouvre devant lui. Henri III n'a pas de fils, pas de frère. La France n'a pas de roi. Est-ce une chose possible ? L'angoisse est revenue, palpable dans l'air lourd. Les épaules se baissent. Parler peut être dangereux. Il vaut bien mieux rentrer chez soi. La foule se défait, songeuse, abasourdie. Henri ne s'attarde pas aux groupes qu'il frôle et atteint le seuil de l'hôtel de ville comme on va repousser les portes. Il entre, étant membre de la mézée. Le silence, dans la salle, est celui de l'accablement. Henri va droit vers Jean Chambaud qui s'est assis à un banc de bois, la tête dans les mains.

Les yeux du petit homme s'emplissent de larmes.

— Un moine l'a poignardé... Ils l'ont tué.

Un flot épais l'empêche de poursuivre. Il hoquette un peu, se reprend bien mal.

— Ils feront de même de nous, maintenant. Ils vont nous crever à nouveau dans les rues.

Jean Chambaud ne peut plus parler. Il s'essuie les yeux d'un geste de fatigue, les lève vers l'homme plus grand qui se penche vers lui.

— La paix était là, si proche. A portée de la main.

32.

L'aube grisaille, le vent est froid. Des feuilles tourbillonnent au ciel, jetées ici et là. Jean d'Aubeterre se tient devant sa tente. Il regarde pensivement rouler une goutte de pluie. Elle suit un simple sillon de toile et s'écrase lourdement devant lui. Il entend, au-delà de sa fatigue, ces bruits qui sont la vie d'une troupe en campagne, le froissement des piques, le craquement d'un feu, le bruit chuchotant et diffus de la voix des hommes. Ils sont trente. Les derniers fidèles. Il leur faut quitter ce pays que menacent les réformés.

Deux jours auparavant, le Navarrais a prié les derniers combattants de se rendre. Il a pris, dans son message, le ton d'un roi de France, leur a parlé de son plein pardon. Mais ils savent ce qu'il en est, David et lui... Leur père a cru aux paroles de la Réforme. Il est mort bon huguenot mais pauvre de biens. Ses fils n'ont rien, plus de terres, pas le moindre crédit auprès d'un roi qu'ils ont pourtant servi. Que peuvent-ils attendre, à tel compte, d'un ennemi ? S'ils abaissent leurs armes, ils savent qu'ils ne seront plus rien. Le Béarnais les abandonnera à la haine tenace du duc d'Epernon. Le gouverneur d'Angoumois a fait la sourde oreille, il n'a répondu à aucune lettre. Pour montrer leur bon vouloir, les deux frères Aubeterre se sont à nouveau portés dans la guerre, au printemps passé. Mais le roi est mort sans vider la querelle. Henri III n'a jamais rien fait d'autre que de laisser le temps pourrir une situation.

Une colère d'impuissance ne quitte plus le chevalier ; il ne peut se cacher qu'ils n'ont jamais été si bas, son frère et lui, coincés entre les huguenots qui arrivent, à l'ouest, triomphants, et ce Gascon qui les hait et tient le sud. L'automne s'achève en pluie et en froidure, l'hiver les menace à nouveau. Depuis la mort du roi, ils mènent une errance sans feu ni lieu, n'ont ni refuge ni sûreté. La Ligue est suspecte à tous depuis l'assassinat du roi et chacun sait qu'ils sont à elle... David et ses hommes sont partis à l'aube pour rejoindre Aubeterre que le duc d'Epernon peut prendre en s'amusant. Il n'est personne pour borner sa puissance, maintenant. Afin de prouver à tous qu'ils existent, de pousser le Béarnais à reconnaître leurs terres et leurs droits, les deux frères ont décidé de garder les armes. Ainsi, on ne les oubliera pas. C'est le dernier combat, l'ultime bataille où consumer leurs forces. David va jeter sa bande sur le Périgord et Jean la sienne sur l'Angoumois. La forteresse de Villebois permet un repli, c'est un nid d'aigle qu'ils peuvent aisément prendre, gardé par quelques paysans. Le chevalier soupire, il n'a qu'une poignée d'hommes. Avant de partir, son frère a dit aux soldats de belles paroles. Il leur a parlé du message du Navarrais qui se prétend le roi Henri le quatrième. Jamais ils n'accepteront cela ! Le roi de France ne peut être un huguenot, un hérétique. Les visages des soldats brillaient dans l'ombre comme la voix du vicomte montait dans leurs cœurs.

Ni lui ni son frère ne feront de trêve, n'accepteront de pourparlers, de reddition ! Ils sont en guerre, au nom de la Sainte Union que le pape soutient toujours, en guerre contre tous ceux qui veulent donner la France à un réformé. Ils tiendront ce qu'il faudra tenir et feront savoir à tous le poids de leur colère. Les Espagnols reviendront. Ils porteront secours aux combattants de la vraie foi. Aux combattants que Dieu soutient ! Quand David s'est tu, un hurlement lui a répondu. Les hommes au moins le croient. Le chevalier attache son plastron, prend son armet et sort sous la pluie. Il rejoint ses argoulets qui sont déjà prêts. Ils éteignent un mauvais feu de brandes et vont à leurs chevaux, sans un mot. Ils sont hors la loi, désormais, en ont la rage au cœur. Ils descendent vers la Charente mais ils ne peuvent rentrer chez eux.

La pluie coule sur leurs armures sans discontinuer, la pluie mauvaise de ce pays plat, pétri de fange. Ils le quittent, ils vont porter ailleurs la colère de Dieu ! Depuis qu'il est dans la troupe du chevalier, François sent chanter en lui un feu nouveau. Il n'est pas de jour où il ne prie. Le Seigneur l'a sauvé en lui faisant rencontrer ces hommes ! Il ne les décevra pas ! Le lourd manteau de bure d'Henri le protège, le Roux est un cheval d'airain. Peu importent la boue et le criaillement des oiseaux blancs, au ciel si laid. Ils passent des landes nues, ravinées d'eau et de sel. Une odeur saumâtre de vase et de roseau lui revient qui lui lève le cœur. Il veut oublier, il fixe au travers de la pluie la silhouette qui les guide, le cœur plein d'une confiance éperdue.

Lieue après lieue, ils traversent ce pays maudit et longent une petite rivière débordant sur les prés, à l'infini. Ils arrivent à une route, à la passée d'un pont et s'engagent dessus quand un tonnerre de feu s'abat sur eux. Le Roux se cabre, deux cavaliers tombent, à côté de lui. François ne sait plus où il est, Maumont hurle, montre un bois de pins. Le jeune homme le suit, le cœur battant de peur, d'angoisse et de colère, sans penser que c'est là son premier combat. On leur tire dessus ! Sortant des piles du pont, il voit des cavaliers qui tournent bride, quatre cavaliers, portant une écharpe blanche. Ils s'enfuient ! D'une même pensée la bande s'envole ! Ils ont voulu tuer le chevalier ! François éperonne avec les autres, à demi couché sur son cheval. Ils passent le pont à grand bruit de fer, tirent au dedans du bois. Mais les réformés ont disparu, avalés par l'ombre des troncs. Aubeterre s'arrête à la lisière, tournant le col de sa monture d'un grand mouvement de mors.

— Ils veulent nous attirer ! Cessez là !

Ils tournent bride, repartent vers ceux qu'ils ont laissés et mettent pied à terre. François ne croit pas ce qu'il voit. Laisné est mort. Le coup lui a emporté la moitié de la tête. Un œil pend hors de la plaie, horrible et rond comme une boule. Durand se traîne vers eux, les mains au ventre. Il est couvert de sang. L'arquebuse lui a enfoncé le flanc. Une odeur de pestilence s'exhale de ce qu'il tient entre ses doigts. Le pauvre homme gémit par terre et se tord horriblement. François sursaute en voyant Maumont l'ajuster lentement. Le bruit de la balle troue le cœur des présents.

Ils les ont jetés, tous les deux, dans le fossé des pins, et ont repris en hâte leur chemin silencieux. Ils contournent les bois, s'enfonçant jusqu'au garrot dans l'eau verdâtre et froide. De longues algues se collent à leurs étriers. Ils passent ainsi trois lieues, en silence, portés par la colère et la peur. Ils sont en pays huguenot. Les hommes voudraient passer plus vite mais le sol mouvant se dérobe, condamnant leurs chevaux à un interminable pataugement. Ils vont, lentement, le cœur aux aguets, le corps tendu au moindre sifflement du vent. A la nuit, ils parviennent enfin à la berge du fleuve. La Charente brille doucement dans une pâleur de lune, blanche, étalée devant eux comme une écharpe mouvante. Elle est élargie, sortie de son lit et ils ne peuvent chercher de pont, tous étant tenus par les Navarrais ou par les traîtres qui se rallient à eux. Le chevalier fait un signe de croix et s'engage dans le courant. La peur au ventre, ils le suivent, ramassant contre leur poitrine la poudre qui leur reste et un peu de vivres. Les chevaux trop chargés nagent mal, les hommes, couverts de fer, mourront, s'ils tombent dans le flot. Recroquevillés, cramponnés d'une main aux crinières, ils tiennent leurs arquebuses à bout de bras. L'eau les recouvre presque entièrement. Ils glissent ainsi sur une demi-lieue, dans un froid mortel et fluide, emportés par un courant épais. Peu à peu, le sol revient sous leurs chevaux, les lourdes montures reprennent pied. Ils ont passé la rivière. Trempés, glacés, ils cherchent un couvert et le trouvent en amont, dans une grange à demi brûlée. Mais ils ne peuvent se risquer à faire du feu et grelottent toute la nuit, serrés les uns contre les autres, transis jusqu'au fond de l'âme.

Cela fait trois jours qu'ils cheminent en se cachant. Ils ont quitté le fleuve, les vignes. La plaine rase étale en vain la pourpre rousse de ses bruyères, leur errance n'a pas de fin. Ils fuient sans rien voir d'autre que leur angoisse. Ils étaient trente. Ils sont vingt et huit. L'hiver approche ses doigts glacés. Ils n'ont pas de camp où aller, pas de refuge. Des collines moutonnent dans l'aube, un vent âpre s'étend sur les prés. Il gèle aux fossés. Les chevaux n'en peuvent plus, le chevalier ne sait combien de temps les hommes tiendront. Le pays leur est devenu peu à peu familier. Ils passent au travers des fermes abandonnées, croisent un gros bourg, coincé entre une église et une maison forte. Les hommes connaissent ce village et crachent de dédain. Ils sont à Plassac. C'est un pays de réformés, de crapouillots ! Ils continuent, le cœur tordu de faim, de misère et de crainte. Ils sont les combattants de Dieu, les seuls qui n'acceptent pas que le diable l'emporte. Et ils n'ont rien quand d'autres ripaillent ! Une colère froide les tient dans ce pays qui est le leur et se refuse à eux. Ils passent une forêt de chênes. Leurs yeux en sont à chercher les glands, sous la fougère, quand Maumont leur fait un signe entendu. Il montre un long filet bleu s'élevant droit au-dessus des arbres. Ils ont faim, ils ont froid et dévalent la pente dans un enfer de sabots. C'est un village, un hameau sans église qu'ils ont surpris à la repue. Les villageois, éperdus, courent en tous sens pour s'enfermer. Ils ont peur d'eux ! Ce sont des huguenots, des crapouillots ! Ils le sont pour fuir ainsi quand ils ont tellement besoin d'un peu de soupe ou de feu. Le chevalier est debout sur ses étriers.

— Pas de quartier !

Un tonnerre de poudre lui répond. Les soldats poussent leurs montures en jetant des cris d'ouragan. François sent dans ses veines la joie soudaine du sang. C'est un flot rutilant, une force de vie qui prend son ventre et chauffe sa poitrine. Cette fois, il va se battre ! Il ne les décevra pas ! Il voit une femme qui court devant lui. Il pousse le Roux, décharge son arquebuse dans un dos qui se couvre de rouge. Ce n'est que cela ! Comme c'est facile ! Il sent un rire fou lui venir aux lèvres ! Il se sent fort, puissant, il est un homme, en cet instant et tous peuvent le voir ! Il recharge son arquebuse. Quelqu'un hurle, le garçon se tourne, étonné, et voit un homme courir vers lui et attraper sa bride. Le manant va le balancer bas d'un coup de fourche. François éperonne le Roux qui se cabre tandis que le fer dérape sur son harnais. Le gamin saisit son épée et l'abat sur la tête de l'homme, qui craque sous le fer et titube, toujours debout, accroché à son étrier. François frappe un deuxième coup, voit se renverser les yeux de celui qui tombe, élargis de surprise. Il entend soudain monter vers lui des cris de terreur, des gémissements. Pour ne plus rien entendre, il hurle, en joignant sa voix à celle de ses compagnons.

— Tue ! Tue ! Sans quartier !

Il sera des leurs, cette fois. Il ne sera pas un lâche ! Il voit ses compagnons, à terre, ferraillant des paysans, les repoussant dans une masure. Granier tient du feu dans la main et lui adresse un fier sourire, les yeux brillants. François entend des braillements d'enfant, un souffle le saisit comme son sang retombe lentement. Mais, plus fort que tout, un torrent froid inonde son cœur, emporte son âme, sa tête, sa raison. Il a peur de s'arrêter là, de n'être pas à la hauteur, de n'être pas un combattant. Il voit deux hommes qui hurlent, transpercés, tombés à genoux. Il ne veut plus les entendre, épaule et tire à bout portant. Il ne les a pas eus. Maumont, derrière lui, les charge dans un grand rire, qui pourfend l'un, achève l'autre. « Tue ! Tue ! » Une fumée épaisse s'élève de la maison et des cris horribles, effrayants, ceux de l'enfer et de la damnation. François se sent ivre, dépassé, ne sait plus où il en est alors que monte vers lui une odeur âcre que repousse le vent. Dans l'air noirci, il voit soudain deux petits qui sortent d'un fossé, avec une gamine plus grande. Tue-les ! Ce sont des crapouillots, des maudits, des hérétiques ! L'idée affreuse de son père lui vient d'un coup, lui fait lever le bras. Il doit laver cela ! Son cœur bat à se rompre. Il tire, un enfant tombe, un autre crie. La fille court, tenant ses jupes, il la rattrape à bout de souffle, la pousse au mur d'une maison. Il est devant elle, l'écrasant de la masse de son cheval. Il n'a plus de balles. Elle le regarde, les yeux levés, abattre son épée sur son bonnet de toile. Elle tombe lentement, à deux genoux. La main de François est couverte de sang quand un silence étrange tombe sur lui. Il n'entend plus que la charge de son cœur battant. Plus de plaintes, de gémissements, plus rien que le renâclement des chevaux. Il sent son cœur l'étrangler tandis qu'un flot de pensées lui revient. Il voit du sang, sur sa main, entend crier le capitaine.

— Prenez tout ce que vous pourrez !

Maumont éventre une porte à grands coups de botte. Les autres ont mis pied à terre et enjambent les corps des morts ou de ceux qui se traînent au sol. Combien sont-ils ? Peut-être cinquante, avec les femmes et les petits. François ne le sait pas, ne veut pas le savoir. Il essuie sa main au manteau d'Henri, cela le brûle mais il repousse de toutes ses forces le dégoût qui vient. Il ne les décevra pas, ne sera pas un petit puceau, un bougeron. Il est un soldat comme les autres ! Ces gens sont des parpaillots, des ennemis, de ceux qui ont poignardé son grand-père ! Le garçon descend du Roux à la hâte, le cœur affolé, cogne du pied une porte qui s'ouvre en grand. Elle n'était pas fermée. Il enjambe un corps de femme, qui bave et tressaute encore, ne veut pas le voir, saisit un demi-pain posé sur une table, sort en courant. Au dehors, l'air s'épuise de râles, de coups d'achèvement. Sur la terre battue, entre deux masures, des hommes rient en essayant d'attraper des poules. Les soldats prennent tout ce qu'ils trouvent, des paniers et des pots, et chargent une charrette d'un fourniment qui ne les nourrira pas trois jours. L'air se couvre de suie quand le toit de la grange enflammée cède dans un effondrement d'étincelles. Des flammes montent au ciel, une fumée noire s'élève et retombe sur eux. François se trouve mal, son pain au bout du bras. Il contourne un mur, sursaute. Une vieille est assise là, adossée, qu'ils ont oubliée. Elle le regarde, sans un mot. Ses yeux creux sont sans douleur, sans surprise. Ils promettent l'enfer à celui qu'ils regardent.

33.

Le duc d'Epernon contemple sans mot dire les hommes vêtus de noir qui lui présentent la doléance du présidial. Ils sont si dissemblables, l'un petit, presque chauve, les yeux humbles et doux, l'autre sombre et trapu, assurément honnête mais un peu vaniteux. Il a de l'estime pour le petit, celui qui a simplement dit :

— Vous ne pouvez laisser cela se faire.

Le sieur Chevilly parle plus longuement pour dire la même évidence. Les ligueurs se sont retranchés dans la forteresse de Villebois, à moins de six lieues. Ils navrent tout le pays et il n'est plus de commerce, de sûreté, aux marches de l'Angoumois. Le duc s'amuse un peu de l'importance que cet homme se donne. Mais il est constant que le procureur lui est d'un appui précieux. Fatigué de se contenir, le gouverneur se lève à moitié, adressant aux deux émissaires un petit geste sec, moitié remerciement et moitié impatience.

— J'entends bien tout cela. Je vous ferai connaître bientôt ma décision.

Toujours les mêmes paroles de civilité compliquée

avant qu'ils ne sortent. Mais la porte à peine fermée, le duc s'est levé d'un bond. Il le tient ! Il va à la fenêtre, l'ouvre en dépit du froid car il a besoin de tout l'air du monde. Il marche, manque d'espace, arpente la pièce, se poste à la cheminée, jette un coup de pied aux tisons et revient, les yeux armés de feu. Son secrétaire écrit toujours. Le poing du duc s'abat sur la table, sans souci des dentelles qui l'entourent, de la bague d'agate qu'il peut se briser. Le jeune homme relève tranquillement sa plume.

— Combien de morts ?

— Soixante et deux.

— Est-on assuré que c'est le régiment d'Aubeterre ?

— Une vieille était là, qui a tout vu. Ils avaient l'épaule cousue de bleu et de blanc.

Guillaume Guez désigne de la plume un parchemin.

— Les clercs du présidial ont noté sa plainte.

Le duc bout, il faut se calmer. Il reprend sa marche, s'arrête à la fenêtre qui domine la petite cour pavée. Tant de choses se sont passées depuis le temps de son arrivée à Angoulême. En un éclair de pensée, il se souvient de ce moment où il était si bas, si seul. Il est redevenu la puissance et l'orgueil, le droit, également. Il est le bras de la justice et ce n'est pas sans ironie que le conseil de la ville soit venu se plaindre des désordres infligés par la Ligue à la province. Ces bonnes gens ont la mémoire bien courte ou une étrange façon d'oublier.

Le duc admire les rivières brillantes que le givre a posées aux fentes des tuiles. Le soleil luit, l'air est froid, sec. Ce beau temps peut durer un peu. Epernon soupire d'énervement, met ses mains dans son dos, pense un instant aux malheureux qui ont souffert pour qu'il sache que les Bouchard d'Aubeterre ne se soumettront pas. C'est à lui que le massacre s'adresse. Ces pauvres gens n'étaient pas des parpaillots mais des paysans venus s'installer sur une terre vide pour passer l'hiver. La guerre civile est finie et la paix tiendra, malgré la rage de la Ligue, malgré la mort du roi. Une douleur tendre l'envahit dès qu'il pense à Henri III. Ce n'est pas le roi qui lui manque mais l'homme qui avait percé à jour un pauvre cadet gascon. Il se souvient de lui, exsangue sur son lit de mort, lui désignant Henri de Navarre comme son héritier. Epernon n'a pu faire ce pas. Le Béarnais est hérétique, excommunié. Mais il est le premier fils issu de Saint-Louis. Il vient de vaincre le gros Mayenne, à Arques, et nul ne peut repousser bien longtemps l'évidence.

Le duc reprend sa marche silencieuse tandis que grince la plume de son secrétaire. Les grands le haïssent, le Béarnais ne l'aime guère, mais il n'est pas de meilleur lien qu'un ennemi commun. S'il veut rester grand, montrer à tous qu'il faut compter avec lui, il n'a d'autre issue que de prouver sa force.

— Nous allons attaquer, Guez, et nettoyer ce nid de rats.

— Je ne sais, Monseigneur...

Epernon hausse le sourcil avec une sorte d'amusement. Il aime ce garçon pour ses protestations, cette raison mesurée qu'il porte avec lui, cette façon de le contredire quand tous se taisent.

— Tu ne sais pas ce que tu vas me dire ?

— L'hiver commence.

— Jusque-là, tu as raison.

— Ils sont en place forte. On dit la citadelle imprenable.

— On dit aussi que je n'aime pas les femmes.

— C'est un château fort, de trente pieds de haut, à double mur d'enceinte.

— Le chevalier d'Aubeterre l'a bien pris.

— Par surprise, à une garde de paysans. Ou par un peu d'amitié. Le château de Villebois appartient à Mme de Mézières.

Le duc lui rend l'entendement de son sourire. Une bonne tante n'aime à voir son neveu coucher dehors.

— Cette dame étant des amies de ma femme, je vais m'attacher à lui rendre son bien.

— Prendre une telle place en hiver ne s'est jamais vu. Villebois est entouré d'arbres. Le pays est aventureux, malcommode, et ses routes incertaines.

Le duc sourit dans sa barbe à voir tous les renseignements que le jeune homme a déjà pris. Il est décidément précieux.

— Je n'ai pas dit que la chose serait facile. J'ai dit que nous allions la faire. Une place est forte des hommes qui la tiennent.

Guillaume Guez proteste, en pure forme.

— La citadelle est un morceau à se casser les dents, Monseigneur, tout le monde vous le dira. Le vicomte est dans son château d'Aubeterre. Ne vaudrait-il mieux, à tout prendre, assiéger cette place ? Si nous tenons l'aîné, le cadet se rendra.

Le duc sourit. Que les frères s'entraident, il y compte bien.

— Le vicomte peut venir secourir son frère et vous prendre au revers.

— Eh bien, qu'il vienne...

Un éclair de regard, une mine de chat. Le jeune secrétaire se tait, comprend à demi-mot. Faire justice et se faire justice peuvent si bien se marier... Epernon lui jette un œil innocent et lisse sa moustache d'un mouvement familier.

— Nous partons dès qu'il se pourra.

Il faut mander les officiers. Le jeune Guez s'incline et sort. Epernon est heureux d'être seul, même un court instant. Maintenant que sa décision est prise, il la pèse. Il est ainsi, impulsif avant de calculer. C'est sa nature et la raison des faveurs que la vie lui a faites, il est loyal par tempérament. Il est impatient de mener ce combat, de se venger et de venger le roi poignardé par la Ligue, le flot de mensonges et de boue qu'elle a sécrété ayant perdu l'esprit d'un fou. Il pense à nouveau à Henri III, revoit ses yeux lourds et toujours hésitants. Cet homme était d'une autre nature que la sienne, douloureuse, inquiète. Il voulait la paix et n'avait pas la force de l'imposer. Il ne fera pas la même erreur dans ce gouvernement qu'on lui a laissé comme on jette un os à un chien. Si forte que soit la vieille citadelle, il montrera à tous ce que peut sa main. Le jeune Guez revient, reprend son papel et le duc d'Epernon sa marche encagée.

— Tu vas écrire une lettre au roi de Navarre, lui disant mon intention de rendre cette province à la paix.

Le secrétaire lève les yeux. C'est un gage adressé au Béarnais, un premier pas. Le duc le considère, pince à nouveau sa barbe et poursuit de son air de rien.

— Il faut envoyer un courrier à tous les nobles de l'Angoumois. J'entends qu'ils me rejoignent aux murs de la forteresse. Tu l'adresseras à tous, catholiques ou protestants, au nom du gouverneur, sans nul souci de religion.

Guillaume Guez relève le nez et sourit.

— Ils diront que pour mener un siège, l'hiver ne vaut rien.

Ils savent tous deux que les plus prudents paieront le gouverneur de cette plate excuse. Ils craindront de s'engager contre la Ligue ou de se battre au côté des protestants. Le duc répond du même sourire, en haussant les épaules.

— A la chasse, il n'est pas de saison.

La fin de novembre arrivant, la campagne se fait brune. La petite armée du gouverneur progresse, guidon au vent, sur un chemin si difficile que le duc peste sans arrêt, plus agacé de lieue en lieue. Le convoi des vivres, les munitions, tout ce fourniment nécessaire à la guerre a retardé son départ et tout se lie pour entraver sa route. Une étendue sans fin d'arbres mourants enserre les cavaliers, les obligeant à courber la tête. Ils approchent cependant, passent un village mort, longent une abbaye dévastée dont les arches noircies s'ouvrent sur le vent. Une lande s'étend devant eux, étrange, violette, ondulante en lourds plis de grenat. Le pays est nu, d'une beauté si grande que l'on sent monter de ce sol farouche une force ancienne et mordante. Epernon a mis son coursier au pas. Un soleil froid se cache derrière d'épais nuages d'encre, s'accrochant parfois au fer des morions quand surgit une trouée de lumière, un incendie de ciel, comme une promesse d'au-delà. Ils voient enfin la citadelle et bien qu'ils soient éloignés d'une demi-lieue elle les écrase, formidable comme une falaise dressée devant la mer. Le duc donne l'ordre de s'arrêter. Une ombre glisse sur les tours énormes, un nuage gonflé s'accroche à la muraille, semblable à la voile d'un galion perdu sur une forêt d'océan. La forteresse tient ce que l'on en dit. Elle avale la colline, large poing de géant posé sur ce pays d'encolure et de vent. Les remparts sont hauts de vingt pieds, montés sur un rocher qui s'escarpe en fossés pierreux, dévorés de halliers. C'est un verrou de pierre. Il ne dit mot, ses hommes comme lui se taisent. L'immense masse grise semble attendre à l'infini.

Le lourd étendard d'or et de sang de l'Angoumois claque au vent comme une flamme tordue. Mais au pied de la forteresse, ce n'est guère qu'un bout de tissu, l'effigie dorée de la vanité des hommes. Epernon sent l'inquiétude se glisser en lui, sournoise, imprévue. Pour assiéger la citadelle, il n'a pris que deux canons, deux cents piqueurs, cent cavaliers. Il a dit fièrement à ses hommes qu'il n'entendait pas faire plier l'ennemi à grand déploiement de force, qu'il fallait vaincre dans le mépris et l'écraser dans le dédain. Ce ne sont que des paroles. La vérité, c'est qu'il ne peut découvrir Angoulême. S'il perd la ville, il n'est plus rien, il n'a plus rien. Aussi a-t-il laissé son armée derrière lui, de L'Isle Marivault, l'abbé d'Elbène et Guez. Il se méfie de la cité pateline, des bourgeois tranquilles qui l'ont déjà trahi. Il est trop tard pour le regret mais il se jette peut-être dans un piège mortel. Les renforts qui lui sont venus sont assez faibles, huguenots pour la plupart. En face, il ne sait combien de bougres tiennent la citadelle, combien le vicomte a gardé de soldats, à Aubeterre. Si le sénéchal parvient à rameuter la Ligue, à porter secours à son frère, tout gouverneur soit-il, il sera perdu. La forteresse domine le pays à trois lieues à la ronde, il est assuré qu'on l'a vu venir, qu'un messager a pu s'enfuir. Le duc avance au pas et semble impavide tandis que le doute l'assaille. S'il s'englue dans l'hiver et la boue, il ne pourra lever ce siège sans se déshonorer, maintenant qu'il l'a annoncé partout à son de trompe. Si le temps tourne, s'il pleut, la poudre se mouillera. On ne peut prendre une telle place sans canon. Il détourne ses yeux du flot nuageux que le vent chasse au-dessus des tours et des créneaux. Il doit montrer de la confiance et dissimuler, une fois de plus.

La nuit approche à pas comptés. Epernon sent monter une colère que le souci exaspère. Un chemin escarpé lui fait face, rompu de planches enlevées. Le duc arrête ses hommes au bord du fossé large de vingt brassées qui les sépare d'une porte hersée, d'un pont-levis, de doubles barbacanes. Dérisoire à ses pieds, la forteresse semble s'ancrer dans la nuit comme dans le passé, immobile, immense, pleine de la majesté muette de la pierre. Elle parle d'un autre temps, de chevaliers portant la croix tout autrement que lui. Elle le ramène au sang que n'a pas le petit-fils d'un notaire, fût-il archimignon. Un désir le prend de la tenir, de la posséder, étrange et violent, presque douloureux. Il retient son manteau que le vent agite, lance un dernier regard aux créneaux, s'en détourne enfin. Seul, il s'est élevé aussi haut que cette muraille. Il l'abattra.

34.

L'air est froid, le morveux pourrait fermer la porte ! Les bandiers sont assis près de la cheminée, devant des tables de fortune, jouant aux dés, s'ensommeillant. Ils tuent le temps comme ils peuvent, le temps interminable de l'hiver. Certains graissent leurs arquebuses, d'autres somnolent, assis au sol. Le jeunot entre, rouge du froid de la muraille et d'une émotion qui enroue sa voix.

— Un régiment s'en vient vers nous !

Maumont jette un regard à ses compagnons de dés et retrousse sa lippe. Encore une vapeur de jeunesse ! Ce sera quelque bande de ligueux venant demander l'asile. Mais le blanc-bec insiste en claquant des dents. Les hommes de la tour de guet l'envoient. Maumont se lève en pestant qu'il allait gagner, jette les dés, hausse son col de taureau et va frapper à la porte du chevalier, à l'étage du donjon. Quand il redescend du viret de pierre, le chevalier le précède, l'incrédulité au fond des yeux. Ils sortent et les hommes les suivent, avides de voir ce qui vient troubler leur attente morne. Ils gagnent la tour de guet et contemplent le long serpent qui ondule péniblement au travers de la forêt. Des bannières tremblent dans le vent, les casques et les lances brillent dans le soleil mourant. Aubeterre fixe gravement ses hommes. Ils savent quel est celui qui vient.

— Ils sont à trois lieues.

Ils comprennent sans plus de mots ce qu'il veut dire. Ils ont le temps de s'enfuir, d'abandonner la place. Pour aller où ? A Aubeterre, le château est un repaire pitoyable comparé à la citadelle. Le pays, derrière eux, n'est qu'une terre pillée. Emporter des vivres ralentira leur marche, les mettra à la merci des cavaliers de l'ennemi.

— Nous devons tenir la place.

Aubeterre considère ses hommes. Ils ne sont pas trente.

— Je ne peux me rendre. Si nous tenons, c'est pour l'emporter.

Un feu de colère passe sur eux. Ils vont montrer qu'ils sont des hommes et non des rats ! Une flambée de haine durcit les visages autour de François qui sent palpiter dans ses veines la force du combat. Epernon cédera, ce fou, ce morgueux qui croit qu'on peut venir ainsi les prendre. Les hommes crient, énervés de l'affront, tendus de violence. Ils ne se rendront pas ! Tout un arsenal de raison militaire leur vient en renfort d'assurance. Prendre la place est impossible par la force, ils sont hors de portée du moindre canon, protégés par le ravin, les fossés de flanc, l'enceinte double sur le ponant, et la muraille, épaisse de deux bras d'homme. Par la faim, qu'on n'y compte pas. Ils ont de l'eau, du grain pour cent ans ! Ils rient de rage à la pensée du bougre qui vient pour s'y casser les dents.

— Il ne peut vouloir mener un siège en la saison.

— Il prétend nous le faire croire. Il pense que nous ouvrirons les portes à sa seule vue !

On crie sur le créneau, à pleine voix emportée par le vent, comme pour atteindre de mépris et de haine la troupe verte et brune qui sort de la forêt. Le chevalier fait signe qu'on le suive, laissant deux gardes au guet. Au pied du mur, il jauge ses argoulets et choisit Duroc, un maigrelet en bois de fagot, plus souple et plus dur qu'aucun autre.

— Va à Aubeterre prévenir le sénéchal. Qu'il ameute nos bandes du Périgord, tous les hommes qu'il pourra trouver. Dis-lui que l'occasion est belle d'une prise au revers. Nous l'attendons !

Un grand sourire éclaire le visage du messager qui court aux chevaux. Le chevalier distribue les ordres. Dès que Duroc sera passé, que l'on retire les planches, que l'on remonte le pont-levis, abaisse la herse. Maumont, de son côté, semble partout. Ses hurlements retentissent jusqu'en haut de la tour. Il faut pourvoir à l'eau, au bois, mettre les chevaux dans l'écurie de la seconde cour, afin qu'ils n'entendent pas le canon, si le duc le fait donner par bravade. Chaque homme doit s'assurer de sa poudre. En contrebas, on n'atteindra point les bougres, mais ils sauront qu'elle ne leur manque pas. Que les hommes attroupent tous les pots de fer et les chaudrons qu'ils pourront trouver et qu'ils les emplissent de pierres ! Les gueux verront la queue du diable s'ils posent des échelles.

Un remue-ménage fébrile a remplacé l'apathie des hommes. Ils vont et viennent à grands pas, accomplissant les mille tâches qui vont enclore sur eux l'énorme forteresse. Une gaieté sauvage monte parfois de leurs efforts, à la chaîne de herse que l'on tire, aux barres que l'on pousse. Epernon peut venir faire son tour de bateleur, ils ne céderont pas. Le soir tombant les voit tous au créneau comme on est au spectacle, riant et moquant le petit homme qui redresse le col en bas de la ravine du ponant. Des trompettes résonnent, déchirant l'air d'un meuglement aigu. Le morgueux qui fait sonner sa clincaille va recevoir la plus belle leçon de sa vie. Croit-il qu'il prendra la citadelle avec les foutriquets qui s'échinent en contrebas ? Ils ne peuvent seulement maintenir un charroi sur le terrain pentu où il prétend monter son camp. Des cavaliers entourent le duc, certains portant l'écharpe blanche de la Réforme. Le traître a donc rejoint le Navarrais, il montre son vrai visage ! Les injures pleuvent des murs qui repoussent l'écho vibrant de la première sommation du duc d'Epernon.

— Monseigneur le duc d'Epernon, gouverneur de cette province, vous somme de rendre la place. Si vous la rendez à son mandement, il vous sera fait justice par les formes. Mais si vous n'entendez ce mandement, il ne sera fait grâce à aucun d'entre vous.

Le héraut se tait, le vent hurle, vingt toises au-dessus de lui. Une voix froide tombe de la muraille.

— Nous ne rendons pas la place. Nous la tenons pour Dieu !

Le duc fait un signe à son héraut, pour la seconde sommation, voulant respecter les règles de la guerre et que tous en soient bons témoins.

— Ceci est le second et dernier mandement. Si vous ne cédez la place, il ne sera de merci, il ne sera de noblesse. Vous serez tous pendus.

Les hommes crient sur la muraille, voyant qu'on pense leur faire peur. Ils miment des gestes obscènes, agrandis par les flammes des torches qu'ils tiennent et qui dansent au-dessus des créneaux. Plus forte que les autres, une voix de tonnerre s'abat sur les assaillants.

— Pour nous pendre, pauvre bougret, il faut d'abord nous prendre. Si tu t'approches, nous te crevons !

Le géant semble s'opposer au ciel, à la nuit entière. Il donne le branle à la coulée d'injures qui éclabousse les assaillants. Des pierrats, des gavaches, des salauds, des cagots que l'enfer démembre. Des hérétiques. Le mot s'attarde, lourd et pesant. Si sombre qu'elle soit, la nuit ne suffit pas à l'effacer. Il est toujours là quand le matin se lève, baigné d'un soleil insolent, inutile. La poudre peut rester sèche, à quoi bon ? Le tir du fauconneau n'atteint pas la première enceinte. Les boulets tombent dans un éternuement risible au fond des douves sèches, enflammant parfois quelques arbrisseaux.

Cela fait deux jours entiers que cela dure. Planté devant sa tente, Epernon ne décolère pas. Il a fait mander des pièces plus légères, sans illusion toutefois. Inaccessible, la citadelle le nargue dans la buée rose qui s'élève du ciel moqueur. C'est une guerre d'insultes, un siège de boue, chaque boulet avorté jetant sur les hommes d'en bas des éclats de rire méprisants. Entre toutes, l'injure de religion est la pire. Le duc le sait, elle brûle ses hommes aussi sûrement que de l'huile enflammée. Un doute les torture que chaque insulte renouvelle. L'ennemi qu'ils attaquent porte une croix blanche à l'épaule, celle qu'ils ont longtemps portée. Des regards de coin s'attardent au passage des huguenots qui sont venus en renfort. Et lui-même se demande bien, par moments, ce qu'il fait là, devant ce mur, avec des réformés. C'est une union de politique, une alliance de nécessité, un mariage sans amour. La paix s'étend peu à peu sur le pays recru de guerre. Il faut la maintenir et lutter contre les derniers ligueurs, fanatiques enragés qui ont tué le roi. Mais la question insiste, tapie à l'ombre de sa conscience. Serait-il en telle compagnie s'il ne voulait plaire au Navarrais ?

Excédé de ses pensées, Epernon traverse le camp à grandes enjambées nerveuses. Tous le suivent, tous lui pèsent, ses lieutenants, Anbleville, Gohas, Lacoste, des Emars, les fidèles qui ont tenu sa porte, et les autres, ceints de blanc et toujours sourcilleux, ses alliés de compromission, groupés derrière Henri d'Albret, le cousin du Navarrais, venu aux nouvelles. D'un geste, il les écarte et s'approche du vaisseau de pierre qu'il ne peut aborder, accoster ni surprendre. Il s'en détourne, la rage au cœur, et contemple une fois de plus le pays sauvage qui résiste à sa main. C'est un océan d'arbres, un corps puissant, végétal. La citadelle le domine derrière ses tours d'enceinte. Un village minuscule s'accroche à son orient, perdu sous l'envol de la pierre. Au loin s'étagent des collines bleues coiffées d'une brume neigeuse. Epernon sent se serrer fort sottement sa gorge. Que ce pays est beau ! L'aube est l'instant du jour qu'il préfère, elle est partout si pure. Une douceur puissante monte vers lui et il se souvient d'un autre pays, des chemins creusés au flanc des montagnes et des muletiers du Béarn guidant leurs bêtes au front des abîmes. Il savait bien cela, autrefois. Il n'est de terre si rude qu'elle ne soutienne le pas des hommes.

— Démontez le camp !

Il s'est retourné, presque menaçant, comme surpris de les voir derrière lui, confus et immobiles. Les Gascons n'osent mot dire. Henri d'Albret le regarde, surpris.

— Nous n'avons que faire de rester ici. Il n'est qu'une place où mettre le canon !

Il montre du doigt la colline. Au-dessus du ravin

dévoré de ronces, la cime s'érode, légèrement aplatie. Albret, stupéfait, regarde le duc, puis l'abîme rocheux. Il n'a pas le temps de parler, Epernon, agité maintenant par la pique du diable, va et vient, les yeux en feu.

— Nous montons ! Gohas, va chercher les hommes de pied. Allez au village, prenez tous les hommes que vous pourrez ! A chacun, soldat ou non, je donne un écu ce jour. Il nous faut toutes les haches, toutes les faux. Faites démonter les canons et cerclez-les de cordes.

— Ils ne pourront monter.

— C'est ce que nous verrons. Anbleville, tu restes là. Tu tiens la porte de l'ouest

Le temps dure, dans la citadelle. Les hommes de la première garde sont au chemin de ronde, debout, sans crainte d'un coup d'arquebuse. De vagues fumées s'élèvent parfois vers eux en de pauvres crachotements. Le camp des hérétiques, comme ils l'appellent, leur importe assez peu. Ils guettent l'horizon, par poste de deux, aux quatre tours de la forteresse. Leurs yeux se perdent au-delà des forêts brunes, guettant jusqu'à en avoir mal le moindre mouvement. Duroc est parti depuis plus de deux jours. Ils attendent. Aubeterre n'est qu'à six lieues à peine, un demi-jour de cheval. Il viendra. Mais il faut qu'il rassemble assez d'hommes pour bousculer ceux d'en bas à la fosse. François sent glisser le vent froid sur ses joues. Il est au mur du ponant. Parfois lassé de l'horizon vide, fatigué d'attente, il affermit son cœur en imaginant qu'il dévale la pente. En dessous de lui l'abîme tombe à trente pieds. A cet instant il lui semble qu'une agitation étrange a saisi l'ennemi. Les piqueurs se démènent autour des chariots, les hommes en vert et brun se jettent en tous sens, semblables à des branches secouées par le vent. A deux coudées de lui, Granier se penche.

— Par Dieu, Yrvoix, regarde ! Ils démâtent leurs tentes !

François le rejoint en un bond, se penche à son tour. L'air souffle contre lui, le forçant à écarquiller les yeux. C'est vrai ! Il voit s'effondrer dans une sorte de révérence la tente vert et or du commandement. Les deux garçons se regardent, emportés par la même espérance. L'un après l'autre, sans souci de tenir le guet, ils dévalent l'escalier de pierre au péril de leur cou et se ruent dans la salle basse. La garde de la nuit dort contre les murs. D'autres jouent aux cartes. Le chevalier est assis devant la cheminée qui chauffe si peu. Surpris de l'intrusion, il considère les deux gardes, leurs yeux brillants. Un espoir le lève. David, peut-être ?

— Ils démontent, capitaine !

Toute la garde, à ces mots, s'est levée de surprise. L'ennemi plie le camp. Le vicomte les menace-t-il, venant de l'autre côté ? Sans un mot, le chevalier saisit son casque. Tous sortent à la hâte et se heurtent à ceux qui arrivent leur porter la même nouvelle. Par Dieu, ils s'en vont ! C'est une traînée de poudre, une flambée de joie. Ce n'était qu'un siège de bravade, une fanfaronnade qui cherchait à les faire plier. Ils courent d'un élan à la muraille et voient l'effervescence qui règne en contrebas. Les tentes grises sont presque toutes au sol, les étendards mis bas. Des rires, des vivats, des hurlements de gloire leur montent aux lèvres quand un cri sauvage les retourne.

— Ils ne partent foutre pas ! Ils changent de place.

Maumont vient en courant du mur de la midy. Il est sous eux, les poings aux hanches, si furieux qu'il éteint d'un coup toute leur joie. Le chevalier descend vers son second que la course et la colère rendent presque violet, le front sillonné de veines épaisses. Livide, la cicatrice qui zèbre sa face semble la mue abandonnée de quelque serpent. Aubeterre, très calme, laisse tomber quelques paroles presque amusées. Que peuvent-ils craindre ? La place n'est prenable que par la faim. Ils ont assez de grain, de lard et d'eau pour tenir tout l'hiver. S'ils doivent mourir ici, ce sera d'ennui. Maumont a repris son souffle. Les yeux noirs de fureur, il jette à Jean d'Aubeterre ce qu'il vient de voir, au versant du sud.

— Ils font brûler la colline.

35.

Un froid mortel suit ces mots. François observe le capitaine, blême, le lieutenant, qu'un coup de sang va frapper. Il croise les yeux de Granier, pleins de doute, et ne sait plus où il en est. Les hommes, autour de lui, sont autant de statues. La place ne peut pas être canonnée, elle est hors de portée. Ils suivent le second, le cœur encore bouleversé d'espoir, traversent les deux cours, grimpent à la muraille qui tombe droit sur le flanc sud. Toute la colline brûle. Le feu monte lentement vers eux que gagne une inquiétude lourde. L'incendie rougeoie sur la terre froide sans prendre de force. Des villageois le piétinent, d'autres coupent hardiment le hallier noirci. Des hommes s'ébranlent, marchant en file serrée, pliés en deux sous l'effort.

— S'ils montent, ils seront à cinquante pas.

A portée de canon. A travers la fumée, les assaillants avancent, pliés en deux, qui portent des fûts de plomb. Un cri lent, modulé, monte parfois, celui d'un long ahanement. Maumont s'adresse au capitaine, sans fard ni secret.

— Pour démonter leur camp, ils ont dégarni la porte. Si nous devons sortir, c'est tout de suite. Après, il sera trop tard.

Le chevalier le regarde, le toise plutôt.

— David ne tardera pas. Nous restons et nous tenons.

Les hommes hésitent, la peur noue leurs tripes. Ils sont une vingtaine, les autres trois cents. Mais la forteresse est énorme. Une muraille de cinq coudées ne s'abat pas comme un jeu de cartes au vent. Et c'est l'hiver. S'il pleut, le canon ne servira à rien.

— Nous tiendrons jusqu'à l'arrivée du sénéchal. Quand il sera là, Epernon en perdra la barbe, j'en fais serment !

Les hommes rient et se mettent à crier. Ils tiendront ! Les diables, en bas, peuvent danser au feu. Dieu les soutiendra ! Ils sont ses combattants.

Ils se signent, posent un genou sur le sol froid de la cour et prient, unis et fiers. Puis ils se lèvent, une flamme nouvelle leur chauffant le cœur. Maumont hurle des ordres précis et clairs. Que l'on remonte à la muraille, par postes de deux, et que l'on tienne toute la ronde ! Il faudra donner l'alerte au moindre étendard blanc et bleu et ne rien montrer de la nouvelle, surtout. Ils sauront avant l'ennemi. Qu'ils gardent désormais leur poudre. Inutile de la dépenser en arquebusabes de braverie. Au dernier combat, quand ils les pousseront au cul, ils ne doivent en manquer. Des cris répondent, et des rires ! Si ceux d'en bas aiment tant le feu, on les réchauffera du mieux que l'on pourra. Laissant les hommes à leur poste, le chevalier s'en retourne au donjon d'un pas lent, l'affaire étant entendue. Il prend une démarche nonchalante, traverse sans hâte les deux cours, pénètre sans se presser davantage dans le donjon.

Chaque pas mesuré cache son inquiétude. Il sait que les hommes, aux créneaux, le suivent des yeux. Le temps leur est désormais compté. David devra faire vite.

Tout le jour, sous un soleil éblouissant, les gardiens de la citadelle ont entendu les cris des bêtes de somme qui tirent les canons jusqu'au sommet de la colline. La colère au ventre, ils se sont accrochés aux nuages déchirés qui bornent l'horizon. Ils cherchent, ils veulent voir dans le moindre frémissement d'un arbre le drapeau qui leur annoncera qu'ils ne sont pas seuls. Quand l'éclat du ciel les fatigue, ils cherchent le vent, en fils de paysans. Sent-il la pluie ? Demain, il fera beau. Mais après-demain ? Un espoir têtu s'accroche à leurs morions, à leur âme, et ils attendent en silence, l'arquebuse engourdie, les mains fondues de froid. A la pleine nuit, ils redescendent. Ils n'ont rien vu, si ce n'est les flammes joyeuses d'un camp, en face d'eux, à cinquante pas.

Chaque heure les voit à la même place, immobiles et muets, tournés vers les arbres morts que rien ne fait vibrer quand un grondement lourd leur arrache le peu de dignité qui leur reste. La tête dans le cou, changés en pierre, ils ne bougent plus, cramponnés à la muraille, haletants. C'est le canon. Le boulet siffle au-dessus d'eux et vient frapper le sol d'un long tremblement furieux. Le silence qui suit les tue au point qu'ils ne se regardent. Les boulets ont éventré la première enceinte. Le canon les atteint maintenant et ils ne sont que vingt. Un nouveau bruit déchire leurs crânes, un long sifflement poumonneux. C'est une couleuvrine, le duc a reçu de nouvelles pièces. Avant qu'ils ne comprennent ce qui leur arrive, une pluie de pierraille éclate dans la cour, les obligeant à se cacher les yeux. Le grand canon tonne, à nouveau. Il touche la seconde muraille, lui arrache un râle de blessure. De la terre coule du mur devant leur armet abaissé.

— Tirez, sanguienne ! Qu'est-ce que vous attendez ?

Maumont trépigne, en bas, oubliant son ordre de garder la poudre pour le dernier combat. Le cœur vide, l'esprit plein de fumée, ils tirent à leur tour, se déchaînent, veulent crever les chiens qui tiennent les canons. L'air sent la poudre et la terre, les chevaux hennissent par-dessus le bruit grondant de la salve. La couleuvrine leur répond. Corbier hurle, le visage en sang, touché par la mitraille. François le voit tomber dans la cour et ramper un peu. Puis il s'immobilise dans une sorte d'affaissement. Le garçon tremble, l'air est secoué de coups, une fumée épaisse l'empêche d'apercevoir au loin le paysage brun et bleu où personne ne vient. Comme le temps dure ! Les boulets pleuvent, rouges comme des boules de feu, les arquebuses, par instant leur répondent, réponse dérisoire et vaine, qu'ils jettent en l'air pour se donner du cœur, pour avoir la force de rester là, de contempler l'étendue nue où ne bouge aucun tissu. Sous les pieds de François, le gros mur qui tremble, ou est-ce lui ? Ses mains sont glacées, c'est à peine s'il peut tirer. Le garçon ne sent plus ses paupières, dévorées de soufre, bouffies de salpêtre. L'horizon bleu est devenu noir. Face à lui, il voit mourir la plaine vide. Des feux s'allument, tout proches. C'est ainsi qu'il sait que la nuit est tombée.

Il rejoint les autres qui descendent en titubant, accablés de fatigue. Corbier est mort, les yeux pleins de terre. Les assiégés traversent la cour noyée d'ombre en courant presque comme si le canon allait encore tonner.

Deux bâtisses se sont effondrées, des communs, un logis de domestiques. François se dit qu'il faudra changer les chevaux de place, il pense au Roux, la gorge serrée. Il pense à Henri, violemment, au besoin qu'il a de le voir et un sanglot l'étouffe au moment de passer la porte. Il baisse la tête, le cachant comme il peut. Dans le donjon, Darrieux regarde le chevalier et jette son arquebuse à ses pieds.

— Corbier est mort.

Ils vont les avoir, tous, les uns après les autres. Aubeterre dévisage le soldat écœuré de fatigue. Les hommes qui l'entourent sont à bout. Ils tremblent d'épuisement, d'angoisse et de rage mêlés.

— Si nous rendons la place, nous ne serons plus rien.

— Et morts, que serons-nous ?

Dans le silence qui s'est fait, ils entendent des bruits lointains, ceux d'un camp où des hommes chantent. Maumont considère les hommes. Ils n'obéiront plus. Il se tourne vers le chevalier et lui dit ce qu'ils savent tous.

— Nous ne pouvons pas tenir. Nous devons partir.

— Je ne peux céder la place !

Aubeterre hurle comme un enfant borné qu'on ne veut pas entendre. Les hommes se sont approchés, menaçants.

— Vous ne la cédez pas, le duc va la prendre. Il a des canons, des hommes qui chaque jour le joignent. Ils sont au moins cinq cents. Et nous sommes une poignée à pouvoir nous battre.

Jean d'Aubeterre se détourne. S'il rend la place sans combattre, il n'a plus d'honneur. Il n'est plus rien. David lui a commandé de tenir l'arrière-pays, le temps qu'il rassemble assez d'hommes. Il doit rester et attendre.

Surpris, il entend Maumont élever une voix inconnue, raisonneuse.

— A rester davantage, nous nous perdons et nous perdons les nôtres. Le duc se joue de nous. Ce château est un piège dont nous sommes l'appât. Quand le sénéchal viendra à notre secours, combien aura-t-il d'hommes ? Cent, pour le mieux. Ils seront défaits avant de combattre.

Aubeterre se tait, Maumont sent une fêlure, il pousse l'avantage.

— Il faut rejoindre le vicomte avant qu'il ne vienne s'enferrer ici. Nous connaissons la lande. Nous pouvons gagner le Périgord, passer l'hiver, attendre l'armée d'Espagne.

Quitter l'Angoumois, échapper au duc d'Epernon... Les hommes s'agitent, une lueur au fond des yeux. Ils peuvent courir la chance ! Le chevalier les scrute, couverts de poussière, gris d'attente et de dépit. En lui s'éveille le même besoin de vivre.

— Nous passerons quand ils dormiront.

Ils se tendent du pain, ce qui reste de vin. Ils sont assis sur les bords de la salle, muets et seuls. Une peur animale les colle les uns contre les autres, plus forte que leurs bravades. Ils ont froid et attendent la fin de la nuit. Pourront-ils s'enfuir ? François sent se débattre un peu d'espoir, blotti au fond de lui. Il voudrait prier Dieu, lui demander pardon mais Dieu écoute-t-il les assassins d'enfants ?

La veillée passe, chuchotante et mauvaise. L'aube est encore lointaine et la nuit silencieuse lorsque les chaînes de la herse s'enroulent lentement. Les cavaliers se serrent devant la porte qui s'ouvre dans un long gémissement. Le pont-levis s'abaisse en grinçant lui aussi tandis que le vent frappe à leurs oreilles cognées de sang. Leur cœur ne bat plus, c'est à peine s'ils respirent. Ils s'engagent au pas sur le pont abaissé quand un tonnerre de feu s'abat sur eux. Des argoulets sont cachés au flanc de la pente qui tirent à feu chargé. Ils sont découverts, devinés, trahis par le bruit des sabots sur les planches étroites jetées sur le gouffre noir.

— Retournez, rentrez !

Certains reculent, d'autres ne peuvent pas et se fracassent sur le feu tonnant des arquebuses. Des chevaux hennissent à la mort, cabrés, engloutis par l'abîme où dansent des flammes rouges. Des cris montent vers les cavaliers.

— Tue ! Tue ! Pas de quartier !

Les balles pleuvent sur les broussailles, dans la nuit éclairée d'ombres immenses. Un visage couvert de sang tombe à la renverse, avec des yeux pleins de surprise. François ne peut pas reculer. Il sent une peur de bête lui tordre la poitrine, lui raidir les mains. Il ne sait plus où il est, n'entend pas le bruit des chaînes que l'on remonte à la hâte. Le Roux se cabre, il va tomber dans la nuit. François voit la crinière du cheval, ses antérieurs battant l'ombre, la main de son frère se perdant sur cette encolure. C'est elle qui le retient, le secoue et il tourne bride, emporté sans le comprendre par un instinct sauvage et doux. La herse tombe derrière lui, si lourde qu'elle fait trembler les pierres de la muraille. Ils ne sortiront pas, ils ne partiront pas, le mur qui les entoure s'est refermé sur eux.

36.

Le garçon est assis, le dos contre la pierre, sans force et sans idées. Il attend la nuit pour descendre et se traîner à la tour d'angle où ils se réfugient pour dormir ou pour faire semblant. Il n'a plus la force de fixer la campagne lointaine qui bleuit de froid derrière lui. A quoi bon ? Cela fait six jours que donne le canon et presque la semaine que Duroc est parti. Nul n'est venu à leur secours, nul ne viendra.

Maumont l'a dit. Les mots, les phrases, tout s'embrouille en lui, il ne se souvient que de la violence de la querelle, du chevalier, qui hurlait, de Maumont, crachant par terre, et de son propre trouble à les voir se déchirer ainsi. C'était à l'aube, après leur sortie manquée. Le canon avait repris, inexorable comme un châtiment. Dans le donjon qui tenait encore, les hommes étaient pleins de hargne et d'épuisement, de regards fous, de rancune amère. Ils avaient perdu trois d'entre eux dans la nuit. Le chevalier marchait devant la cheminée sans voir leur détresse. Il leur demandait d'aller au mur, à nouveau, d'y rester accroupis tout le jour, sous la mitraille, pour rien. Darrieux, le premier, s'était assis sur le sol.

— J'y vais pas.

— Ni moi !

Deux autres avaient rejoint les soldats en révolte. Et deux encore. Le restant balançait en observant Maumont. Le lieutenant fit simplement remarquer qu'il l'avait bien dit. Il fallait s'enfuir, au premier jour. Le chevalier était blême sous l'outrage.

— Nous devons tenir ! Il faut gagner du temps.

Ils ne répondent pas. Une flamme incendie le visage de Jean d'Aubeterre, une de ces colères blanches où l'on sent un homme au bord de tuer.

— Mon frère viendra !

La voix du chevalier se brise d'énervement. Il revoit des images anciennes, précises, celle d'un frère aîné courant devant lui, dans une rue de Genève. De celles que l'on ne peut confier ni oublier.

— Il ne viendra pas et vous le savez.

Le lieutenant répond avec la lassitude que donne la certitude d'avoir raison en vain.

— Il ne peut venir. Entendez-le enfin. Il a peur de venir. Et il a raison !

Aubeterre pâlit encore, il est au point de poignarder le géant qui l'écrase d'un dernier mot.

— Nous sommes faits comme des rats.

Les mots de la querelle entourent encore François et les quelques gardes qui s'accrochent à l'espoir fou d'une étoffe blanche et bleue. Mais rien ne vient, ils sont seuls, abandonnés, perdus. Ils vont mourir. L'idée rôde sur la muraille comme une mendiante de pain que l'on chasse et qui toujours revient. Le gamin ne sent plus le froid, le miroitement du soleil s'abaisse enfin. Le canon gronde, une dernière fois, mais il est loin, de l'autre côté de l'enceinte. François contemple, en dessous de lui, le corps d'un cheval, posé sur les buissons roux comme un jouet de bois. Il jette un dernier regard sur l'horizon qui flambe de rouge. Le soleil incendie le ciel avant de s'en aller. Le garçon pense qu'à quelques toises, il serait libre, dans cette forêt. Loin, plus loin, à huit lieues, les siens ferment en ce moment le portail, les volets de la boutique, la porte du logis. Un picotement de larmes lui dit combien ses yeux sont las. Il n'en peut plus et se détourne. Derrière le mur, la grande cour est ravagée de pierres et d'éclats de tuile. Tous les toits ont été touchés, le donjon s'est effondré à demi, seule la chapelle est restée intacte, perdue dans cet effondrement. En dessous de lui, des boulets fument encore en perdant leur couleur de feu. Ils sont à peine vingt pour tenir les murs. Deux hommes ont été à demi écrasés dans l'écroulement du donjon. Ils sont morts. Deux autres ont reçu de la mitraille dans les jambes. Ils gémissent toute la nuit dans la tour d'angle. S'il ne faisait si froid, François préférerait dormir ici, sur la pierre de ronde.

Les chaudrons pleins de pierres ne serviront pas. Pourquoi les Gascons monteraient-ils à l'échelle ? Ils sont si bien, à attendre tranquilles que la muraille cède. S'il se retourne, François voit leurs feux, l'odeur si bonne de la chair rôtie monte vers lui. Il lui semble parfois qu'elle emplit son âme et qu'il ne garde rien d'autre que cette fumée sur cette muraille. Il se tourne, contemple les collines qui semblent un autre monde et s'enfoncent doucement dans le crépuscule, entre le chien et le loup. Là-bas, le monde vit, des gens vont manger la repue du soir, écouter des histoires, rire ou chanter. Son cœur se serre de regret. Que fait-il là ? Par quelle folie se trouve-t-il ici ? Est-ce bien lui, François d'Yrvoix, qui a fait ce qu'il a fait ?

Les autres gardes sont déjà descendus. François s'attarde, peu pressé de retrouver le trou où il faut partager la peur des autres. Accablé, transi, il va s'en aller à son tour, quand il voit, sur la muraille, à vingt pas de lui, deux ombres qui s'agitent au bord des créneaux. L'une est énorme. Il reconnaît Maumont, va l'appeler quand il voit, sur le corps des deux hommes, un épais renflement de cordes. Ils veulent descendre, s'enfuir ? François sent qu'une main glacée le retient aux cheveux. Son cœur bat, une sueur mauvaise le fait trembler. Il revoit, Dieu sait pourquoi, le corps de Lemercier, dagué, roulé au fossé, et il s'enfonce autant qu'il le peut dans l'ombre du créneau. S'il donne l'alarme, ils le tueront. Ils veulent s'enfuir ? Son âme d'enfant ne peut le croire. Les deux hommes attachent pourtant leurs cordes en rampant et enjambent le mur. Quelque chose se brise en François, une confiance naïve, tout ce qui l'a poussé à obéir à celui qui se dresse au-dessus de la muraille et qui disparaît, happé par la nuit. Le cœur cognant, le gamin entend le bruit des bottes qui accrochent les pierres. Il ne regarde pas leur descente, se sent méprisable de n'avoir rien dit, une fois de plus. La honte qui le tient ne finira donc jamais ?

Et lui ? Que va-t-il faire ? Que doit-il faire ? Son cœur cogne à grands coups. Poussé malgré lui, il rampe jusqu'à la pierre grise ceinte de nœuds. Les cordes pendent. La vie est là, derrière ce mur. Les collines, les bois, l'horizon, et sa maison. Il se redresse, se penche quand une voix chuchote, proche de lui :

— Attends un peu...

Bornier rampe vers lui, le visage fendu d'un sourire.

— S'ils passent, nous irons !

François a le cœur levé de dégoût et pourtant il écoute, de toute son âme, les raclements sur la pierre, les petits cailloux qui roulent en contrebas. Le feu, quand il s'élève, lui brûle les tempes.

— Tue ! Tue !

Le cri est monté vers lui. Le corps au-dessus du vide, il entend le déchirement des arquebuses jetant sur le mur leur grondement répété. Un autre cri parvient au gamin glacé de peur, un hurlement de bête touchée. Il se penche autant qu'il le peut, ne voit rien. Bornier renifle en crachant sur le sol. Les autres gardes de la ronde sont arrivés auprès d'eux et se tordent le cou pour voir ce qui se passe. Des coups de feu claquent, en contrebas. Mais c'est trop loin, la nuit étend ses bras sur les fossés.

Les guetteurs descendent lentement du mur, traversent la cour encore fumante et entrent dans la salle de la tour d'angle, saisis dès la porte par l'odeur de crasse et de peur qui monte du sol. Les autres sont là, enterrés vivants, assis contre les murs sans parler, qui leur jettent des regards de chien. Les blessés gémissent, c'est le seul bruit humain que l'on entend. François s'assoit, trouve un mur dans son dos, s'y appuie de tout son poids, comme le faisait la vieille femme du village. Il a posé son arquebuse mais il sent l'épée d'Henri contre sa jambe.

— Qu'était-ce ?

Le chevalier leur pose la question. Les hommes répondent à peine à ce fou qui n'a pas voulu sortir quand il était encore temps. Il les a enfermés dans ce trou à rats. On lui jette des mots qui doivent lui suffire.

— Deux sont partis, avec des cordes.

Il est facile de savoir qui. Darrieux les a lâchés, avec Maumont. Jean d'Aubeterre considère les hommes qui restent.

— Des traîtres !

Nul ne reprend le mot. Ils s'en moquent bien. Maumont avait dit qu'il fallait partir, il a tenté le coup. Il n'est personne, à l'intérieur des murs, pour l'accabler. Toute leur haine va à cet homme, leur chef, qui les a laissés dans la souricière. Plus rien ne leur importe. Ils sont fatigués de se battre, fatigués de ses mots, fatigués de tout. François est si las qu'il n'a plus la force de s'étonner. Une question parvient à son esprit. L'un a été touché, lequel ? Mais une eau de plomb lui ferme les yeux et il s'endort assis parce qu'il veille depuis bientôt trois nuits et n'a pas dix-sept ans.

La nuit s'achève, le gris du ciel balaye la salle ronde, l'emplit d'ombres confuses. François est réveillé depuis longtemps. En levant la tête vers la fente de la meurtrière, il voit passer des nuages. Un brouillard de sommeil berce encore sa pensée, la rend lointaine, presque étrangère. Les hommes sortent dans l'air gris, pour vider leurs entrailles, pour prendre un peu d'eau à la barrique qu'ils ont roulée près de la tour. Le gamin a la bouche pâteuse, le corps engourdi. Sa main se pose sur l'épée, à côté de lui. Il revoit son frère, sa force si grande. Il s'est cru comme lui, il a pensé qu'il pourrait faire la guerre. Et qu'a-t-il fait ? Il a tué de pauvres gens. Les autres ont dit que c'étaient des cagots, des parpaillots, des hérétiques. Et il a cru ces gens alignés contre les murs qui n'osent pas ramper jusqu'au dehors parce que le canon a repris. Une colère soudaine a mis le garçon debout, un souffle de jeunesse qui ne veut pas mourir. Il avance vers la porte, en contournant les jambes des soldats assis.

— Où vas-tu, petit ? s'enquiert le chevalier.

Le fauconneau couvre la voix du garçon. Il faut l'entendre aux lèvres.

— M'occuper des chevaux...

Le chevalier regarde ce soldat trop jeune, ce visage lisse, ces cheveux de paille, cette vie perdue. Il a un sourire triste et tend au drôle un cabasset qui traîne au sol.

— Garde le peu de tête que tu as !

Les soldats haussent les épaules. C'est bien utile. Ils vont crever et les bêtes avec eux. Un air de poudre leur tombe dessus comme le gamin repousse la porte.

François est sorti, il court le long du mur d'enceinte, plié en deux. Il évite comme il le peut les pierres tombées, les tuiles qui jonchent le sol d'éclats coupants. Une haleine de soufre se mêle à la brume froide qui saisit ses mains. Il serre son arquebuse, elle est chargée, il a encore un peu de poudre, dans sa bandoulière. Il est contre le mur, au milieu de la grande cour. Le fauconneau crache, le canon tonne, touchant la muraille sans trêve ni répit. L'espace est noir d'une fumée âcre et stagnante qui le prend à la gorge. A bout de souffle, il cherche un peu d'air, se redresse et voit autour de lui la grande cour jonchée de boulets fumants, de pierres cerclées de fer. Les communs sont broyés, des pierres s'écroulent du donjon et roulent jusqu'à lui. Il avance jusqu'à l'arc de la chapelle, le dos collé au mur, incapable de s'en détacher. Le canon tonne encore et encore ! Par-dessus son grondement, il entend parfois hennir les chevaux. Ils sont à trente pas, dans l'autre cour. On ne les a pas enlevés de l'écurie à demi effondrée. Les bêtes piétinent, s'affolent, s'étranglent dans leurs entraves. François pense au Roux, s'arrache à la muraille et court de toutes ses forces dans la poudre et la fumée, pour échapper à la mitraille qui crépite autour de lui. Il s'arrête à l'angle de la tour, la tête vide, le cœur cognant. Les chevaux hurlent, il les entend. Un boulet passe en sifflant, s'abat au-dessus de lui dans un fracas de pierre, le sol s'ouvre sous ses pas. Il tombe, se sent de la terre aux paupières. Il se recroqueville, le cœur fou. Il a peur, tellement peur qu'il est glacé, que ses doigts, sur la crosse, sont pétrifiés d'angoisse. Un souffle épais lui monte jusqu'au crâne et lui arrache un gémissement. Il tient sa tête à deux mains, il ne veut plus bouger. Puis des idées en haillons se jettent à l'assaut de sa peur et la forcent à reculer un peu. Le Roux est là-bas, à quinze pas, le cheval d'Henri. Il avance, à croupetons. Un nouveau boulet siffle au-dessus de lui, atteint le toit d'une étable et l'éventre dans un grand gémissement de bois. Le garçon chancelle, il hurle sans le savoir, un liquide chaud coule sur ses jambes. Il court, fou de terreur, quand la terre, d'un coup, lui cogne le front. Il n'entend plus rien. Un noir épais l'environne, lourd comme un drap de deuil.

Derrière le gamin, la muraille a cédé. Des pierres saignent de l'ouverture béante, des flots de terre envahissent l'espace. Un silence énorme engloutit le cœur de l'explosion et fait place, soudain, à un tonnerre de cris, de braillements de guerre. Ils passent ! Ils entrent ! Leurs ombres vertes et brunes dansent dans l'air du petit jour.

— Ouvrez les portes !

François bouge, l'ombre se déchire autour de lui, emportée par l'odeur étouffante de poudre. Il se lève, hagard, pour pouvoir trouver un peu d'air, tousse à s'arracher la poitrine. Une montagne lui pèse sur le cœur, il va vomir, cligne des yeux. De l'eau mouille sa joue, tout tourne autour de lui et il voit des hommes qui courent, l'épée à nu. Il entend des cris, des rires, des hurlements pleins de fureur et de joie.

— Tirez !

Il faut tirer ? Il fourrache dans sa bandoulière, cherche sa poudre, ne trouve que des doigts pleins de sang. A qui est ce sang ? Sa main est vide. Il a perdu l'arquebuse d'Henri. Un hoquet le prend, il rampe vers le mur de la grange, s'accroche aux pierres et reste là. Il ne peut pas bouger. Autour de lui, il voit des épées qui flambent dans la lumière mais il n'entend pas de ferraillement. Où sont les autres ? Est-ce qu'ils se battent ? Il faut qu'il bouge mais il ne peut pas, ses jambes ne le portent plus. Il tombe, le sol le tient aux deux genoux. Il relève à grand-peine le front, n'a plus le cabasset du capitaine sur sa tête nue. Un Gascon hurle des jurons en faisant de grands signes de bras. Ne le voit-il pas contre le mur ? Il faut se battre. François s'essuie les mains à la pierre, se jette en avant comme un homme saoul, l'épée d'Henri à la main. Mais il ne peut pas la lever. Il est sans force, sans courage, comme privé d'entendement. Sa main est rouge de sang, et reste là, immobile, au milieu de la cour, quand un tonnerre de sabots s'abat sur lui. Les portes se sont ouvertes. Des cavaliers passent la poterne, en armures brillantes, dans un grand envol de capes et de couleurs, de plumes, de bannières. Certains ont le poitrail barré de blanc. Ils chargent, le duc d'Epernon à leur tête, l'armet relevé, l'épée au poing. François entrevoit un regard de mitraille, un rire à pleines dents. Le jeune homme est entouré de chevaux et ne parvient pas à lever la tête pour voir les cavaliers qui le cernent. Le soleil qui se lève lui fait mal. Il titube, le visage ensanglanté, ne peut s'empêcher de tomber à genoux. Il vomit enfin, son ventre s'arrache de lui en longs soubresauts. Il a froid, claque des dents, il ne veut pas mourir et il pleure lamentablement. Un Gascon s'est approché, l'épée au poing. François voit briller le fer, il ferme les yeux. Un coup de pied a jeté son épée loin de lui. L'homme le redresse comme une poupée de chiffes et lui lie les mains. Que redouter de celui-là ? Ce n'est qu'un gamin, un drôle qui pue la pisse et l'aigre et qui a tellement peur qu'il ne tient pas debout. Le soldat prend l'épée au sol, qui est de bonne prise, et pousse son prisonnier dans le dos.

François tremble toujours, debout au milieu de la cour. De l'eau coule de son front qu'il ne peut essuyer. Il cligne des yeux, cherche à voir au travers des bandes de fumée qui s'élèvent peu à peu. Des hommes courent en tous sens, cherchent contre qui se battre, ne trouvent que des murs éventrés. Des bottes forcent la porte de la tour, des ombres humaines en sortent qui jettent leurs épées au sol. Les soldats lient leurs mains et poussent les prisonniers aux pieds du duc, immobile en haut de son cheval. Ils ont la tête basse, c'est à peine s'ils existent encore. Une odeur immonde monte d'eux, une odeur de terre et d'entrailles. Dans ce tumulte de ferraille et de cris, Granier se met à pleurer, en contenant un peu ses sanglots puis sans pouvoir les arrêter. De longues traînées de larmes maculent ses joues couvertes de poussière. Il se jette à genoux et crachote les mots.

— Je ne veux pas mourir...

Sa gorge s'enroue, haut perchée, presque risible. Le duc d'Epernon le dévisage. Celui-là peut avoir dix-huit ans, vingt peut-être. Il en a vu un autre, plus jeune encore. Les soldats du duc reniflent de dégoût en regardant le lâche se traîner jusqu'au cheval de leur maître. Epernon n'a pas fait un geste. Le cœur mort, il contemple ses ennemis. Dans ce déchet humain, il cherche Aubeterre, le reconnaît enfin et le considère, sale et livide.

— Vous ne demandez pas merci, n'est-ce pas ?

Et sans attendre de réponse, soulevé d'écœurement, il a un geste de main pour qu'on les emmène, les ôte de sa vue. Le duc pousse son cheval, ne veut voir ou entendre celui qui pleure. Il est venu faire justice, ces pauvres diables en seront l'exemple à la potence d'Angoulême. Il se sent envahi d'un mépris assez triste. Les voici donc, ces enragés ligueurs, terreur de l'Angoumois, vingt mauvais bougres que l'on attroupe en cet instant comme des moutons. Il met pied à terre, imité dans l'instant par la cour militaire qui l'entoure de compliments. Chacun salue l'exploit, le congratule, mais il dédaigne l'héroïque prouesse qui a fait plier trente hommes devant trois cents. En quelques mots, il se défait de tous, priant qu'on l'attende, et monte sur les créneaux qu'il a vaincus. Un vent pur souffle sur lui, loin de la poudre et de la fumée. Il se sent, un instant, accroché au ciel, et rend quelque grâce à Dieu qui l'a aidé. Il n'a pas plu. En dessous de ses pieds, les vagues mauves des collines s'irisent à l'infini. Il pose sa main sur l'arête de pierre, contemple la forteresse éventrée, ému malgré lui par cette grandeur abattue. Il a vaincu, mais ne peut se mentir. Il a défait une poignée de routiers, à grand renfort de troupe, de canons. Il fixe sa main, posée sur la muraille de la forteresse, le seul ennemi qui vaille dans ce triste combat. Si hauts soient-ils, les murs n'ont que la valeur des hommes qui les tiennent. Il quitte la muraille et fait un geste impérieux à Gohas, qui l'a rejoint le premier.

— En mémoire de ce jour, j'interdis qu'on relève ces murs.

Le soleil est encore bas quand flotte sur la muraille un tissu couleur d'herbe et de sang séché.

Les Gascons entraînent les prisonniers, liés les uns aux autres par des cordes de pied, poussés par des piqueurs qui se vengent d'insultes. Ils franchissent la porte béante, regardent une dernière fois le mur qui devait les protéger et les a pris au piège. Ils passent le pont de planches brutes que l'on a jeté là, titubant dans leurs entraves, d'épuisement, de désespoir. Le camp du duc est à quelques pas de cette pauvre marche. La bouche ouverte des deux canons fume encore dans l'air froid. Une rangée d'uniformes verts et bruns s'ouvre devant eux, qui hurle des injures et rit de leurs chausses souillées. François ferme les yeux, n'ayant qu'une pensée, enfantine et têtue, bourdonnante. Il a laissé le Roux là-bas, quelqu'un d'autre montera dessus, noiera ses mains dans sa crinière. Derrière lui, Granier pleure toujours, en petits sanglots plaintifs. Les rangs humains qui bornent leur marche s'éclaircissent à l'entrée de la palissade d'enclos où on va les parquer. Une odeur putride les saisit, pire que la leur. Deux hallebardes sont plantées là, à demi enterrées. Elles soutiennent deux corps disloqués, couverts d'éraflures noires. Le plus grand des morts n'a que la moitié du visage. Il grimace pour toujours, horrible et grotesque. Les prisonniers passent lentement devant les cadavres exposés. Nul n'a pu s'enfuir de la citadelle. Jean d'Aubeterre considère la hure emportée du géant qui fut son ami, son compagnon de lutte et qui l'a trahi. L'air froid jette vers lui de longues bouffées de pestilence. Maumont ne s'est pas enfui, il est libre pourtant, éternellement. Une tristesse lourde efface toute colère. Jean d'Aubeterre est vaincu, épuisé d'amertume. Son regard dépasse la citadelle éventrée et se perd une dernière fois sur les collines bleues d'où personne n'est venu.

37.

La Narde gronde gentiment Marguerite qui jette l'eau brûlante sur la lessive. Une vapeur âcre s'élève, cachant un instant les joues écarlates de la petite servante. Narde lui prend le pot des mains et verse à son tour le filet, prenant Laure à témoin dans un sourire complice.

— Ce n'est pas pour elle, de ce temps !

Laure sourit un aquiescement et la petite se sauve lourdement, une main sur le ventre, avec sur son visage un air si simple et si heureux que Laurie l'envie. Il est souvent lourd à porter, le bonheur des autres. Cette bugée qui n'est pas de saison, elles l'ont décidée pour elle, maintenant que le petit bouge et que les temps sont proches. C'est le linge de l'enfantement. Au-dessus de la fumée, la jeune femme croise les yeux de la Narde, doux et soucieux. Elle se penche sur l'énorme ponne qui répand par effluves l'âcre senteur de la cendre de chêne.

— Ce sera bientôt fait...

Derrière un voile de fumée, elle aperçoit le petit linge du dessus, les langes d'autrefois, émue à pleurer de sentir monter jusqu'à elle l'odeur des racines d'iris fixées au bord de la jarre. C'est le parfum du linge de François. Laure s'écarte brusquement, la sueur au front, les mains moites. Narde hoche la tête. La bugée est faite. La servante jette un dernier pichet, pose la cruche vide, s'essuie les mains à son tablier. Puis elle repousse le bonnet collé à ses cheveux, regarde sa maîtresse et lui dit simplement, les mains sur les reins :

— Il faut un homme.

Pour soulever le fond de la ponne, qui est trop lourde. Pourquoi Laure rougit-elle en entendant cela, si gênée qu'il faut qu'elle sorte ? Elle a besoin d'air, se sent étouffer dans cette buée de lessive. Sans prendre sa mante, elle fuit les bons yeux qui lisent tant de choses. La petite cour est vide. Les feuilles du marronnier ont jeté sur le sol un tapis noirâtre et gluant. Tout est si borné, si misérable dans ce monde enclos où Laure vit en prison. Il fait un froid mordant de décembre. Elle frissonne mais elle ne peut rentrer, trouver la salle haute, Louise, prostrée au coin de son feu et le reproche muet, dans le couloir, de deux portes fermées. Elle hésite un instant, ne sachant où aller ou le sachant trop bien. Le jardin interdit est si triste. Une image de mort, de désespérance s'est posée sur le verger, une poussière de givre qui rend l'herbe cassante. Il ne reste qu'un peu de verdure accrochée aux lauriers. Elle le revoit, si beau, au printemps, quand elle était avec Henri. Une morsure de solitude lui saisit le cœur qu'elle n'a pas la force de repousser.

— Notre dame...

Laure se retourne, saisie d'une sorte de dépit à se voir pourchassée jusqu'ici quand elle croise des yeux si malheureux que son cœur dans l'instant se serre.

— C'est maître Jean qui est là.

Eperdue, elle court devant la servante, se jette dans l'escalier, voit Louise, debout, livide.

— François ?

Le cousin Jean acquiesce, son chapeau à la main. les mots qu'il dit déchirent son cœur, même s'il ne dit pas tout.

— Le duc d'Epernon a pris le château fort de Villebois. François était dans la place, avec le chevalier d'Aubeterre.

— Est-il blessé ? Où est-il ? Je veux le voir.

— Il est au Châtelet...

Le pauvre homme balbutie ce qu'il sait. Peut-on dire à une mère que son fils va être pendu ?

— M. de Chevilly se rendra au palais. Il connaît le duc, demandera sa grâce.

— Sa grâce ?

N'est-il assez qu'il soit en prison ? Une peur affreuse lui étreint la poitrine, l'empêche de respirer. Louise et Jean sont penchés sur elle, elle entend à peine les mots qu'ils lui disent. Où est Henri ?

— Henri ! Il faut trouver Henri !

— M. de Chevilly m'a prévenu, dame Laure. Nous irons au palais. Nous obtiendrons une audience.

Jean Chambaud parle avec toute la bonté de son âme mais elle ne l'entend pas, ne l'écoute pas. Il faut qu'Henri revienne. Henri le lui a déjà ramené, une fois. Henri le lui rendra. Elle essuie des larmes, sur ses joues, et elle s'assoit, sans savoir où. Elle étouffe dans la salle chaude. Son fils est en prison, sans feu, en prison. Elle veut hurler, ne peut pas, si misérable qu'il faut que cela cesse. Elle sort, sans une parole, descend l'escalier et court à la boutique. Elle n'a qu'un mot, pour Bertrand, un prénom qu'il comprend sur-le-champ. Il part pour Naigremûre et Laure reste plantée au milieu des jarres et des pots, dans l'odeur grasse des préparatifs de la Noël. Elle pense à son enfant, au Châtelet. Il est tout proche, à quelques pas. Si Dieu est bon, il ne mourra pas. Henri va revenir. Cette pensée la soutient comme une force, comme une lance où s'appuyer les mains.

Elle ne peut pas rester parmi ces chairs mortes, devant les regards curieux qui la dévisagent. Elle revient sur ses pas et remonte en priant l'escalier. Louise ne bouge pas, devant le feu qui claironne. Laure ne se supporte pas, tout lui pèse. François est à deux pas, qui a faim, qui a froid. Elle va le voir. On ne peut l'empêcher de le voir. Elle jette quelques mots et elle descend dans la cuisine pour chercher le plus grand panier, l'emplir de pain d'épice, de pots de figues miellées, de pâté, de jambon. Les draps propres gisent au fond de la pone, l'odeur de la lessive s'accroche à son angoisse. Elle monte à la chambre close, trouve du linge blanc, le caresse des doigts et redescend, tendue, fébrile, le cœur prêt à tous les combats. Elle attend, au bas de l'escalier, derrière son panier, immobile. Une intuition lui jette tous les bruits de la rue qu'elle écoute, tremblante. C'est le va-et-vient de la boutique, les pas ferrés des gens, le martèlement sage des cannes des passants. Puis elle entend un cheval. Elle pose le panier, elle est dans la cour. Elle vole, se jette sur celui qui est revenu.

— Henri, mon Dieu, Henri !

Elle pleure et le serre sans savoir ce qu'elle dit. Qu'importent les autres, changés en statues de sel. Ses bras se sont fermés sur elle.

Jean Chambaud bafouille d'une voix blanche que le temps presse. Laure ne sait pas que le duc fait déjà construire l'échafaud. Henri l'entend, qui la repousse doucement sans la quitter des yeux.

— Attends-moi.

Elle a un sourire de larmes pour dire qu'elle n'a rien fait d'autre et lâche sa main, la sienne restant vide, ouverte. L'autre est crispée sur sa bouche, retenant un cri incrédule et muet. On ne va pas le tuer, n'est-ce pas ?

Les deux hommes vont à pas redoublés jusqu'à la porte du château. Ils ne peuvent avancer, elle est assaillie de gens. La nouvelle s'est répandue dans la ville comme une traînée de poudre. Les prisonniers sont du pays, ils ont de la famille, des amis. La foule gronde en battant les pavés. Chacun attend, espère, veut sauver le sien. Des gardes en nombre tiennent l'entrée. Ils ont ordre de dire que Monseigneur ne reçoit personne. Il en faut davantage pour arrêter Jean Chambaud. Il est conseiller de la ville, membre du présidial, et demande expressément à voir M. de Guez. Un garde le considère d'un air de doute, appelle un officier. Il faut parlementer, s'accrocher aux basques du Gascon qui finit par les mener à l'antichambre dorée où il convient d'attendre le bon vouloir des puissants.

— Je vous prie de dire à M. Guez que le conseiller Chambaud le demande.

Ils attendent, interminablement. Enfin la porte s'ouvre sur le secrétaire, bien ennuyé qu'on ait laissé passer ces deux-là. Ils sont debout, dressés comme un vivant reproche au milieu des tentures brochées. Guez connaît maître Chambaud, le salue courtoisement et s'incline rapidement devant son compagnon, un homme grand et brun dont les yeux clairs se soutiennent malaisément. Le conseiller se jette à l'eau.

— Nous demandons audience, monsieur. Pour François d'Yrvoix.

En quelques mots, il conte toute l'histoire. C'est un jeune homme qui s'est laissé entraîner et n'a pas dix-sept ans. Le secrétaire soupire, explique que le duc refuse toute audience. Il ne verra personne. Une pitié ennuyée l'empêche d'en dire davantage. Le marteau qui cogne dans la cour parle pour lui. Le secrétaire s'incline et va sortir quand une main de fer s'abat sur son bras. Maître d'Yrvoix pose sur lui des yeux d'eau glacée.

— Pouvez-vous demander au duc si la mère du garçon peut lui rendre visite.

Le secrétaire va riposter, dire que le duc ne veut plus être dérangé mais un regard le retient, une voix nue.

— Il a seize ans, monsieur.

Guez hésite, il va voir, pour cette faveur-là. Qu'il est donc difficile d'être au milieu des gens ! Il monte le grand escalier de marbre et pénètre doucement dans le cabinet. Le duc, il le voit bien, n'est pas d'humeur. Gohas et L'Isle Marivaux sont debout, attendant les ordres. Epernon ne peut s'arrêter là, il va pendre ces bougres et le chevalier, mais le vicomte court toujours, dans quelque forêt de Périgord. Il faut poursuivre la campagne, traquer la bête, l'achever. Il va et vient, les mains dans le dos, s'arrête à la fenêtre. Dans la cour, le bois de l'échafaud se monte peu à peu.

— C'est le conseiller Chambaud, Monseigneur, pour François d'Yrvoix.

Une expression sans équivoque accompagne les mots que jette le jeune homme pour justifier sa venue. C'est le plus jeune des condamnés.

— Le conseiller Chambaud, si je me souviens bien, m'a demandé de mettre fin aux désordres de la province. Les gens de cette ville savent-ils ce qu'ils veulent ?

Le duc sait la presse, à sa porte, il s'en agace. Le moment est mal venu, mal choisi. Les coups du menuisier résonnent dans un silence épais.

— Peut-il recevoir la visite de sa mère ?

Epernon considère le visage du jeune homme et hausse soudain les épaules dans un geste d'exaspération comme d'épuisement, une colère de consentement. Soit ! Mais qu'on le laisse ensuite ! Guez écrit un mot pour le capitaine des Bordes, debout. Il pousse un peu la liste des pendus, appose le sceau du duc, roule le parchemin et sort.

— Le duc y consent, au vu de son âge. Mais n'en faites aucun bruit.

Ils le promettent, le remercient, Jean Chambaud surtout. Henri descend à double marche le grand escalier torve, passe la cour sans un regard pour le gibet, s'élance dans la rue quand le petit homme essoufflé le retient d'aller plus loin.

— Je vais tâcher de trouver M. de Chevilly. Il est le seul à pouvoir nous aider.

Henri lui serre le bras, lisant dans les braves yeux fatigués ce que vaut la promesse. Il va à pas mordant. Il pense à elle, la revoit, immobile dans la rue. Une angoisse tendre lui serre la poitrine. Que va-t-elle devenir ? Comment vivre, comment prétendre continuer, si François est pendu ? Il court malgré lui et arrive à sa porte. Quand il l'ouvre, il voit Laurie, la main sur la rampe. Il ne peut soutenir ses yeux.

— Nous pouvons le voir.

Elle a un geste pour dire qu'elle est prête, saisit un gros panier qu'il prend, en effleurant sa main. Ils sortent. Laurie tient son bras. Elle est si légère. Le vent froid les suit. Ils marchent aussi vite qu'ils le peuvent, serrés l'un contre l'autre, unis, insoucieux du regard des gens. Le Châtelet est proche, à deux ruelles à peine. Ils traversent la place des ormeaux, arrivent à la barbacane, demandent l'entrant. Henri tend le rôlet cependant que deux gardes les considèrent avec une curiosité bonasse. Des parents mieux pourvus que d'autres. Ils attendent, puis un soldat les conduit dans une salle basse, obscure, ils pénètrent dans une petite pièce voûtée, ferrée de portes, qui sent l'urine et une odeur plus âcre, animale, repoussante. Henri n'a pas lâché le bras de Laure. Sa main retient sa main.

38.

Deux gardes sont assis là qui se lèvent lourdement.

— Pour Yrvoix !

L'un d'entre eux sort. Nul ne dit mot. L'homme revient. Celui qu'il pousse devant lui porte des chaînes aux pieds et aux mains. Il est si sale qu'il n'est plus de rose à sa joue, d'or en ses cheveux. Une misère trop grande lui courbe les épaules et lui laisse les yeux baissés. Il sent la vermine de mauvaise paille et pire encore. Le fond de sa chemise est brun, souillé par la peur. Henri sent des larmes lui venir. Mais Laure n'a rien vu de tout cela. Son visage s'est couvert de lumière, sa bouche s'est ouverte en un cri si profond et si tendre qu'il gêne jusqu'aux gardes qui se détournent.

— François !

Elle a tant de choses à lui dire, il a tant de mots sur les lèvres qui ne peuvent sortir. Ils pleurent en se serrant l'un contre l'autre, en se berçant, dans un élan d'enfance, un abandon d'amour qui étreint les présents. Elle caresse la mine sale et les cheveux ternis, passe sa main à son front, descend à son cou. Elle le serre, à nouveau, qui pleure toujours. Elle trouve des mots de petite enfance.

— C'est fini, c'est fini...

Les gardes, émus, se sont mis à la porte. Henri s'approche, serre à deux bras ceux qu'il aime. C'est un instant sans prison d'aucune sorte.

L'enfant les regarde enfin. C'est à peine s'ils l'entendent.

— Ce n'est pas demain, n'est-ce pas ?

Non, ce n'est pas demain. François scrute son frère, lui mendie une sorte de pardon et Henri le serre, caresse ses cheveux, tente de le rassurer.

— Nous ferons tout pour te sortir de là.

— J'ai tué...

Sa voix se casse. Henri serre le gamin plein de fièvre, veut lui donner sa force, la faire passer dans ses bras. Un soldat grommelle que cela suffit, l'autre cogne à la porte. Il est temps d'en finir. Le geôlier revient, va prendre le gamin à l'épaule quand un geste l'arrête. Le père du mioche lui tend une bourse pleine. La mère donne un panier. L'homme prend, hoche la tête, il fera ce qu'il pourra.

Quand ils sortent, le vent arrache les feuilles noires aux pavés. Henri porte Laure plus qu'il ne la soutient. Elle est épuisée de chagrin. Lorsqu'ils entrent dans la salle haute, elle se tient à lui. Il la serre, perdue sur sa poitrine, engloutie dans ses bras. Sa tempe est contre sa bouche, sa main dans sa main. Ils ont dépassé la honte, le devoir, le péché, plus rien ne compte, tout est emporté par la rivière ardente qui les lie.

— Maître d'Yrvoix...

Une toux gênée les écarte à peine. Deux hommes vêtus de noir sont debout devant la fenêtre. Isaac Chevilly est venu. Il regarde Henri qui se sent mis à nu.

Parmi ceux de la ville où il est né, c'est cet homme, ce huguenot, qui vient lui porter secours. Un remords le prend, le bouleverse. Il ne sait que dire et la voix douce de Jean résonne étrangement dans la petite salle.

— La nuit approche. Il faut nous hâter.

Henri les suit, privé de pensée propre. Ils reprennent, dans la fin du jour, le chemin du château, marchant à pas serrés, enroulés dans leurs manteaux. La foule est toujours là, compacte, silencieuse. Un garde, à la porte, tente de repousser le sieur Chevilly, ne le peut, appelle un officier, un capitaine. L'on consent, enfin, à mener jusqu'à M. Guez le procureur du roi. Les deux autres suivent. La porte s'entrebâille dans un grincement de foule, une rumeur d'injustice.

En les voyant dans l'antichambre le jeune secrétaire en pâlit d'ennui. Isaac Chevilly s'avance, le salue, demande instamment une entrevue. Le secrétaire explique brièvement que monseigneur le duc ne reçoit plus. Il n'accorde pas de grâce, tel est son ordre. Toute intercession est inutile. Mais Chevilly s'entête, le prenant d'un peu haut.

— Comme premier membre du présidial de cette ville, je demande instamment à être reçu par monseigneur le duc.

La forme s'est faite officielle, une menace vague pèse sur les mots.

— Je vous prie de lui faire part de ma venue.

Le jeune Guez ne peut s'y soustraire.

— Je le ferai, monsieur.

Un silence s'est fait, un peu long. Ils devraient partir, attendent encore Dieu sait quoi. Dans le silence doré de l'antichambre, une porte s'ouvre, un pas résonne enveloppé dans un frôlement de tissu. C'est une très vieille dame qui passe, courbée, soutenue par l'abbé d'Elbène. A peine un regard, une inclinaison de la tête, Mme de Mézières s'en va. Chevilly considère le secrétaire du duc qui s'empourpre malgré lui.

— Je vais faire part de votre demande, monsieur de Chevilly. Revenez demain, avant la neuvième heure.

Il se penche un peu.

— Mais venez seul.

Le gouverneur peut recevoir le procureur royal sans se compromettre. Inutile de faire entendre à la foule que certains passent et d'autres non.

Les visiteurs sortent. Le peuple est toujours là qui attend. La nuit arrive, bleue et froide, mais rien ne décourage l'espoir des pauvres gens. Ils lisent leurs visages déçus, haussent des épaules et s'ouvrent devant eux comme une eau. Les trois hommes marchent en silence, remontent jusqu'à l'église où se séparent leurs chemins.

— Je ferai tout ce que je peux.

C'est une promesse, la seule où s'accrocher. Yrvoix se penche, baisse la voix comme pour une honte.

— Il n'est de prix que je ne paie s'il accepte une rançon.

Chevilly l'entend. Yrvoix serre le bras de cet homme, ce fils, ce frère de réformé qui va lutter pour sauver François, un enfant ligueur que tout condamne, le présent, le passé. La gratitude du soldat est si profonde qu'elle n'a pas de mots. Il retourne chez lui, à pas lents, se souvenant de son retour, un soir d'octobre, il y a deux ans. En ce temps-là, il croyait connaître la vie quand il en ignorait tout.

Un jour triste se lève, un jour de pluie aiguë où la lumière grisaille. Une main à la barbe, le duc s'approche de la fenêtre. Le froid se colle aux vitres, l'eau glace le sol, courbant le dos des menuisiers. Le bois luit dans la cour où l'échafaud se forme. Les potences se dressent et les trappes s'abaissent. Demain, à la midy, tout sera fini.

— Monseigneur...

Le temps de se croire tranquille et d'en être puni. Guez pointe son museau, le visage lisse, le cheveu aplati. Il s'excuse, c'est à peine s'il ose entrer. L'heure du petit conseil n'est pas encore sonnée mais M. de Chevilly est en bas, qui demande une audience pour la seconde fois.

— Je n'ai pas de temps à donner.

— C'est une demande en forme.

Chevilly l'importune, c'est un homme plus lourd que sa robe, un interminable rouleur de mots. Mais il est le premier magistrat de la ville, il a le conseil dans sa main, tient le présidial. Il y a tout cela dans la petite phrase et plus encore.

— Il est de bon appui.

Le duc le sait bien. Chevilly a transmis ses offres aux réformés. Il est modéré, homme de compromis, précieux en ce temps d'incertitude.

— Je ne reçois personne, Guez. Si je commence, c'est sans fin.

Le jeune secrétaire se trouble un peu, hésite à dire combien c'est vrai.

— M. de Chevilly a vu Mme de Mézières sortir de chez vous.

Le duc se contraint puis s'emporte. A-t-il des comptes à rendre ? Ne saurait-on le laisser tranquille ?

— Il est en charge exécutoire de haute et de basse justice.

Le procureur du roi doit apposer son sceau sur tout acte, telle est la loi. Epernon considère le jeune homme.

Il a été faible d'accorder une audience à la vieille marquise. Le duc s'assied, fait un signe d'impuissance qui accepte le visiteur. Le procureur Chevilly entre, s'incline, ne se perd pas, pour une fois, en périodes oratoires.

— Monseigneur, je vous supplie de m'entendre. Il est parmi vos prisonniers un jeune homme nommé François d'Yrvoix. Il est issu d'une honnête famille de maîtres mazeliers de cette ville.

Le duc l'écoute, assis, le menton dans la main. C'est la seconde fois qu'on l'ennuie du garçon.

— Son frère, le capitaine d'Yrvoix, a servi quinze années durant aux armées du roi. Un officier de grand mérite.

La réponse arrête l'éloge, pleine d'une indifférence glacée.

— C'est le frère que j'entends châtier.

— Il aura été entraîné, monseigneur. Il a seize ans à peine.

Un air de hauteur fatiguée laisse entendre au magistrat que c'est sans espérance. La raison est des plus inutiles. Le gamin a été assez vieux pour tuer.

— Vous savez le mal qu'il a fait.

— Il est si jeune...

Un enfant meurtrier. Epernon cherche un souvenir confus, revoit la citadelle et un gamin, contre un mur, maigre et blond, incapable de lever une épée. C'est celui-là, certainement. Mais la guerre est ainsi, aimant détruire les jeunes vies, qu'elles tuent ou soient tuées.

— C'est vous-même, monsieur de Chevilly, qui m'avez prié de ramener cette province à l'ordre.

— Son père était mon ami.

Le duc hoche la tête, touché malgré lui.

— Il est mort, Monseigneur. La mère de ce garçon n'a que lui.

Epernon fixe le magistrat, une colère lasse au fond des yeux. Qu'il garde pour un autre cet arsenal à faire pleurer les femmes.

— Je comprends votre geste. Mais vous êtes comme moi en charge de justice. Cette charge, en ce temps, pèse entièrement sur nos épaules. La France n'a plus de roi. Que deviendra ce pays si la justice n'est pas rendue ? La violence est partout, le faible est sans droit. Je ne peux relâcher ces hommes, pardonner à nouveau pour qu'ils rejoignent Aubeterre qui court encore le pays. Soixante-deux morts, monsieur de Chevilly. Vingt-huit enfants dont ils n'ont eu pitié.

Isaac Chevilly s'empourpre. La justice n'est pour rien dans cette affaire. Le duc veut cette exécution par politique, pour s'appuyer sur la peur, tenir la ville et la province entière. Le bourgeois retient difficilement les mots qui lui viennent.

— Si je vous ai été de quelque service, Monseigneur, je vous prie de m'entendre. Je ne vous demande pas de relâcher ces hommes mais d'étendre votre clémence à ceux qui ne sont pas majeurs.

Le duc soupire, le considère. La demande n'est pas nouvelle, en vérité.

— J'ai usé mon pardon. Cet entretien est clos.

Dans le silence, un marteau cogne et cloue.

— Je vous remercie, Monseigneur, d'avoir accepté de me recevoir.

Epernon lui retourne le compliment avec une civilité de cour et Chevilly sort sans qu'il entende son pas. On scie du bois à sa fenêtre. La foule est revenue, lointaine, qu'il entend racler le pavé de ses sabots. C'est un murmure d'attente, une prière. Epernon se sent las, contraint. Il pense à un homme qui avait la bonté facile, que l'on a poignardé. Celui-là aurait pardonné. Il déroule un instant la liste, voit les noms couchés dans un ordre d'alphabet, le plus jeune étant le dernier. Il suffirait d'un trait de plume. Un trait de vie.

39.

Henri se tient devant la cheminée, cachant presque le feu. Ils lui font face et ne savent que dire. C'est à peine s'ils ont la force de lui parler. Ils sont pourtant là tous les deux. Chevilly est allé chercher Jean, il n'a pas trouvé le courage de se rendre seul rue de l'Ecorcherie.

— J'ai pu le voir, ce matin.

Il ne peut en dire plus, cherche une explication, une raison, mais les yeux gris ont lu la réponse. Henri souffre tant qu'il se prend à souhaiter qu'ils partent.

— Monsieur de Chevilly, cousin Jean ?

Laure est entrée, sachant leur venue, l'épiant au bruit du bois. Elle est couleur de cire. Il semble qu'un souffle la porte, bien près d'expirer. Mais l'espoir est toujours là, elle ne veut pas voir la réponse que les deux visiteurs sont venus donner.

— Qu'a-t-il dit ?

Chevilly se trouble et se dérobe.

— J'y retournerai, je vous le promets.

— Nous avons encore du temps...

C'est Jean qui le dit en regardant ses pieds. Les tambours sont sur la ville, à l'angle de chaque place. Demain, au grand matin, les enragés seront pendus. Figés de pitié, les deux hommes se regardent, déplacés, importuns. Ils vont laisser leurs amis. Henri n'a pas la force de les raccompagner. Il regarde le feu danser, les flammes rondes, blondes, couleur de cheveux. Une boule s'étrangle dans sa gorge. Il donnerait sa vie pour celle de l'enfant qui riait un matin d'hiver, marchant à son côté dans une ville heureuse. Laure est sortie, il entend son pas décroître le long du couloir, la porte qui s'ouvre et se ferme. Il a envie d'aller vers elle, de l'étreindre, de sentir son front à son épaule, ses mains posées sur lui. Mais il regagne sa chambre et s'assoit, n'ayant plus la force d'espérer. Sans François, que reste-t-il ?

La vie lui donnait un fils, il voulait une femme. A quoi bon le nier, s'entourer de mensonge ? En dépit de sa peine, en dépit de tout, il ne peut s'empêcher de l'aimer, de vivre pour elle. Laure ne l'a jamais quitté, du plus loin qu'il se souvienne, petite fille ou femme, douce lumière qui a guidé ses nuits.

Son regard glisse sur les murs de la chambre, sur la tapisserie, les meubles lourds, les coffres sages. Il pense à celui qui riait sur ce lit. Demain, il ira sur la place, devant le Châtelet. François pourra le voir, s'accrocher à ses yeux, y trouver sinon du courage du moins de l'amour. Il ne sait s'il tiendra, il le faudra pourtant.

Son père le lui avait confié. Mon Dieu, qu'en a-t-il fait ? Il pense à la lettre, au fond d'un coffre, a soudain besoin de la toucher, d'y puiser son pardon. Il la cherche dans le fatras qui reste de son temps de soldat, une vaisselle de plomb, un poignard, un briquet. Ses doigts sont accrochés par une éraflure oubliée, un fermoir d'argent. Le cœur étreint, il sort le vieux livre de sa mère. Elle est dedans, sagement pliée. Henri ouvre le papier raide et le lit sans le voir, les yeux mouillés. Comme il a été long à comprendre la simple évidence qu'étalent pudiquement les lettres noires. *Mon fils, il me faut vous voir...* Il replie doucement le papier, ouvre le livre. Il sent monter vers lui le parfum familier des pages d'ivoire, celles qui ont suivi sa route. Il caresse la dernière, couche à nouveau sa lettre contre le cuir ancien, emmêlant les mots de son père à ceux de sa mère. Il pense à eux de façon indistincte, prie sans s'en aviser. Où qu'ils soient, s'ils sont quelque part dans le ciel infini, qu'ils aident son enfant.

Il reste à attendre que le jour passe. Il est debout, devant la fenêtre, un sanglot naît parfois qui s'écrase dans sa poitrine avec un pauvre gargouillis. Les bruits de la rue de l'Ecorcherie lui parviennent, le lourd raclement des charrettes venant de l'abattoir, les cris des mazeliers déchargeant les bêtes, les volets que l'on cogne, les seaux que l'on jette pour laver le sang sur le pavé. On va bientôt fermer. Tant de bruits anodins, le son banal de la vie. Une marée bruissante qui se casse à ses pieds, qu'il entend sans l'écouter, puis ces pas, brûlant de fer, ces coups redoublés à sa porte, cognée à se fendre, et ce cri éclaté de joie.

— Yrvoix !

Deux hommes sont en bas qui en soutiennent un autre, plus blond que les blés.

En ce début de décembre 1589 le chevalier d'Aubeterre et ses hommes furent pendus devant le château d'Angoulême. Le duc d'Epernon accorda deux grâces, l'une à la marquise de Mézières, l'autre au sieur Chevilly. C'est du moins ce qu'atteste un acte notarié.

Comme cy-devant le chasteau de Villebois ait esté assiégé et depuis pris par force par Monseigneur le duc d'Espernon, et que en icelluy dit chasteau Françoys Yrvoix avec plusieurs autres aient estés trouvés et condamnés à mort, quoy voyant, Izac Courraud, escuyer, sieur de Chevilly, par la prière et supplication que luy auroit fait ledit François Yrvoix et François d'Yrvoix l'aisné, son beau-frère et curateur, avec promesse de lui reconnaistre s'il lui sauvoit la vie, auroit le dit sieur de Chevilly supplié et requis par plusieurs et diverses fois mon dit seigneur d'Espernon vouloir pardonner audit François Yrvoix, vu sa jeunesse, et lui en faire don, ce que ledit seigneur de Chevilly auroit obtenu avec extrême difficulté et par manière de récompense des services par lui faits audit seigneur duc d'Espernon.

Lequel dit seigneur de Chevilly auroit taxé ledit François d'Yrvoix à la somme de six vingz escus qui lui auroit esté promise par icelluy dit Françoys Yrvoix, et de laquelle dite somme de six vingtz escuts ledit François d'Yrvoix, curateur, pour sauver la vie à icelluy François Yrvoix, son mineur, auroit respondu et promis icelle payer et sous ceste assurance luy auroit délivré ledit François Yrvoix comme prisonnier de guerre.

Est-il que aujourd'huy, par devant maistre Jehan Gibaud, notaire royal en Angoumois et pour madame d'Angoulesme, et tesmoins cy bas nommés, ont estés présents, personnellement establis en droit comme en vray jugement, ledict Izac Courraud, écuyer, sieur de Chevilly, estant présent en ceste dite ville, lequel a confessé avoir présentement eu et reçu dudit Françoys d'Yrvoix, curateur dudict François Yrvoix, marchand demeurant en ceste dite ville, icelluy François Yrvoix, son mineur, présent, stipullant et acceptant la somme de six vingtz escuts sol pour les causes cy dessus... que ledit sieur Chevilly a prise, comptée, nombrée, emportée et desplacée, présent nous notaire et tesmoins, d'icelle s'est contenté et en a quitté et quitte ledit François Yrvoix et François d'Yrvoix l'aisné, son curateur, promis jamais n'en faire question ni demande, sous l'obligation de ses biens, et moyennant ce a mis en liberté ledit François Yrvoix.

Fait en la ville d'Angoulesme, le douziesme jour de décembre mil cinq cens quatre-vingtz-neuf.

De même, les événements que conte cette histoire nous viennent des Chroniques de l'Angoumois. Ils sont rapportés par les chroniqueurs du temps, de Thou, d'Avila. Brantôme, Agrippa d'Aubigné parlent également de « l'Affaire d'Angoulême ». Le récit s'appuie sur la chronique de Girard, hagiographe du duc d'Epernon, ainsi que sur l'historien Corlieu. Le poids du duc d'Epernon à son époque explique la vision épique donnée à son gouvernement.

Guillaume Guez, secrétaire du duc d'Epernon, est le père du grammairien Guez de Balzac. Le greffier Jean Ravaillac, destitué de toutes ses charges par le duc d'Epernon à la suite de « l'Affaire d'Angoulême », est le père du régicide François Ravaillac.

L'oncle par alliance du baron David Bouchard d'Aubeterre n'est autre que Pierre de Bourdeille, abbé de Brantôme, l'auteur fameux des *Dames galantes*. Pour fustiger la lâcheté de son « neveu » lors du siège de Villebois, Brantôme n'a pas de mots assez durs.

Les frères Bouchard d'Aubeterre sont les fils de François Bouchard, huguenot qui participa aux guerres qui ravagèrent Angoulême et l'Angoumois en 1562 et 1568. Il fut assassiné peu après la Saint-Barthélemy. Ses fils embrasseront la religion catholique et entreront en guerre ouverte contre le duc d'Epernon, gouverneur de l'Angoumois, après la mort d'Henri III. La correspondance que le vicomte d'Aubeterre entretint avec le duc d'Epernon, son ennemi, est une des plus curieuses qui soient. Une partie en est conservée dans le volume 20153 du Fonds Français.

Après la prise du château fort de Villebois Jean Bouchard fut pendu avec ses hommes à Angoulême. Sous peine de perdre ses terres, David Bouchard se ralliera au roi Henri IV et traquera à son tour les derniers nids de ligueurs du Périgord. Blessé à Isle, il mourut à Aubeterre le 10 août 1593.

La marquise Gabrielle de Mézières, née Villebois-Mareuil, obtint du duc d'Epernon la grâce d'un jeune homme natif de Mareuil. En 1597, elle vendit au duc d'Epernon la forteresse qu'il avait prise. Le duc fit ériger la terre de Villebois en duché pairie et lui donna le nom de Lavalette par lettres patentes de mars 1622, enregistrées en la chambre des Comptes le 17 août 1623 et au parlement le 4 septembre 1631. Les villages de Villebois-Lavalette, Magnac-Lavalette, Salles-Lavalette, Vaux-Lavalette portent toujours son nom.

Photocomposition Nord Compo
59650 Villeneuve-d'Ascq

Impression réalisée sur CAMERON
par BRODARD ET TAUPIN
La Flèche
en mars 2002

Imprimé en France
Dépôt légal : mars 2002
N° d'édition : 25490 – N° d'impression : 12222